岳阳洞庭南路印象

梅 实◎主编

团结出版社

图书在版编目（CIP）数据

岳阳洞庭南路印象 / 梅实主编. -- 北京： 团结出
版社， 2021.12
ISBN 978-7-5126-9212-1

Ⅰ.①岳… Ⅱ.①梅… Ⅲ.①岳阳—地方史 Ⅳ.
①K296.43

中国版本图书馆CIP数据核字(2021)第204494号

出　　版：团结出版社
　　　　　（北京市东城区东皇城根南街84号　邮编：100006）
电　　话：（010）65228880　65244790
网　　址：http：//www.tjpress.com
E-mail：zb65244790@vip.163.com
经　　销：全国新华书店
印　　装：岳阳鑫容印刷有限公司　0730-8613770

- -

开　　本：170mm×240mm　16开
印　　张：23
字　　数：360千字
版　　次：2021年12月　第1版
印　　次：2021年12月　第1次印刷

书　　号：978-7-5126-9212-1
定　　价：68.00元

目录
CONTENTS

岳阳楼

梅　实

岳阳楼过去是、现在是、将来永远都是岳阳市一张高贵而精美的名片。

我在师专读书时，教我们写作的吴杰梅老师为了让我们加深对岳阳楼的了解，特地带着我们班的同学到岳阳楼，并请来史学专家何光岳先生给我们讲解。那时候，何先生还没调到省社科院去，是岳阳县农业局的一名干部。何先生又黑又瘦，穿件没被染过的卡机布衬衣，皱巴巴的，至少有一个礼拜不曾下过水了，领子、袖口上的污渍特别扎眼。他老人家往我们面前一站，我们班上有两位女同学便喊喊地笑起来。我是一班之长，岂能等闲视之，忙压低声音说：严肃点。

好一个何光岳，一开口就从岳阳为什么叫岳阳又为何叫巴陵说起，接下来说李白说杜甫说滕子京说范仲淹……口若悬河，滔滔不绝，尽管他说话不是那么注重章法，而总是粗声大气，沙着嗓子，且溅着唾沫，可我再也听不到女同学们的笑声了，我们全被他的博学折服了。

做梦也不曾想到的是，1993年3月，组织上安排我到文化局上班，岳阳楼是文化局的下属单位，如此这般，我管岳阳楼了。

岳阳楼是那么好管的吗？

但凡有点文化知识的人，都知道我国江南有三大名楼，即黄鹤楼、岳阳楼、滕王阁。也有将鹳雀楼加进去称为中国四大名楼之说。黄鹤楼有崔颢的七律名诗，滕王阁有唐初四绝之首王勃的《滕王阁序》，岳阳楼则有范仲淹的《岳阳楼记》，这些，都是妇孺皆知的千古绝唱。而当今之世，黄鹤楼与滕王阁虽然分别高达五层与七层，远在仅三层之高的岳阳楼之上，可黄鹤楼与滕王阁在经过重修后，都成了钢筋加水泥的仿古建筑，张灯结彩，富丽堂皇，厚重结实，任人穿行，可它们的文物价值荡然无存了。唯有岳阳楼，虽然经历了1983年的落架大修，因聪明的岳阳人始终贯穿了"整旧如旧""不改变文物原状"的原则，使岳阳楼原汁原味地保持了历史风貌和建筑艺术，依旧成为我们的国宝。我至今还清晰记得当时的情景：

1983年春节甫过，岳阳楼大修工程开始启动了。说起来，岳阳楼大修工程已动议几年了，1982年春上，时任国家文物管理局副局长金紫光，带着几名文物专家，在时任岳阳行署专员李满全的陪同下，亲临岳阳楼视察。金老一行见到岳阳楼蚁害严重，檐折梁空，窗破门损的现状后非常着急，回京不久便拨出专款40万元，用于岳阳楼的维修，这在当时来说，已是巨资了。

岳阳楼要拆掉重修，这事惊动了京城和省城里的大官，自然也惊动了当地的百姓。在老百姓的传说中，岳阳楼是鲁班修的，只有鲁班才有本事造出这等精美的东西。一般人哪里知道，岳阳楼自南宋以来，有史可查的落架大修或重修的记载就有三十二次。滕子京于庆历五年辛辛苦苦修建的岳阳楼，三十多年后就被一把大火给烧掉了。当时还有人上书，说滕子京贪污了修建岳阳楼的银子。而现存的岳阳楼，是清光绪六年（1880）修建的，一个多世纪以来，岳阳楼仅做过几次局部修补。老百姓见有人在拆岳阳楼，有的站在围墙外失声痛哭，有

1983年岳阳楼落架大修

大修中的岳阳楼冲天金柱

油漆彩画施工

的甚至破口大骂，说你们这伙败家子，毁了岳阳楼，天地不容。

　　岳阳楼没有毁。1984年5月1日，岳阳楼大修竣工典礼在岳阳楼前隆重举行，一座崭新而又不失为古楼的岳阳楼向全世界敞开了它博大而精深的胸怀。那一天，整条洞庭路上，人山人海，中央和省里文化文物部门的官员和专家来了，岳阳地区和市里的几大家领导来了，可来得最多的还是老百姓，他们是自发而来的，许多人买了长长的鞭炮，会场里还没宣布典礼开始，他们就在大街小巷燃放起来了，炸得满街都是烟雾。

　　岳阳楼在过去的千百年间，一次又一次地被建了毁，毁了又建，其毁的主要原因来自水与火，尤其是火。我当上文化局长后，汲取前人的教训，每次去岳阳楼，都要他们加强对火的防患。我说过，一旦有了闪失，我们就都成了千古罪人，撤了我这个文化局长不算什么，恐怕当今的市长也得引咎辞职。因此，在保护岳阳楼这个问题上，只有一万，没有万一。这个一万就是一万分用心，一万条措施，一万个保险。事实上，这么多年来，岳阳楼的守护者们时时刻刻就像在头顶上顶了一碗水，一刻也不敢松懈，保护了岳阳楼的平安。也曾有两次，而且都是夏天的傍晚，有人发现岳阳楼楼顶上冒烟，于是赶紧拨打119，很快，消防车开来了，上下仔细检查，平安无事，后来终于弄明白，那不是烟，而是数以万计的小蠓虫聚作一处，在太阳光的照射下，极像一团烟雾。

1995年，岳阳楼还真出过一次危险，可那不是火，而是水。岳阳楼前面不是有个平台吗？那叫一平台，往下面延伸，还有二平台、三平台、四平台。由于长年累月湖水的冲刷，岳阳楼平台里面的泥沙随水冲走了不少，平台的裂痕出现了，开始还只是一条条短线，慢慢地短线连成了长线，再往后越裂越宽，越裂越往里延伸，最长的一条已伸到离三醉亭只有几米远了，而且一平台开始下沉，最严重的一处下沉了40多厘米。那一段时间，可把我们急坏了，赶紧从北京请来了文物专家，专家看过之后，很快就确定了抢救方案——打桩。国家文物管理局拨出专项资金120万元，并派出了北方交通大学富有施工经验的工程队，从四平台开始，先打出一个洞，然后浇进钢筋水泥。几个月下来，先后打桩200多个，最深的竟达100多米。一平台下沉的现象很快就被控制住了。工程结束时，我特地请了几位专家吃饭，其中一位十分和善，令人可敬又可爱的小老头姓李，我们都习惯叫他李工。李工在向我回敬酒时说，这下你可以安心当局长了，不敢言岳阳楼固若金汤，但至少可以保证在两百年内不怕洪水的冲刷了。

水的危险还有一次是1998年。那一年城陵矶的水位涨到了35.89米，比1954年34.45米还高出一米多。岳阳楼下的四平台一夜之间进水一米多深，围墙被冲垮了20多米。时任岳阳楼管委会主任邹律姿来电话告急，我跑去一看，也傻了眼，忙向国家文物局报告，并加派力量，一天24小时监视。待水一退，赶忙又打了报告，国家文物局很快就批下维修专款。

像不看天安门等于没到北京一样，不登岳阳楼是可以说没到岳阳的，说穿了，许多人就是因为想看看岳阳楼才到岳阳来的。三十年来，我已无法统计陪客人上过多少次岳阳楼，但其中有几次印象极为深刻，让我终生难忘。

诗人贺敬之来岳阳的时候，他正任文化部代部长。春风得意，诗如泉涌，看罢岳阳楼，当即题七律诗一首。这首诗如今嵌在岳阳楼碑廊里，想必许多人都见过，这里不再赘述。现在要说的是，贺敬之一时诗兴大发，挥笔又写了一副对联：兴振兴之气，气蒸云梦泽；扬改革之波，波撼岳阳城。兴振兴之气，扬改革之波，这在当时是很普通的政治口号，贺敬之的高妙之处就在于他信手拈来，而与唐代大诗人孟浩然的佳句首尾相连，天衣无缝，不愧大家风范。

我与我的本家梅可望先生第一次见面刚好也在岳阳楼。梅可望先生是我国著名学者、教育家，曾在台湾地区多所高校任职，他时年70岁，已退休赋闲，于是得以回到阔别近半个世纪的家乡看看。那天我先到岳阳楼，一会儿，市政协主席梅楚波陪着可望先生来了。梅楚波将我拉到可望先生面前，说，这是梅实，市文化局局长，家住大屋梅家，论辈分，属忠字辈，我们俩都得喊他叔叔。原来可望先生与梅楚波一样，都属孝字辈。可望先生哈哈一笑说，那我就喊爷（父）了，并向我鞠了个躬。我忙说，您别讲礼性，说起来您家对我家还有过大恩哩！这事还得从我们的父辈说起，梅可望先生的父亲梅浩然，曾创办桃林完小并任校长。我父亲11岁那年，正在桃林完小读书，也就在这一年，我祖父病逝，家中无钱供读，正准备辍学，浩然先生见我父亲学业优秀，顿生恻隐之心，免掉全部学费让家父又读了半年。可望先生听了，连连说，是啊，我爷（父亲）生前接济过不少人，他老人家心肠好。可望先生此次在岳阳楼只签了个名，没留下什么豪言壮语，可他在家乡捐资设奖学金的事一时传为佳话。

学贯中西的余光中先生一手写诗，一手写散文，还一手翻译作品，人们称他是用三只手写作。他曾以《蓝墨水的上游是汨罗江》为题，在香港中文大学演讲，引得好评如潮。他的一首《乡愁》，曾让海峡两岸的无数炎黄子孙热泪满腮。记不清是哪一年，我曾拜读到他的一首诗《寻李白》，诗中有这么几句写李白："……酒入豪肠，七分酿成月光，剩下的三分啸成了剑气，绣口一吐就半个盛唐。"不知怎地，后来每每背诵余先生的这几句诗，总觉得他是写的他自己。1999年的一个艳阳高照的秋日，我陪着余先生还有我的恩师李元洛先生等人上了岳阳楼，那天，余先生的心情就像当日的天气一样爽，以至后来当我们请他留下墨宝时，他连文人们平时惯有的客套都没有，也不见作那种踱步沉思状，只是说了句我的毛笔字写得不好，然后就写：昔闻洞庭水，今上岳阳楼。依然三层，却高过唐宋的日月，在透明的秋晴里，排开湘云楚雨，容我尽一日之乐，后古人而乐，怀千古之忧，老杜与范公之忧。写毕，朗声而笑。这时，岳阳楼管理处办公室主任李冈走了拢来，说，余老，恕晚辈冒昧，想请您给题个词。我和元洛先生忙介绍，李冈是个很不错的后生，年轻诗人，曾出版过诗集《无弦琴》。余光中先生握了李冈的手，连说好好！说着就在李冈递过来的小本本上写下两句话：秋晴尽一日之乐，烟水怀千古之忧。在场的人使劲地鼓起掌来，为李冈的幸运，更为余光中先生的睿智。

　　如果我没记错的话，我是1996年的夏天陪贾宝泉先生登岳阳楼的。宝泉先生是《散文》杂志的执行主编，散文家。元洛先生称他为宝哥哥，我也跟着喊。不过，再怎么看，这位宝哥哥的脸长得比较粗糙，头发也掉了不少，属地方支援中央那一类，用现代美眉的观点看，是一点也不帅气也不酷的。可宝哥哥充满灵气，开口说话就像听他在背元代的散曲，韵味十足。我们看罢岳阳楼又去看小乔墓。伫立小乔墓前，宝哥哥突然问我，小乔叫啥名字。我说，我们找了不少资料，都没见过她的芳名。她们姐妹俩，人称大乔、小乔，她们的父亲倒有个名字，叫乔玄。过了一阵，宝哥哥叹了一口气说，这是不公平的，世界上，最伟大的爱，是母爱，最伟大的人，是母亲。顿了顿他又说，梅老弟你赞不赞成我的观点，我认为，母亲就是故乡，母亲在哪里，故乡就在哪里，母亲死了，心中的故乡实际上也就不存在了。我点着头说，宝哥哥说得在理。

　　大家都知道，岳阳楼现在是一座观赏楼。其实，它在最初的一段时间里，并不是观赏楼，而是军事用楼，是吴国大将鲁肃用来操练水军的点将台。直到唐代，有个中书令张说，被贬到岳阳，常在晚上邀了一帮朋友，去楼上饮酒赏月，吟诗解闷，那时的楼还不叫岳阳楼，叫南楼。慢慢下来，岳阳楼就成了一座地地道道的观赏楼了，且声名日盛。

　　如今，没有人再去楼上猜拳饮酒，借酒浇愁了，但在主楼外面经常举办一些文化娱乐活动，以丰富公园内涵，吸引更多的游客。我记得1987年春上，就有个名叫王巧书的摄影师在那里举办过个人摄影展，当时我正在岳阳晚报做总编辑，王巧书先生托人请了我出席开幕式，还准备了一个留言簿，要题词什么的。我想起我的泰山大人刘志远也是摄影名家，还当过地区摄影家协会主席，于是就写了这样两句话：有志方行远，无巧不成书。

　　我在任文化局局长期间，也在岳阳楼主办过两次大型文艺晚会，其中有些东西，至今都觉得有点儿意思。一次是1994年中秋，我们的舞台就搭在楼前的一平台上。那段时间，天天秋雨下个不停，在确定演出日期时，剧组的同仁们一个个大眼瞪小眼，不敢表态，我说就定八月十六吧！到了八月十五，白天晚上还在下雨，岳阳街上没有哪一个人看到了月亮。八月十六日早晨起床一看，雨还没停，我想，今天恐怕是凶多吉少了。一直到下午三点多，雨终于停了，我和剧组的同行们都很高兴，晚上8点演出准时开始。中间安排了一个女声小组唱《半个月亮爬上来》，由师院的刘晖、汪琪和艺术馆的罗筱玲等人演唱，她们正在起劲地唱"爬上来"的时候，观众席上突然响起热烈的掌声，许多人这时已不看舞台而仰头望天，我不知发生了什么事，跑去一看，原来这时候一轮皓月刚好从岳阳楼顶升起来了，这事真像事先安排好了的一样。而且巧就巧在这天晚会结束不久，又下起了大雨。另一次是在2000年农历腊月二十四，也就是小年那天，我们在岳阳楼举办春节联欢晚会，舞台搭在楼后地坪里，也是露天。那天可是风雪交加呀，豆粒般大小的雪滚落在舞台上，像砸在我心里一般，令人格外难受。下午五点多钟，风与雪雨似乎丝毫没有停下来的意思，市委常委、宣传部罗典苏部长将我叫到一边，怎么办？是不是取消今晚的演出？我说，请您给我一点时间，过几分钟我再回答您。这时，我想起了我的老父亲，在我的印象中，他对气候的预测，往往比气象台的还灵。我赶忙拨通了老家的电话，父亲说，你们放心办事，今天7-12点不会下雪。到6点多钟的时候，果然雪停了，顺利地完成了演出任务。后来，有

气势磅礴的岳阳楼

朋友开玩笑说你真神了。我说不是我神了，是岳阳楼显灵，保佑了我们。

许多到过岳阳楼的人似乎都有一个同感，岳阳楼不愧为国宝，就是那公园的范围太小了，文化层次高一点的人还可仔细看看碑廊里的书法作品，读读岳阳楼里的楹联什么的，总可以混个一两个小时，文化水平低的到此一游半个小时就可转完。于是就想到了扩建……

易炼红同志主政不久，就着手筹建汴河街，扩大岳阳楼景区建设，并聘请了著名剧作家吴傲君先生担任文化顾问。几年后，汴河街建成，岳阳楼景区一下扩大了九倍。徜徉于汴河街头，青石板路，平整舒展，两旁店铺，青砖青瓦，木梁木门，古色古香，或朝或夕，市井之声，丝竹之乐，不绝于耳，稍不留神，仿佛置身唐宋也。

建了街，得请人写个记，领导们商量来商量去，决定由魏明伦先生操刀。魏先生乃巴蜀人氏，著名剧作家，曾有大作《巴山秀才》《潘金莲》等享誉华夏，有鬼才之称。没过多久，魏先生的大作来了，洋洋洒洒700余字，又请了人镌刻在一块大石头上，立在汴河街入口处。令人有点遗憾的是，过路君子看了，贬多褒少。我猜想，有了范仲淹的《岳阳楼记》在先，无论谁来写，也难讨彩了。

一日，傲君先生来电话，汴河街戏台上尚缺一副楹联，命我撰写。我问有什么要求，他说也没有具体要求，就是要好玩，不要写得太严肃，然后请崔向君书写，书法也要有点调皮有点怪怪的味道就行。我照傲哥的意见撰了一联，那天刚好与陈亚先先生在一起玩牌，又请他斧正，改了几个字，联为：将相帝王戏非儿戏；妖狐鬼怪情是真情。向君先生的书法也非常有个性。傲哥来电话说，领导都看了，非常喜欢。现在，这副楹联就挂在汴河街的戏台两侧，孰好孰坏，只能由过往诸君评了。

没过多久，岳阳楼管委会主任邹律资来找我，说请我出山，给他们的一场晚会当导演。原来，由岳阳楼发起，黄鹤楼、滕王阁、鹳雀楼、大观楼、蓬莱阁六大名楼联合起来，要在岳阳楼的一平台上举行盛大的结盟仪式，并举行一台综艺晚会。律资哥说，你领导了我八年，这回我一定要领导你两个月。在后来的两个月里，我在他的直接领导下，精心策划，巧妙编排，那台晚会花钱不多，精彩纷呈，获得一致好评。尤其是律资主席（他是名楼协会的第一届主席）和黄鹤楼管理局一位漂亮女局长的合唱《敖包相会》，获得满堂掌声和笑声。晚会后我对律资哥说，有点可惜的是你们唱的是《敖包相会》，要是唱《楼台会》那就更贴更好了。又过了几年，见了律资哥，问："你那《敖包相会》的美女局长呢？"律资哥答曰："另一个世界报到去了。"说话间，神情很是伤感。

我爱岳阳楼

李 斌

引言：

几乎每一个岳阳人与岳阳楼都有着情节各异内容不同的故事。这座顶着将军盔屹立于洞庭湖畔的千古名楼，是巴陵儿女的守护神，是我们的精神图腾！作为在岳阳楼身边生活了68年的我，亲眼目睹了岳阳楼的沧桑巨变，许多与岳阳楼相关的往事，常常情不自禁地涌上心头。

1953年，我出生在古城岳阳守备巷一座称之为柳家花园的古宅子里。那时岳阳城里人不过2—3万，古城墙依稀可见，岳阳楼离我家很近，几分钟便可到达，所以我一直夸口是在岳阳楼下长大的。此生第一次在岳阳楼前留影是1956年，骑小车的儿童就是我，弟弟尚在母亲的怀抱中，现在连他也是60多的人了，合影是为了欢送舅舅考上了空军航校。家父当年是供电公司的干部，他一直怀念新中国成立初期那段政通人和，百废俱兴，人民当家作主心情舒畅的好日子。后来运动不断，在大跃进高潮中，因要修建县招待所，守备巷右边一条街拆了个精光，要是保持原状，今天就在文庙景区内，改个民俗馆该有多好！

8岁那年，洞庭路小学组织全校师生到岳阳楼公园过六一儿童节，同学们又唱又蹦，少年不知愁滋味，面黄肌瘦的刘文凤校长郑重地宣布："上级领导非常重视关怀同学们，今天给予特殊照顾，每人分2两饼干，不收粮票只要2毛钱……"顿时数百位师生欢天喜地，掌声四起，这件事我印象特别深，曾经以《我的1961.6.1》为标题在洞庭之声报见报了。

听老年人讲，抗日战争中，日本军机曾经对岳阳轮番轰炸，但岳阳楼如同神佑，从没有受到轰炸和扫射。但是到了1966年，我却亲眼目睹了破四旧的一场浩劫，一群红卫兵先是砸毁了张之洞赠的香炉铁鼎，接着又把古楼内那座栩栩如生的吕洞宾雕像拖了下来，拉到南正街，和教堂里的圣母玛利亚、巴陵剧团的好多箱古装戏服一起付之一炬；他们还扬言岳阳楼是封资修产物，要彻底拆除砸烂之，肃清其流毒。在脚手架都已经搭建好了的紧要关头，县委书记毛致用同志力挽狂澜，一边与造反派软磨硬泡拖延周旋，一边向党中央国务院告急求援，最终盼来了中央文件，终于保住了这座天下名楼。

我最早接触《岳阳楼记》来自庭训，家父李书鳌老先生生于乱世，命运坎坷，求学于战火间隙而无深造机会，故将理想追求深埋心里，是他教我名楼名篇，先忧后乐自此牢记心中，姨父乃四川省工人作家，因在北京开全国文代会时和周扬合过影，"文革"中饱尝批斗。他每次回乡，都要和我们去游岳阳楼，在怀甫亭里他悄悄地对家父言：朱老总真了不起，这个时候他还敢题字怀念杜甫！后来我读郭沫若的《李白与杜甫》时，不由得又回想起当时的情景……

1976年是一个令中国人悲喜交集难以忘怀的年度，那年春雪特别大，家父带我们去岳阳楼赏梅，于是留下了古楼前我们父子三人雪地里的合影。那时古楼因年久失修已成危楼，但腊梅怒放，暗香幽幽，令人难忘的是和上张照片相比，时间相隔20年。10年浩劫令父亲苍老了许多，和千千万万善良正直的中国人一样，他私下里也在忧心如焚，忧虑国家的命运，儿女们的前程。

20世纪80年代初，岳阳楼亟待大修的内参送入中央，时任中共中央总书记胡耀邦亲笔批示。不久岳阳楼落架大修工程正式开始，我这时已从工厂考入市广播站当记者，我与摄影家方若欣多次前往大修工地拍照采访，在国内各大报刊杂志相继发表了一批有份量的好稿件。大修竣工后，我还听指挥部的同志说了几件有趣的事，一是他们专程前往北京，找到了大学者大居士赵

1984年，作者在岳阳楼大修工地脚手架上采访留影，时年31岁。

朴初老先生，恳请他为大修竣工写几句话，赵老沉吟良久还是婉言谢绝了："我是全国佛教协会的会长，岳阳楼是吕洞宾道仙的驾云之所，自古佛道两家，恐为不妥。"二是他们想请老革命大作家丁玲亲笔撰写一篇新岳阳楼记，丁玲收下了文字材料，也没有拒绝，但直到逝世，也未见回声，想来是范公文章千古传诵，难以相当，丁老自知之明啊！

这张工地采访时的照片不仅仅记录了盛世修楼的壮举，同时也记述了我的新闻生涯。作为岳阳第一代电视记者，多年来，我曾不下百次地进入岳阳楼，跟随中外政要、社会名流采访他们登楼揽胜，吟诵名篇《岳阳楼记》的动人场景。新中国成立后，党和政府加大了对岳阳楼的保护力度，古楼重焕青春。岳阳楼管理所首任所长陈忆吾老先生是陈赓大将的亲弟弟，他在这个岗位上为岳阳楼的修缮与保护作出了独特的历史贡献。朱德委员长、郭沫若副委员长为怀甫亭、岳阳楼的亲笔题匾便是通过他的联系求来的。最后一次见到他是在庆祝新中国成立40周年由湖南省民族管弦乐团在岳阳楼前坪举行的音乐晚会上，陈老先生独自坐在最后排，年老力衰，神情憔悴，我扛着摄像机，给这位老革命拍了几个特写镜头，播出后有领导问我这是谁？我告知这是岳阳楼的大功臣！不久便听到老先生辞世的消息，现在我的书柜里还珍藏着他签名送我的《陈赓日记》……

岳阳楼名气之大，影响之深，令人振奋，改革开放之初，深圳率先修造了锦绣中华微缩景观岳阳楼，1991年早春之际，哈尔滨人在第七届冰雪节上不惜巨资，在遥远的北国仿造了一座10多米高的冰雕岳阳楼，一时引起轰动！我有幸应邀随同岳阳市政府代表团参加了这次盛会并留下了珍贵的现场影视资料。2003年国庆54周年，在雄伟的天安门广场上，首次出现了岳阳楼花团锦簇的雄姿，作为岳阳人，目睹此情此景，怎不心旷神怡而倍受鼓舞？

如果一个人能自己选择出生地的话，我认为做一个岳阳人真好！因为一篇《岳阳楼记》为我们奠基了永恒的精神家园。在中国大地上，一座城市与一处名胜同名的地方不多见，尤其是千百年来共存亡，

作者1991年在哈尔滨国际冰雕节上采拍的千古奇观——冰雕岳阳楼，时年38岁。

同兴衰者更少，而我的家乡则因为拥有岳阳楼，便拥有了知名度，岳阳楼自豪地成为了岳阳市的标志、城徽和名片。我的文化优越感和岳阳楼情结，就是由此而来。记得1986年我在武汉华工新闻系干修班时，中央电视台当年五一劳动节在黄金时段里播出了央视记者李芳庭采拍的专题片《我的家乡岳阳》，一时引起轰动，许多同学纷纷要来看岳阳楼。老李这位央视老记者，其实和我一样，也是一位有着非常强烈岳阳楼情结的岳阳人！

作为历史名城的标志性建筑，作为岳阳人的精神图腾，岳阳楼已经历经千年风云，百年战乱和四十年改革开放，尽管它是纯木结构的古迹，由于它的内涵和历史地位，已经进入永生状态，已经进入了最佳状态。作为人类文明的精华，没有任何力量能够破坏和损毁它。我们都是历史的匆匆过客，而它却是历史的见证，将世世代代永垂不朽！

悠悠岁月，欲说当年好困惑……今日岳阳，早已不是当年的旧模样，和家父同辈的老岳阳人大都已离开人间，但闪烁着祖先们智慧之光的岳阳楼，一千多年来屹立在洞庭湖边并将永久下去，一代又一代的岳阳人，承受着它的恩泽，吸取着它的养分，团结求索，先忧后乐，繁衍生息永远永远……

最忆儿时交通门

郑国庆

现在的岳阳老街坊中，知道"交通门"这个地名及具体位置的人并不多。交通门位于古城岳阳西边的山岭之上，居高临下地势险要。

20世纪90年代以前，洞庭北路高坡顶上，两栋两层楼并排在洞庭北路西边，两栋房中间，一条青石板阶梯直达河下码头，这里就是交通门码头。我们把两楼及两楼之间的通道，通称交通门。我五十年代初生在红船厂，长在交通门，童年的记忆储存在交通门！

交通门的南楼南面是岳阳县农业水利局（后改为消防队），北楼北面是航海俱乐部（后改为市血防所）。这两个单位的门头，大概是为了保护我们交通门的小老百姓，都修在我们两栋楼房的南北两侧。

当初修南北楼时，因现场工地所需，楼前留有五六米宽的一块地坪。后来洞庭路修水泥路面时，也仅仅只被侵占了米把左右。而交通门的马路对面是洞庭路完全小学。修路把洞庭路小学的门头挖得竖到了半空中，小学生们只能走新修的两侧阶梯了。洞庭路小学的南边是个小山包，小山包的南头便是九工地。小山包与洞庭路完小高高的炮楼和围墙下，有一条用各种不规则的石头铺就的小路可以通到下边的县机关宿舍与桃花井。小山包上长满了各种各样的杂草和灌木，是我们儿时抓蚱蜢，捉天牛和打游击仗的首选战场。

交通门给我最早的印象是码头下面的巨大石埠。石埠高有六米左右，埠面用那长长的麻石板铺就，大约有五到六平方米。埠的底座因北头阶梯部分垮塌，也还有十多米宽。埠的南头阶梯都还算好，但埠顶往上通至洞庭路的石阶，却已经损毁得特别严重。

洞庭湖退水后，我从"仁熙庙"（此庙位于原岳阳的客运站，庙名待考）沿着河坡去上学，天天要从大石埠前经过。每次望着石墙上写着的"向海事宣战"的巨幅标语就发愣。海事是谁？为什么要和他打仗？总想问个明白。可一到了学校和回到家里后，就忘得一干二净。

六〇年过苦日子时，不少人家自发弘扬南泥湾精神，搞起了大生产，把靠农业水利局围墙的三四米宽的空地种上了蔬菜。一月不到，这小小的资本主义尾巴就变得五颜六色起来。各家各户埋在地里装肥料的破坛瓦罐里，散发出来一阵阵屎臭尿骚味，让人感到有点不太和谐。

交通门南北楼，每栋两层，每层是一条走廊两边房间，每户人家分得1间或2间房。住户们身份不同，职业各异。是否大都是因南正街的改造与沿湖线的建设搬到这里的？不得而知。

我家在交通门住了十年，那时的人们好像都不怎么太计较。虽相互间有时也为点小事争吵几句，但绝大多数时间，大家在一起都是你有情我有义，享受着与人为善和睦相处的时光。

我家住南楼一楼左边第一间，于是大门内左边楼梯下的空间，便理所当然地成了我家的厨房。南楼原来住了十七户人家。洞庭路居委会设置在这栋楼。

南楼楼上住着蓝婆婆和小蓝姐。小蓝姐漂亮得像仙女一样，有点像刘亦菲。蓝婆婆每当盛夏时都会熬些凉茶。只要听到我们这些细伢崽的脚步声就喊得吓死人，要我们去喝她的凉茶。凉茶有点淡淡甜味，是由淡竹叶、车前草、甘草等六七味中药熬的。不要小看这凉茶，除了要买中药外，水是要花钱请人从河里挑上来的。

南楼大门外有坨一尺来高的石鼓，少说也有二三百斤。我妈说那石鼓是外公周家门口柱子下的石座，但我认为它更应该是以前交通门牌坊下的石座。楼上的朱师傅那时大约四十不到的年纪，是211工厂汽车队的装卸工人，身材魁梧蛮有力气。他两手把住石鼓的头，"嗨"的一声就提起来了。

朱师傅家的隔壁住着宋家三姐妹。大姐宋香保、二姐宋丽珍，老三宋满珍，小名叫满子，与我一届的，我和她是我们这栋楼里玩得最好的异性老伙计。不过她在洞庭路完小，而我在211工厂的子弟小学。宋伯与宋妈都是那个时代既勤快又善良，且乐观开朗的老人。宋香保的腰不知是怎么受的伤，被打上了厚厚的石膏，每天只能躺在床上一动也不能动。二姐与满子上学，宋伯要上班。家里就宋妈一个人，除了要照顾大女儿，还要忙上忙下地帮着居委会养蚕。可我每天见到宋妈时，都见她的脸上总是笑哈哈的，看不到一点点的生活压力。

居委会养的大都是蓖麻蚕，好像特别能吃。那时的洞庭路除了211工厂的几部汽车和一中拖粗壳的马车偶尔经过外，一条街上安静得很。只要靠近我们楼，就可以清晰听到蚕子吃蓖麻叶时发出的吱吱声。蓖麻叶每天要换新鲜的，航海俱乐部那边几十米河坡的新土上到处是蓖麻树，我们一放学就去采摘。紧紧地塞满一书包后，就可以卖得一两分钱。这钱记在了居委会的收购账上，居委会蛮讲信用的，会跟我们小孩子结账。

蚕子的屎是味药材，选出来晒干后可卖钱。蚕蛹好好吃，炒的要比煮的更好吃。说是三个蚕蛹当得一个鸡蛋的营养，高兴得我们这些细伢崽一顿作死地吃。我老在想：是不是小时候吃蚕蛹太多营养过剩啦？害得我现在多吃个把鸡蛋，胆就不舒服。

我们这栋楼里除了陆望保、戴湘岳和我三个大男孩，感觉就是女孩特别的多，并且一个个都长得仙女似的。除了朱霞玲、朱岳玲，小蓝姐，汤玲辉与姐姐，宋家的三姐妹外，还有付福梅、蜜姬与姐姐、陆菊香、陆莲香、陆八一三姐妹，戴鸣放及妹妹，还有戴家搬走后新搬来的严月娥、严小娥、严素娥三姐妹，再加上我的两个妹妹和搬来年吧又搬走了的一个宋家女孩。大概一共有二十多位吧。这些天仙们，除了满珍、岳玲与素娥几个我们年纪上下差不多，其余的都比我大。大的好像都懂事得早，不太和我们一起打闹。太小的想掺和进来，却又感到是累赘，所以常常被赶跑。莲香和福梅大一二岁又不听调摆，要么不欢而散，要么打一架收场。方蔚轩要大我几岁，加之身体有恙也不太和我们一起玩，他的弟弟又太小。所以真正一起玩的老伙计，就只有湘岳与望保、满珍、岳玲与后来的素娥几个。

湘岳他母亲戴妈妈是211工厂的，父亲是照相的，岳阳楼成立照相馆后就调到了那里工作。我们两家隔壁打隔壁。过苦日子时，有一天，他父亲悄悄地告诉我外婆，说岳阳楼公园里动物园的一条大蟒蛇死了。问要不要他帮忙买一节肉吃。当时我感觉外婆好像有些为难，后来不知怎么答应了。我想外婆为难大概是因她老人家信佛。另外，这蟒蛇肉她也不知要多少钱一斤，怕买不起。蟒蛇肉是吃到肚子里去了，到底味道如何，好不好吃？早就忘得干干净净咯。

后来湘岳的父亲当了岳阳楼照相馆的经理。再后来他们一家便搬到了进公园门左边的照相馆和办公楼的后面。人虽搬走了，可那份邻居间的感情却还在。我还是隔三差五地去他们家玩，有时还带上一两个老伙计一起去。进公园是要买门票的，我便说是去戴经理家找湘岳玩。有时那守门的讲原则，不要我们都进去，只准一个人去找他。每次戴叔叔见到我们，他总是笑嘻嘻地出来领着我们进去。人长大些后，我知道自己是在打扰他，也就渐渐地去得少了。

前些年，在舅佬家吃饭。闲聊时，得知戴妈妈就住在3517干部楼后面一栋。我顾不得要备份礼品的礼节，便急匆匆地两手空空地去看望了她老人家。

20世纪80年代初，我腰伤又发了。托朋友从北京同仁堂带回几贴狗皮膏药，又托人从马壕的药材公司买了点麝香。以前冇见过麝香，只是听说麝香特别的香，可我拿在手中闻了又闻，却感觉不出它有我想象中的香味。于是拿着用锡皮纸包了又包装进小玻璃瓶后，跑到南正街的大药店去想让我家邻居严伯辨别真假。碰巧那天严伯正在柜台上，我说明来意，打开玻璃瓶盖。严伯见了忙说这是元寸（麝香的别名），要我快盖上莫拿出来。我说怎么不香，他笑着回答：还要好香咯，你一打开我就闻到了，你以为像雪化膏样呀。你说香烟它香吗？还有香江它们都香吗？

严家的隔壁是陆望保家，望保的爸妈我都叫陆伯。他爸是梅西桥收购站的。我第一次吃捆鸡就是他爸开后门才帮我家买的。陆妈那时四十多岁，是我们这栋楼里最能干的婆婆，也是居委会里的居民积极分子。楼上的蓝婆婆熬的凉茶可以消暑，陆妈用花红叶子（茶树下的老叶）泡的茶却特解渴。洞庭路修水泥路面时，陆妈便在大门口摆了个茶摊子。一把瓦沏壶，两个杯子加上一个骨牌凳做起了生意。当然陆妈还要管几个崽女的饭菜，所以只要看到哪个放了学，就一定喊去帮她看摊子卖茶。

一楼有个三十岁左右的中年男人突然病了，满身的屎尿睡在地上。他老婆可能回乡下去了，楼里只有几个婆婆娭毑，她们把门板先下了，商量着抬他到中医院去。但一身的屎尿总得先冲洗下，换件干净衣服才好。开始小陆伯不好意思干，后来都说她女儿都二十好几了，陆小伯做得他的娘，不要紧有人说零咩。我那时也十二三岁了，有了点小力气。于是六七个婆婆娭毑加上伢崽们，抬的抬托的托硬是霸蛮把他搞到了中医院。

我上初一下期，便住进了学生的集体宿舍。虽经常要回家，但和这些可爱又可敬的邻居们的接触，渐渐地少了起来。转眼到了68年，港务局的领导分了间有两个门的大办公室给我们家。搬家的那天好像蛮热闹。除了我的同学外，连北楼的湘林、唐森、立军等都跑来帮我们搬家，更不要说南楼邻居们啦。你说奇怪不奇怪，这明明是要分别，大家再也不能天天见面了。怎么就一个个地高兴得好像过节似的，还都笑得一脸的福禄寿喜？哎，你不说，还是中国人的习俗好。死了个人叫白喜事，搬个家叫乔迁之喜。所有离别的心酸与思念都因是在办喜事，便深深地藏在了心里。

刚退休时，人闲得慌。后经朋友介绍，便去了市物价局的稽查大队打工。有一天，我带着队伍去站前路一带的市场稽查。中午时分进了一家餐馆，老板看见我，一声"你是国庆哥吧！"把我喊得云里雾里。他报了大名后，又把他妈妈给请了出来。老妈妈便是方蔚轩大哥的母亲，老板是方蔚轩的弟弟。老妈妈抓着我的手，一声声毛仔、毛仔叫得我的眼泪不停往下掉。毛仔是我的小名。老妈妈一再叮嘱，要我想办法把交通门的那些老邻居都叫来。说这个餐馆是他小儿子开的，一起吃饭蛮方便一点不麻烦的。我答应了老妈妈，不久后我就去了广州。把这事丢下了。

几年后的一天，碰到方妈妈的大女婿说起这事。他告诉我，老妈妈已经仙逝两年啦。我一阵心酸，后悔不已。方妈妈年纪大了，我也知道她是在念旧。即将这念旧之情托付与我，说明她老人家便是相信了我。可我却掉以轻心，辜负了她老人家的信任。又二十年过去啦，一想起我就深感自责，不能原谅自己。

古岳州城门及其名称的演变

邓建龙

我国古代许多城市都筑有城墙，并建有城门，以供人们进出。古代城门的多少，取决于城市的形制。因政治经济军事或地理环境的因素，以东南西北四门较多，但也有三门或四门以上的，并往往被冠以不同意义的名称。历史上，古岳州城城门及其名称随着朝代和地理环境的变化，也不断地演变。

古岳州城城门及名称的演变

岳阳历史上最早的城市建于商周时期，城陵矶曾筑有"大彭"古城。春秋战国时期又分别在梅子市与今岳阳楼一带筑有东、西糜城。东汉三国时期，又在今老城区筑有巴丘邸阁与巴丘城。西晋太康元年（280），在巴丘设巴陵县。但这些城池基本上都是木栅栏或泥土夯筑的城墙，其城门多少，历代史志均无记载。岳州城门及其名称有记载的历史始于南北朝时期。

南北朝时期的岳州城门：据清《嘉庆巴陵县志》曰："南北朝宋元嘉十六年（439）筑巴陵郡城……。跨岗岭，滨阳三江。……有门三，一曰楚泽，二曰碧湘，三曰会泉。"但三门究竟位于哪个方向，史书无记载。

明朝时期的岳州城门：元至正二年（1364），吴王朱元璋与陈友谅大战岳州，城垣被毁。明洪武三年（1371）乃重修城墙。四年，拓城基用砖石筑之。二十五年（1392），指挥使音亮又重新修葺。筑朝阳、昌阳、水西、岳阳、南薰门、拱极门等六座城门。明弘治年间，废昌江门。万历末年，又塞水西门，仅留四门。弘治四年（1474），又在府城外创筑土城，于县署（今竹荫街）左右，又于东门、街河口、梅溪桥、全家巷（今先锋路）、汴河堤等处各创土门。

清朝时期的岳城城门：清康熙八年（1669），知县李炌重建城楼四，东曰迎晖，南曰迎薰，北曰迎恩，西仍岳阳。后因西面城墙为湖水冲塌，乾隆五年（1740）知府田尔易、知县张世芳又重修岳州城墙，东门仍称迎晖，南门改称瞻嶽，西门仍称岳阳，北门改称拱极。乾隆三十九年（1774），巴陵知县熊懋奖等又重修岳州城墙，"为门五，南曰迎薰，东曰湘春，北曰楚望，西仍岳阳，另辟一门曰小西门"。咸丰二年（1842），知府廉昌、知县胡方觳又在天皇堂巷辟一门曰金潭门。

岳州城门名称辨析

南朝时城门的名称

楚泽门。楚泽，指云梦泽，古云梦泽在今长江以北湖北省江汉平原一带，因其地古属楚国，故时人又称云梦泽为"楚泽"。岳州城北因位于城西北部（今岳阳一中西北部围墙处），正好遥对古云梦泽。因此，楚泽门应是指岳州城北门。唐大中年间，广西桂林进士曹邺在其《旅次岳阳寄京中亲故》诗中有"身逐片帆归楚泽，魂随流水向秦川"句，其时间要比南朝宋元嘉十六年（439）晚四百多年。

碧湘门。"碧"在古汉语中指浅蓝。蓝在古代又分为青、苍、碧、蓝四种深度不同的颜色。青天也叫苍天，也叫碧落或碧空。古时常用来形容青幽碧绿江河湖海之水，也叫碧水。此处的湘，即指当时流入洞庭湖的湘江，因其江水清澈透明，故称其为碧湘。因时人将流经巴陵城西的洞庭水称为湘水，故碧湘门应为岳州城西门，即今之岳阳楼下的岳阳门。唐贾至《岳阳楼宴别王八员外贬长沙》诗中即有"楚山晴霭碧，湘水暮流深"句。

会泉门。"会"在古汉语中即会合、聚会的意思。古时岳州城南门外不到半里处有山曰天岳山，山上树木参天，突兀天际，且泉水潺潺。据志书记载，明时山下（今南货商场处）有一圆形池塘，为山泉汇集而成，因名"月池"。且其东边为浓密竹林，林中有寺名"竹荫寺"，寺前有条小溪，向东与另一条小溪交汇，向南经太子庙流入南湖。因此，古人便将南门称为会泉门。

明朝时城门的名称

昌江门。"昌"在古汉语中为壮大美好的意思，多形容人的身材。但此处则是形容江河。旧岳州府县各志未记载昌江门在府城的具体方位。笔者认为应在城东北角，即东门与北门之间。具体应对哪条江则不清楚。因岳州府所辖平江县历史上曾称昌江县，与昌江门同名。故明《弘治岳州府志》载："永乐间，因昌江门不利属邑平江，废之。"

拱极门。"拱"在古汉语中为环绕的意思，极为尽头、极点的意思。此处，应指将环绕岳州城墙的城北门，称为城的尽头，故曰拱极。也可理解为湘水北汇长江，城北门靠近湘水的尽头，故称拱极门。

南薰门。"薰"在古汉语中有多层意思；其一为花草香的意思，其二为和暖的南风。岳州南门因面向南方，处于南风的影响下，故将南门称为南薰门。

岳阳门。即岳州城西门，因岳阳楼而得名。古岳州西门在南朝时叫碧湘门。唐朝时，岳州刺史张说常邀文人学士、官吏名门等在城楼上饮酒观景。其曾作《岳阳楼诗集》，采用南朝颜延之诗中"清氛氛岳阳，层晖溥澜澳"的岳阳二字。并将西门城楼改为岳阳楼，西门也改称岳阳门。也是古时南来北往的游人登临岳阳楼的必经之门。

清朝时期的城门名称

岳阳门

迎晖门。明时，东门称朝阳门。"迎"，即迎接的意思。因东门面对朝晖升起的地方，每日可见太阳冉冉上升，故称迎晖门。

迎薰门。"薰"在古汉语中即和暖的南风。"迎"，在此处既有迎接南风的意思，又可理解为沐浴南风的意思。

迎恩门。北门正对北方，北方即京城所在的地方。此处的"迎恩"，含有迎接浩荡皇恩的意思。康熙初年，清政府经多年征战围剿，基本上平定了国内各地的反清复明斗争，清王朝统治基础初步稳固。故将来自北方中央政府的指示，代表皇帝的旨意，理解为浩荡皇恩，接旨尤如接受皇恩一样，故将北门称为迎恩门。

瞻岳门

瞻嶽门。"瞻"即瞻望的意思。"嶽"，指古时岳州南门外不到半里处，有山曰天嶽（岳）山。山上树木葱郁，风景秀丽。此山与岳阳名称来源有关，故将南门由迎薰门改为瞻嶽门。

湘春门。此说来源何处、作何解释，尚不得其详。

楚望门。"望"，在古汉语中意为本国境内的名山大河。《左传》："江、汉、瞧、漳，楚之望也。"即长江、汉江、瞧水、漳水，是楚国境内的大河。岳阳在历史上曾属楚国，此处可理解为站在北门城楼上，可以望见楚国境内的长江、汉江等名山大河。南朝颜延之《始安郡还都与张湘州登巴陵城楼作》第一句中即是"江汉分楚望，衡巫奠南服"。

3517，岳州老城的记载

张峥嵘

3517，中国人民解放军原第3517工厂。民间俗称一直是3517，易记易叫更亲切。

说3517，我的脑洞开了一下，穿过时间隧道回到1951年，也只是听说。当时，为支援抗美援朝，建设兵工厂，这家神秘军需厂落户岳阳，在岳阳解放两年后，占据岳州旧城三分之一，建在岳阳楼对面，曾经的岳州府址。

我对3517算比较熟悉的，因为，岳纺有很多同事是这个厂的子弟，他们经常讲到这个厂的一些零星事情，但我对3517又是非常陌生的，除知道它是兵工厂，生产军用品，有我年少时想要的绿胶鞋，青春时想弄一件装门面的绿军大衣，再没有多的了解。2007年，我进入报社后，开始略仔细地了解一些来龙去脉，过了两年，采访3517一位风云人物福地爱子时，听到的许许多多故事就细致多了。

3517值得骄傲的地方是非常多的，全国第一双解放鞋在该厂产出。在漫长岁月中，3517制造的军用鞋、军大衣、军雨衣等军需产品，为部队提供必要的保障作出了贡献。1962年，中印边界自卫反击战打响，生产出功能强大的"方块雨衣"，为中国人民解放军投身战斗提供了保障。这家工厂便是如今"际华3517橡胶制品有限公司"的前身——中国人民解放军原第3517工厂。

当年，这个厂有多特殊呢，只要有人问，你在哪里上班，两个字"厂里"，问者就心领神会，满怀羡慕的眼神："哦"，一道光闪过。这个厂出名，其实也只是厂名出名，其余事情，一问三不知，因为军工企业的保密性，不仅是厂里的工作保密，就连招工都是层层过关特别谨慎，通过文化考试和严格政审才能录用。一经录用，就是正式职工了。

　　现在的际华橡胶厂，现代而气派，搬迁至临港新区后，成为了岳阳市的招牌企业，与刚建那可是天壤之别。刚落成时哪能像现在有这么多高新设备，那时候的厂房一砖一瓦几乎都是大家亲手搭建，用铁轨运输、板车推、人力拉，全厂干职一起参与建设。在这样的艰苦条件下，逐渐让车间初具规模。成片的红砖瓦房，是3517的特色建筑。虽是兵工厂，还是轻工业单位，流水线作业，三班倒制，数十人一组的生产线，工人团结协作，紧密相扣，缺一不可，生产条件极为艰苦。仅仅一年时间，1952年6月19日，3517橡胶厂投产，隆隆机声产出了军用胶鞋14.21万双，成为军队新式装备胶鞋的研制和生产基地。曾经繁忙不堪的铁路专用线，还有那一排排建于20世纪50年代的红砖房都见证着3517往日的繁忙，往日的责任，往日的付出。最辉煌的时候浓缩成一个自成的小镇，食堂、商店、学校、电影院等生活配套应有尽有，厂里子弟在这里的工作和生活都规律有序，就算几周不出厂区也没什么影响。

原3517厂区

　　对岳阳居民来说，对3517印象最深刻的是胶鞋与汽笛声。能弄到一双胶鞋穿那可是下雨提着跑，舍不得穿。汽笛子声呢，那是每天都陪伴的，久而久之，成为了大家的生活闹钟：7点整汽笛声响起，大家准时起床准备上工，老人们就牵着孙子去上街买菜；12点整午间下班汽笛声响起，开始做饭，儿女们下班回家正好吃上简单可口的热饭菜，下午……

老一代3517人，爱厂如家，一辈子都生活在厂里，孩子长大后也进入厂里工作，父子共同上下班，一家几口人一同上下班的情形十分普遍。3517工厂是岳阳老城区的代表之一，尽管它留下的满是历史的痕迹，但它却也牵动着几代人的情感。

忆起当年建这个大型的兵工厂，还有一个笑谈，当时没有现在规范的城市规划图，据说，某领导奉命前来考察建厂之地时，对岳阳不大熟悉的他，就地一指划地而筑，老岳阳城就归了3517。一个民间传闻，是真是假无法考究，老岳州却真的是在它一步步建大中只剩下一个记忆失去了原貌。如果想寻找老城点滴，冒着灿烂的阳光寻访旧城的记忆，3517是必行之地。走过一栋栋居民楼，走过一户户人家，你看到的是一个现代小区，却每步都踏在古迹里。天主教、鲁肃墓、石狮子、向家井的存在，树荫下、家门前、荒地里随处可见的青石板、老城墙的青砖，男男女女老老少少口中的故事，让人感知岳州城的过往，也感知岳阳历史文化的底蕴。

3517家属院里，茂密的树林边，一排热闹的地摊前，有一块围墙围着的荒地。对古城颇有研究的退休老师李元宝先生介绍，这里就是岳州府的旧址。建设3517时，拆建做了教学大楼。改革开放后，这里再次易主，不知道为什么一直做不起来，后来打了个围墙围了十几年，有些荒芜。当然，当年岳州府里的一切早已不知去向。李元宝根据1893年出生的父亲李熊煌当年的讲述，将我们一行人带到了3517厂7车间二办公楼外。一对石狮子左右守护，其雕刻栩栩如生。

"这就是当年岳州府的守门石狮子。"老人肯定地说。

这对石狮子，是当年从岳州府旧址移至在俱乐部门口，后来再移到这里的。说起来，石狮子有两对，还有一对在3517橡胶公司的厂正门口。作为守卫神的石狮是中国传统文化的一部分，更是门内工作与生活的人的身份象征。石狮守门，这是一种流传并庄重的中国独特的传统文化。从古至今，极大多数的官府、名门私宅等以此为威，以大小定级，以有无定位。"文化大革命"时，除四旧，不但除掉了大批的文物，也除掉了很多门前的威严与庄

3517工厂的石狮子

重。好在石狮的销毁有些难度，反而成全了它的生命力。

我在3517寻到这两对石狮子，都保存完好，并且雕刻与众不同，如果考究为真，那当是岳阳最有身份的一对文物了。很多人提议，以它的经历，如果守在瞻岳门前是否更能体现它的价值，更有历史意义一些呢？我站在7车间围墙外，抚摸着这座经历无数风雨的石狮，里面机器声阵阵传来。李老师介绍，这里当年是有名的岳州东门操坪。有很长一段时间，市里的重大活动，如大型运动会等都在这里举行，还有一个让人惊恐的作用，也是当年有名的重刑犯执行枪决的场地。

2021年，我决定再去看看这两对石狮时，发现不知去向了，问了很多人，也是外行不知内行事。

走在3517工厂老家属区里，我遇到一口古井。在水泥修建的小坡上，一个像下水道的圆状盖下，几位老人讲起了它的来历。称它是神秘的百年古井：向家井。

向家，曾经是这块地方的大户人家，随着3517的建筑，一步步退得不知了方向，仅留下了这口井。后来水管的四通八达，古井就失去了生活中必不可少的地位，也渐渐被人们所遗忘。失落在无名街道的向家井，再没有用武之地，但她为一代又一代人留下的美好回忆，仍然在老一辈人的心中散发出浓浓的情感……

已经70多岁的仇奶奶回忆，那时井水很干净，很好用，一年四季都不枯竭。在寒冷刺骨的冬天，打一桶井里的水来洗衣服、洗菜，暖暖的，再好不过的一件事。而在炎炎夏日，最最让人心情愉悦的还是装一桶井水，把西瓜泡着，或用井水浸一盆新鲜可口的李子。那冰凉清爽的感受，能赶跑一天的疲劳。等到了夜晚，漫天的繁星倒映在清澈的井水里，贪玩的孩子趴在井边数着一颗一颗的星星："一、二、三……"，年纪小的孩子最容易数混了，"四十八、四十九、六十、六十一……"而这时，井边便会传来一阵阵的哄笑声，大人们也开始伸长脖子喊："小心，莫掉到井里头去了！"

向家井

晚上用井水煮沸了，泡上几片春天新摘的绿茶，一壶芳香四溢的绝世佳品就此诞生。闻一闻清香，抿一口热茶，就令人瞬间通体舒畅。

关于向家井的由来，已经没有多少人知道其详情。我询问住在向家井周围的几位居民，都频频摇头："不知道，我来的时候它就已经在这儿了。"一位热心的老奶奶帮助我联系上了向家杨奶奶，向家井神秘的面纱才稍稍拨开一个角落。旧时挖井，贫困的人家几十家甚至一个村共用一口井，一般有钱人家会自家挖一口或几口井独用。向家井就是当年向家富足的证明。只是当年不同于现在的轻视，向家用时井四周是花岗岩垒砌而成。

杨奶奶的丈夫就是向家的后人，杨奶奶回忆道，向公馆从她丈夫爷爷的那一代就已经开始没落了。现在，在向家井附近四处散落、零星分布的麻石，很多就是原向公馆的建筑石料。

20世纪五六十年代，向家井还在杨奶奶的院子里，隔着一道铁丝网，对面就是3517工厂。1950年，向家井被盖上了铁质的井盖。只是一到停水的时候，附近的居民就会把井盖打开，用里面的井水洗衣、洗菜。一直到两年前，为了防止小孩失足落水，才在井盖周围涂抹了一圈水泥，把井口封死。

"向家井周围，冇得蚊子。"关于向家井，还流传着这样的传说，因为住在向家井附近很少受到蚊子的困扰，周围居民都在纷纷猜测井底的水里藏着一个神秘的"镇井之宝"。

只是如今，如此一个古井却没有像桃花井及观音阁井一样列为文物，被民间一个封口封住。虽然封得了安全，但也封住了历史的身份与价值。并且年轻一辈的人没几个知道这像一块疤一样镶在路上的东西有着这样的故事，那么总有一天消失就成了必然。

很多人怀念岳州消失了的几十口古井，却没有人去救护这些还真正存在的古迹，就像那明珠落尘一样，唯有遗憾至极也。

让人怀念的还有3517最具特色的红房子。

我走进这些沿山而建的房子，是因为采访了一个人——1926年1月15日出生于日本静冈县沼津市，17岁时与50多名日本姑娘到了中国，最后在日军大败撤退时重病留下来嫁给所在部队指导员高福荣，1951年一同到了岳阳的福地爱子。

她说起当年的情景是接到通知3517组建调派她们夫妻来岳阳，下了军用车，到处是泥巴地，房子阴暗，东茅岭一带荒山野岭到处都是乱石，看起来根本不像一个城市。整个岳阳也就解放路及天岳山那条窄窄的老街。3517厂名义上是兵工厂，也只是由3个小厂合并，马路都没一条。倒三班，晚上起来，还得爬过一座小山才能到达工作地点。晚上没灯，高一脚低一脚，加之到处泥巴地，一遇下雨根本无法下脚，条件相当艰苦。

环境不好，生活也困难。从北京刚过来那会，一般领导工资才五、六十元。高福荣当时部队南下干部比当时地委书记还高，一个月有205元。所有的物资按计划分配。很多年后，家里有了一个黑白电视机。当时3517家属院里还没有谁家有这种高档电器。一台小黑白电视机吸引了很多人。家里一到晚上，人山人海观看电视节目的，成了一个小电影院，挤得水泄不通。当然，51年刚来时，根本没有这处楼房，这是70年代建的，搬到如今这栋楼房里。这种红房子刚建时，在3517是最气派，在一排排平房中，鹤立鸡群，因高福荣属厂领导才住得进去，职工都称其为"中南海"。能住进这栋楼里，说不出的荣耀与自豪。

岳阳建设是真的快，她说，短短二三十年时，岳阳扩大了几倍，宽敞的马路，整洁的街道，公园式消闲小区，高层住宅区，文明的市民，富丽堂皇的五星级酒店，林立的店铺，组成岳阳一幅美景图。60多年，福地爱子以一个外国人的眼光，见证了中国从军事、建设、生活、国际地位的过渡与提升，见证了3517的发展与壮大。

她当时非常开心地说过一句："3517好啊，人好厂好地方好。"

确实是好，古迹遍地。

当年老城墙的青砖随处可见，不期而遇，就会见到这里几块那里几块。各家门前放花的，菜地的围墙等，都可见这种大型的青砖，一看便有些年份，光滑而厚实。后打听才知，这就是岳州府当年城墙的砖头。同样是口口相传，没有确切的证据，这样古老的青砖现代是没有的，同行的人都一致相信这一定真是岳州府城墙的砖头了，只有这样的肯定才配得上这些砖头的特别。

探寻3517厂里的古迹，寻找古岳州文化根源，重中之重的还有一地，那就是鲁肃墓。

鲁肃墓离岳阳楼不远，沿天主教边上小道前行大约300米即到。门外有些破旧。墓堆耸立如丘，周围砌有石栏，墓顶有一小亭，亭内立清光绪年所刻两米高石碑一块，上书"吴鲁公肃墓"。墓前石引柱上镌刻对联："扶帝烛曹奸，所见在荀彧上；侍吴亲汉胄，此心与武侯同。"相传三国时期，周瑜死后，鲁肃代理水军都督，驻守岳阳。在洞庭湖训练水军，亲自到常德与关云长谈判，划湘江为界，魏蜀吴遂成三足鼎立之势。

"吴鲁公肃墓"，系光绪十五年巴陵知县

鲁肃墓

周至德立，墓顶建小亭，有石级可达墓顶。墓于1984年重修。

鲁肃墓北距岳阳楼约200米，占地面积800多平方米，封土高8米，直径32米，在名人墓中算是规模较大的。一直听闻，未曾真正走近，站在门口便有些震惊，比我想象的要大得多、好得多，但推门而进，墓前一高大牌坊，上刻"威恩大行"四字，出自晋人陈寿著《三国志·吴志》中称赞鲁肃任职荆州时"威恩大行"。

进门两边各有一栋小房子隐隐约约可见。左边的小房子是一个供庙，里面有一尊鲁肃的塑像。两边的对联是："威恩大行应焚香，足智多谋因得道。"供案上的香炉看起来已经断香火多时了。右边的小房子应该是当年守墓人用于卖一些纪念品的地方。两处门庭破损，门口也是草长树深但气派是有的。

鲁肃墓在岳阳也算一处闻名的古迹，很多外地旅行者都寻访至此拜谒，更是很多本地人寻古追思之地。

鲁肃字子敬，岳阳这一带自古尊他为贤人，岳阳旧祀六贤，其中一个便是鲁肃。东汉临淮东城即今安徽省定远县人。东汉末年东吴功勋卓著的政治家、军事家。《三国志·吴志》说他少有壮节，好为奇计，家富于财，性好施与。东汉末年军阀混战，他献出家产随周瑜投奔孙权。赤壁大战前，他力主联刘抗曹。在战争过程中又多方斡旋，调解周瑜与孔明之间的矛盾，终于协助周瑜取得了赤壁大战的胜利，为孙权雄踞江东奠定了基础。赤壁大战后，他又力主借荆州与刘备，加强与刘备的盟友关系，增加曹操的敌手，促成三足鼎立之势。公元210年，周瑜在岳阳病危时伏枕向孙权极力推荐鲁肃代替他。周瑜死后，孙权依言命鲁肃镇守岳阳。在岳阳，他屯军筑城，巩固边防，修建阅军楼操练兵将，并厚抚巴丘百姓，使战乱中的百姓得以休养生息。公元217年，鲁肃病逝，年仅46岁，葬在洞庭湖东的巴丘（今岳阳）。因此，岳阳历代百姓深铭其德，奉为贤人，专门修了鲁将军庙祭祀他。

清朝同治和光绪年间的《巴陵县志》均有鲁肃墓的记载。光绪十五年（1889），巴陵知县周至德对墓陵进行过一次修葺。1915年，北洋军阀曹锟来岳阳时，又修整了一次，重刻了墓铭。铭曰："距今1698年，汉建安二十二年，东吴水上将军鲁肃卒于斯，巴陵人思其德而葬之于斯。余在岳阳，过其冢下，想见其为人，为之徘徊流连不去。旧冢有亭，褒不容人，余从而修葺之，而为之铭曰：公德于斯，卒于斯，而葬之于斯。呜呼，公足以千古！"

清代诗人李调元在《鲁肃墓》诗中称许道："借荆能落曹公笔，切勿轻看冢中人。"

后来墓和亭均毁于"文革"初期。1984年，岳阳市按原貌才重修的。1985年由湖南橡胶总厂集资，岳阳市文物管理部门负责重建工作，坚持"整旧如旧"的原则，其规模按民国初年所拍鲁肃墓的照片恢复旧制。并在原鲁肃墓朝东正面竖有一幅大石枋门，高约三点五米，宽一点二米，有石直达碑前，现改西面为正门，增设牌坊，朝洞庭湖，并列入岳阳文化旅游点向游客开放。

中国已知有鲁肃墓5座，分布于岳阳、汉阳、镇江、丹徒和句容，孰真孰伪各有说法。何光岳《岳阳三国名人古墓考》认为岳阳鲁肃墓是迁葬墓的遗留。"岳阳暑热，鲁肃死于伏天，只能暂行寄棺埋葬，以安定军心，加之魏、蜀时时骚扰江路，鲁肃的灵柩也难以从长江运回东吴安葬，故寄葬墓是存在的。"后来鲁肃的儿子鲁淑为昭武将军迁夏口督，才将父墓迁至汉口龟山，因此龟山又名"鲁山"。

这些都不影响鲁肃其人其事在岳阳的声名，其墓其基的深厚，鲁肃墓足以成为岳阳旅游的历史名胜，将与岳阳楼、文庙共辉映。这是附近居民的心愿，也是所有岳阳人的心愿，更是历史的心愿。

在3517家属区一栋普通的房子前，有一条"T"字形的小道，前面是空地，右边直通东边家属区，左边被两栋20世纪80年代修建的高楼拦断。李元宝老师告诉我，这是当年岳州府通往岳阳楼必经之路。岳州府早已不在，当然，道路也因3517后来不断扩建基本毁掉。随着岁月不断深入，岳州府的消失，这个厂的划地圈建，这条道曾经的作用和辉煌就在隆隆的推土机声中远去。不可逆转的事实是，它的身份也肯定将会成为一个秘密。因为，存在于现有几个老人脑海的资料，年轻一代无处了解，必将随着最后的记忆而遗失。这个名不见经传的小道，岳州的史料事件里，它没占有一席之地，那么，它也会遭遇中国大多数靠言传的历史故事断层的挥发。

你看，3517肯定也没想到，时代变化，它的命运与老岳州府一样，即将成为过去。2016年，旧城改造，全国城市棚改启动，3517橡胶厂整体搬迁至城陵矶临港新区工业园后，生活区迎来整体拆迁。3517厂将作为岳阳市东风湖新区及旅游开发，环城线路的建设，全面征收。2017年，大部分居民拿着征收款已搬到了新家，还有一些单位，在做最后的扫尾。

2018年，东风湖新区以此为阵地拉开了全面开发与改造，3517将成为岳阳市文旅新城，那时，这里一定更有文章可做。

北门渡

梅　实

　　我到岳阳不久，就听到了两首民谣，一曰："走遍天下路，难过北门渡。"一曰："平江的姜源岭华容的路，东茅岭的商店北门的渡。"那时去平江，要么走公田、月田，翻小水岭，过南江桥；要么走新市、栗山、浯口，然后翻姜源岭，车祸常出。华容大部分地处湖区，遇雨，泥溜烂滑，自是令人苦不堪言。东茅岭商店里的营业员中有不少是干部家属，又正是商品匮乏的年代，营业员"冷眼病""摇头病"盛行，东茅岭商店的服务态度可想而知。

　　现在只说北门渡，说具体一点儿，它是那时专门运送各类过往车辆的渡口。

　　开头几年，这车与渡的矛盾似乎还不那么突出，自党的十一届三中全会以后，随着城乡各行各业经济的复苏与改革开放的不断深入，单位与私人拥有的车辆越来越多，北门渡的压力也越来越大。开始一条船只能载几台车，后来又添了几条"核武器"，每回能吞下20多台车，仍是不够。

　　车子一多，问题就来了，小轿车、警车有优先权，一到江边就鸣笛，呜啦呜啦横冲直撞。市区以及附近君山农场、建新农场、华容县的一些司机，因是常客，早与渡口的工作人员混熟了，丢根烟、丢个西瓜的同时也丢了个眼色，于是便见缝插针，绿旗优先。最苦的自然是那些货车司机尤其是外地的货车司机，在岸边等上一两个小时能登船过湖的话，这对于他们来说已是万幸了。若遇汛期或洞庭湖里起大风，他们就得苦巴巴地等上大半天甚至更长时间。

进城的货车里，粮食、牲猪、鸡鸭、大白菜、西瓜……什么都有。有一次，一台华容过来的货车和一台君山的货车不小心同时翻在了湖边，两台车装的都是生猪，所幸的是华容来的是两头乌黑猪，君山的是约克夏粉色猪。赶猪的人就喊，别慌，华容的是黑猪。这个笑话在岳阳街上传了好多年。

1979年春上，我们从华容新河搞调查回来，搭乘一辆大客车，途中，见风越刮越猛，有经验的姚科长就说，糟了，今天恐怕过不了洞庭湖。车到湖边，果见大小车辆摆了几华里长，经打听，渡船早就停开了。我们在车上等了一个多小时，早晨吃的两碗稀饭见效了，要拉，下车一看，马路两边，芦苇还没长起来呢，无遮无拦，实在忍不住，走出三五步，眼睛一闭，就地解决了。车上还有不少女人呢，女人可没这么简单，没多久，有个女孩儿，大概是憋急了，嘤嘤地哭，一位大嫂见了，忙喊了车上所有的女人，又邀了邻近几辆客车上的女人，手拉手，围成一个圈，严重的现实问题才得以圆满解决。

在湖边等船，真是一件烦心的事，可有的人不烦，这就是那些小贩，他们巴不得你在这里等一辈子呢！他们中以女性为多，挎着个篮子，里面装满了小吃之类，边走边喊，瓜子花生皮蛋盐蛋油炸鲫鱼平江酱干蓑衣萝卜台湾姜啊！其口齿清晰与语言流畅绝不是一般相声演员喊得出来的。一旦你摇下车窗玻璃，对他们的物品表示哪怕是一丁点儿兴趣，他们立马便箭一般射了过来，争相问你要什么，你点了一两样，他们便动作十分麻利地给你递

北门渡口

货、收钱找钱。如果恰在这时汽车开动了，你也不用着急，他们会跟着车子由慢至快地跑，一边跑一边数钱，分毫不差。

生意人中，也不乏男性，但他们一般不卖傻子瓜子台湾姜，他们卖别的。有一回，我随我们科里的副科长李稻村先生坐班车去华容做调查，车到湖边刚刚停稳，上来一名手提人造革袋子的中年男子，放下袋子，他开言了：各位尊敬的旅客，亲爱的乡亲们，在下特地从北京赶回岳阳，告诉大家一个特大喜讯，美国、英国和法国花了3年零6个月，最近终于研制出了一种神奇跌打损伤药，不管你伤哪里痛哪里，不管你是老伤还是新伤，不管你是明伤还是暗伤，包你一贴见效，一贴就好。昨天我带回800张，在路上就被人抢着买走了751张，还剩49张，哪位有识之士需要，快来我这里购买，动作迟了没买到的休怪我不仁不义。我还忘了告诉大家，在下我本姓周，取个单名叫周围，如果我这药不灵，我说了半句假话，你们只管通我周围的娘。他滔滔不绝地讲了一气，见车上没一点动静，就说了声再见，灰溜溜地下车走了。我还没反应过来，稻村先生悄悄地说，小梅你知道吗，这就是正宗卖狗皮膏药的。他说他叫周围，药不灵通周围的娘，骂的是别人。我这才恍然大悟。

除了上面说的这些贩子，还有一些人希望湖里起大风的，他们是那些私人船老板，在洞庭湖里打渔漉虾几十年，成了洞庭湖的麻雀，也有人叫他们狐（湖）狸（里）精。湖边一起大风，渡船就停摆，渡船一停摆，两岸自然就站满了人，城里的急着到河西去，河西那边的急着要进城，这时候，他们就驾着一叶扁舟过来了，想过去吗？想过去的快上船，40块钱一

北门渡口

个人。也有喊35的，价格由船上老板随口喊，政府没有定价，政府定的是不准渡人过河，因为那实在太危险。记不清到底是1996年还是1997年的3月19日，下午4点多钟，我一位朋友的妻子从华容娘家回城，就上了这样一条船，同她一道上船的还有十几位一样归心似箭的男人和女人。小船驶出几丈远，一妇人吓得哇哇大哭，说我怕我不过去了，我再给你50块钱你送我打回转行啵？船老板没好气地将她送回岸上，一船人笑她胆小。船到湖心，风越刮越猛，浪越掀越高，船老板水性再好，几个回合下来，也支撑不住了。当又一排巨浪劈头盖脑压过来的时候，船翻了，我那朋友妻子的遗体第二天上午才找到。有人会说，那得找船老板算账呀！船老板与全船的客人一道葬身鱼腹了。不是船老板水性不行，大难临头，他早被几个妇人逮住，拽的拽胳膊，拖的拖腿，有经验的人都知道，这些人一旦落入水中，她们死也不会松手的，只会越抱越紧，所以，她们与船老板的账，只能去阎王老爷那里算了。

再往后，洞庭湖就修大桥了。我有一位朋友，叫王益民，在大桥修建指挥部任副指挥长，一天，他打电话来，约我为洞庭大桥撰副对联，说想在桥头立个碑，将联嵌上，做永久纪念。我当即应允，不久便作了两副，供他们选用，现抄录如下：

其一：收四水吞长江蒸云梦撼岳阳思苍茫大地无处可同浩瀚洞庭言盛；
驾彩虹贯荆楚锁蛟龙扬正气问天下精英有谁能与巴陵儿女比高。

其二：五千年华夏沧海横流叹往昔风波阻船恶浪摧魂吴楚儿女千滴泪；
八百里洞庭风光如画喜今朝旌旗遍地号角冲天岳阳人民一行诗。

后来，大桥竣工了，不知何故，一直不见他们立碑，嵌联之事也就烟消云散了。

由于有了洞庭大桥，北门渡这一谓称永远在岳阳市民口中消逝了。但当年的北门渡，当年在北门渡发生的许许多多的故事，还存留在这么多老人的心中。

卸任的"三湘第一渡"

张峥嵘

2021年的今天，我站在洞庭湖，湖上已有三座桥：2000年建的洞庭湖大桥，2014年开建的杭瑞高速桥和蒙华铁路桥。

"走遍天下路，难过岳阳渡。"这样的境况，站在这三座气势恢弘的大桥下，怎么也复原不了当年望着咫尺君山只能干等看着一辆辆车蜗牛般渡过岸的情景。与新世纪的年轻人谈起，他们只当是一个笑话。

桥让天空变通透，桥让深水变彩虹。

桥的建成通车，真的为岳阳现代社会的进步与发展大大地加分。只是，今日之进步，是过去之承，这不可能忘掉的，都是几千年历史演变的长卷不可分割的一部分。

三湘第一渡，完成了从小木舟义渡，到大木船限载过渡，到大型轮船渡人，到载车载人过渡的机械渡船，一环扣一环的一部发展史的真实撰写。2000年前，我曾经历了十几年的每月过渡前往婆家的经历。那实实在在是一次又一次的修行。

回顾过往，百年，北门渡口一直是连接市区和君山区乃至湖南湖北省区的主要交通枢纽。

2000年11月，这是岳阳也是浩瀚洞庭湖划时代的时刻。随着洞庭湖大桥的全面竣工，一座全长9963.5米、宽20米，双向四车道，连通鄂西、巴东和湘北地区当年国内里程最长的公路桥正式通车。横跨云梦泽，天堑变通途。百年风雨的岳阳北门渡口此刻起"光荣下岗"，胜利完成了它的历史使命。随之被更名为"岳阳战备汽车渡口所"，洞庭湖上南来北往客也从此告别轮渡。人类进步，时代前行，在这个发展过程中，都会经历一路建设，一路淘汰的必然。很多在人们生活中起主宰地位的存在，都会在不知不觉中为满足社会的需求而退出舞台。号称"三湘第一渡"，民间戏称"三湘第一堵"的岳阳北门渡口，无论当年多么风光，多么举足轻重，还是必须顺应时代的需要，从热闹喧嚷走向了沉寂。渡口在百年历经后，从木筏到机帆船，从汽车轮渡到洞庭湖大桥，巨大变化清晰地折射出岳阳发展的轨迹与速度。

　　它的诞生是必须，它的离去也是必然。过去，一个四面环水的城市，离不开穿梭往来的舟楫，离不开对接两岸的渡口。现在，一个飞速运转的时代离不开桥的托举。

　　说起来岳阳境内河流密布，港汊纵横，津渡设置久远，这个众所周知。经查，得出具体数据，我还是睁大了眼睛，吃惊于这是怎样的交通布局。曾经，岳阳有各类渡口457个，渡船500多条。陆路止处，是水路的连接；水路的尽头，是陆路的起始，这就是渡口。这组数字，就是水城岳阳的密码。

　　据记载，位于岳阳楼与洞庭大桥中间的城西北门渡口，古称大江渡。最早文字记载于明弘治年间《岳州府志》："巴陵有大江渡。"清朝康熙二十四年（1685）的府志更清楚地注明了此渡的地理位置："郡城北门外，通华容路。"此处是洞庭湖入长江的狭长地带，水流湍急，江豚出没，盛产银鱼。因这里水域不宽，与河西洲地径直相对，是最

20世纪90年代的北门渡口

佳的摆渡口，便成了连接鄂、川、豫、陕的交通要冲。

据岳阳市水运总公司一些老船工回忆和有关资料记载，20世纪中叶以前，岳阳北门渡口是由"渡口帮"十几条木筏子在此沿湖接送旅客和货物。一条木筏子一次装载5到6人，往返河东河西。河西的人过河主要是到岳阳城里以自种的土产换回生活所需。一天不到几百人过渡，由于过河船只太小，仍然无法满足需要。加之遇上风大、雾大、雨大，都得停渡，再急的事，也只能望湖兴叹。

1954年，岳阳帆船社建立，接管了北门渡口。有了一条由救生局的救生船改装的木帆渡船，一次能渡80人左右，比起木筏子进了一大步，更多是安全系数大增。理想很丰满，现实还是残酷。这也只局限于有风张帆，无风摇橹，靠的是船工的体力。加之，这种渡船是全敞篷式，夏季头顶毒日蒸烤，冬天寒风刺骨，条件十分艰苦。每过一次河，都是一次重大考验。君山有位老人回忆，他们村大多数父母辈的一辈子没到过十几公里远的岳阳，因为，觉得过渡太难，不是天大的事，不值得前去冒险，前去等待。

我站在曾经的渡口旧址，后来的修配厂前，多年过去，曾经的老船工们回忆起来感叹连连："那时真难啊，拼力气不怕，最主要是担心安全。往往一个浪头，一个漩流，都有可能面临灭顶之灾！"条件有限，面对天灾人祸，人类都会摸索出一些自保的方式。洞庭湖跑久了的船工们，在风浪里也慢慢总结出一些经验，常常靠背记谚语和观察自然事物的变化来防风防浪。如"三月三，九月九，无事莫到江边走"；如江豚在水浪里出没时，头朝上，则北风将至，头朝下，则南风将临。很多年轻人对老人谚语的一套套不以为然，却不知道那都是生活经验的总结和记录。反正按经验来，总好过一顿乱碰。小心驶得万年船。

时间到了20世纪60年代末，岳阳地区河西开垦荒芜的湿地，围湖造田，建立了几个大的国营农场。河西人口从四面八方涌入，迅猛增加，北门渡口的旅客流量不断上升，每天达到2000多人次。岳阳北门渡口的木帆渡船改装上20匹马力的机器，终于结束了靠人工张帆摇橹摆渡的历史。渡口船只的机械化，大大提高了速度，增加了安全性，真正方便快捷了很多。可现实问题再次来临，以前只有人，最多一个独轮车，后来不同，汽车大大小小暴增，又大又笨重，上船可能是灭顶之灾。先进的东西，有时也不大"先进"，汽车无奈之下，一眼望得到的地方，必须绕一天到达。

一切建设，顺应需求，汽车越来越多，当然也得让它们便捷。1970年10月，北门渡口实行车人分离，在人渡不远往北几百米处，开始试营运独立的汽车轮渡。首先试水的一艘汽渡，马力很小，吨位也不大，一次只能装两三台车。好在那时汽车也是稀罕物，每天渡运一两次，也还顺畅。进入20世纪80年代，全国经济迅速复苏，岳阳经济保持着持续增长的良好势头，岳阳北门汽车渡口往来汽车急剧增长。轮渡短短时间便增加到了9艘。可惜的是，渡船配备争不过汽车增加的速度，再者，湖里往返也无法运行更多的船只，每天从渡口过往的车辆达到了3000多台次。岳阳北门渡口成了全省乃至全国最大、最繁忙的汽车渡口之一。"三湘第一渡"成立的辉煌还没"光荣"几年，就成了闻名天下的"三湘第一堵"，遭到全国各地司机的调侃。

"三湘第一堵"的称呼虽不好听，真不是徒有虚名，所以，也只得受着。

湘运岳阳车队的刘师傅，天南地北跑遍了。他谈起90年代开车跑河西华容的时候，最为头痛，烦意还有些挥之不去："我那时经常跑河西拖粮食、拉棉花，每天得凌晨两三点钟起来，但还是莫道君行早，更有早行人，过湖的车辆已排成了一条长龙。车队排到了岳阳楼门口是常事，市内的公共汽车都怕往岳阳北门这里来。要是碰上大雾停渡或遇到大风大浪缓渡，排队的车辆更吓人。南延伸到了南正街，北延伸至城陵矶了。最长一次等了两天，车上有货，又不敢走开，硬是坐在车上苦守了两天，一车白菜化成了水。"

老家华容的刘先生笑着说："因为交通不方便，我十几岁了还没看到过火车。考上初中后，父亲说奖励我带我去一趟长沙坐坐火车。记得那天，母亲大清早帮我换上一套干净的衣服，跟着父亲赶到华容汽车站，好不容易等到汽车开，我的心情特别激动。谁知到了君山渡口，因风大，当天停渡，只得作罢。尽管过去了十几年了，我现在还记得当时懊恼的心情。"

家住钱粮湖的黄女士说到当年过渡，笑言，自己胃不好，就是因为过渡造成的。她说，每次回家要看天时、地利、人和，现在一个小时不到的路途，当年可是最短也得三小时，她说最长花过一天。有次春节上午10点赶到渡口，全家等她吃年饭，却被困在渡口，一直到下午5点多才到家。那时，哪怕去君山，也会在上车前自备很多零食，应急渡口遇滞留状况出现。应运而生，两岸就诞生了一支提篮小卖的队伍。黄女士说，有一种沿湖渔民自制的麻辣油炸鲫鱼，特别好吃，每次回家，一边等过渡，一边吃，等再久，心情也不气。

"三湘第一渡"的美誉，被"三湘第一堵"替代，司机们编了一句顺口溜："走遍天下路，难过岳阳渡。"饱受过渡之难的司机和岳阳老百姓，最大的期盼就是希望洞庭湖上建起一座跨湖大桥。

无论当年堵得多么窝火，但人们也不会忘记。30多年来，曾有一支风里来雨里去的汽车轮渡大军，付出了无数的艰辛。正是因为他们顶狂风，战恶浪，为南来北往的司乘人员架起了一座水上桥梁，谱写了一曲曲感人至深的时代乐章。尽管随着社会发展，北门渡口遭遇了必然的淘汰，但曾路过岳阳，有着过渡经历的人们，都不会忘记这支队伍的功绩，也不会忘记北门渡口它曾肩负过的历史重任和它在岳阳经济建设中的巨大贡献。

世纪之交，洞庭湖大桥全线通车，司机们的愿望得以实现。自古只闻新人笑，哪听旧人哭。北门渡口从此无人问津，迅速沉寂下来。当年的汽渡一排靠岸，甚是斑驳，透着大江东去，时光不再豪迈后的悲壮。后来再度寻访到当年的渡口时，看到它又恢复了热火朝天的兴旺景象。造船厂的工人们，正在紧张地忙碌。北门渡口，在经济大潮中，及时转换身份，迎来了它另一次腾飞。

湖边漫忆

邓建龙

2019年2月6日，正月初二上午，风和日丽，去南岳坡洞庭湖边散步。见湖水已远离湖岸，乃下至湖滩，再趋前七八十米到水边。回看身后的三层台阶及驳岸涨水时浸没的水线痕迹，已高出水面二三十米，水涨水落，夏涨冬退的自然规律，一目了然。长江三峡大坝修建后，长江水量变小，洞庭湖水失去长江水的顶托，流速加快，水位骤降，年年出现大面积裸露的河床与沙洲。

清澈碧绿的湖水在微风吹拂下，漾着阵阵的波纹。看着湖中游弋的船舶，远处的岸线，湛蓝的天空；呼吸着清新而又充满水气的空气，顿感心旷神怡，精神舒畅。

望北眺望，感觉沿湖岸可一直走到岳阳楼轮船码头。青少年时代常与同学沿着湖岸，从街河口走至岳阳楼轮船码头，嬉戏游玩。那时，沿湖有街河口、南岳坡、柴家岭、气象台、交通门、岳阳楼、轮船码头七处口岸可下至湖边。后来随着城市建设，湖边建筑增多，仅剩南岳坡一处口岸可至湖边。2007年后，随着汴河街及湖边观光带的修建，从南岳坡至岳阳楼段湖岸被完全隔断，再也无法通行。1968年后，我因工作原因再未沿湖岸漫步行走过，屈指一算，竟五十有一年。于是便踩着湖边的沙砾碎石，高一脚低一脚地往前走去，随即无边的往事也如潮涌现。

从南岳坡码头栈桥行至偃虹堤，登堤观望。堤长四百多米，宽约十余米，建于1998年洪水后。当时的市委书记张昌平因见此处湖岸被洪水冲刷崩塌严重，乃决定修此堤以御洪水，并以北宋时岳州郡守滕宗谅在此所修之偃虹堤命名。岳州府县志书载，滕宗谅在岳三年，做了五件事，被岳州人民所赞颂，其中就包括修偃虹堤，并托其好友北宋大文豪欧阳修写了《偃虹堤记》以记之。其实仔细研读志书，滕只是倡议修筑此堤，然尚未动工，便调任苏州，堤也就议而未修了。

而此处湖滩正是我青少年时期游玩最多的地方。那时湖滩上常年停靠有大批木簰。这些木簰由湘南湘西漂运而来，部分停靠在南津港贮木场，部分停靠在这柴家岭下湖边，千百年来此处也就成为洞庭湖木簰集散地。这些木簰一般长约七八十米、宽三四十米，木簰的南北两边侧停靠着数以百计的渔船与帆船，一直蜿蜒至岳阳楼下。五十年代至六十年代初，我在岸上的吊桥小学（今巴陵广场瞻岳门处）读书，常在课余或放学后与同学到湖边游玩，或捡贝壳，或拾瓦片打水漂。夏天午睡时，有时溜出教室，到木簰处游泳，有时也捡拾些不用的竹缆回家当柴烧。后来进入二中学习时，也常从学校后门穿守备巷，过洞庭路，下到湖边木簰处游泳。那时木簰外的湖水流速较急，胆子大的同学可以游得很远，我们胆子小的同学只能在离木簰三四十米处来回扑腾，不敢远游。那时游完泳后只要用指甲在腿上一刮，便有一道白印，为防值日生告诉老师便用泥沙在腿一抹，以便蒙混过关。

最难忘的还是1961年三年自然灾害时，我读小学四年级，学校组织我们男生在湖滩上开荒种菜，搞瓜菜代粮。那时我们也就十一二岁，个子小，力气小。老师指定地方后，规定谁先挖完谁先回家。于是我们便拼命地挖，以至挖完后，累得就往湖滩上一躺。等缓过劲后，脱掉衣服就往湖中一蹦，游起泳来，真是少年不识愁与累。至今老同学们回忆此事仍津津乐道。

当年柴家岭下有条河街，在原县木材公司（后来的岳阳宾馆）与气象台之间，通洞庭湖边，木簰就停在此处湖边。木簰停放此处后，放簰人便将木簰或卖给或委托县木材公司销售。于是县木材公司也雇用了一批簰工扎放簰，这些人被称为扎簰工，多为上湖南人。1956年我家一位邻居就是扎簰工，男人姓雷是上湖南人，女人叫黎萍是岳阳人。老雷因经常送簰至下江武汉等地买主处，常一两月不能回家。这女人耐不住寂寞，常带男人回家，一次被突然回家的老雷堵个正着。事不过三，第三次被老雷发现后，将其暴打一顿，然后离婚。当时就业岗位少，这女人因无工作，失去经济来源，一时贫病交加。我母亲曾多次接济她，但她却不吃不喝，乃至活活饿死。因其孤身一人无所依靠，无人安葬。居委会乃雇两人用芦席一卷，抬至铁路洞口外草草掩埋。

行至岳阳楼公园西门外湖滩。此处原有两大一小三枚铁枷，大铁枷据说重达万余斤。当年日军曾想将铁枷拖回日本，其用汽艇拖拽时钢丝绳崩断，铁枷则纹丝不动，日军只好放弃。三枚铁枷每隔五十米放置一枚，沿湖摆放。有关铁枷作何用途说法不一。其真实用途应是古代洞庭湖洪水泛滥，冲垮湖岸屋宇，连岳阳楼与城墙也因洪水冲刷而多次垮塌，故不得不往城内迁移。于是郡人乃铸铁枷以锁兴风作浪的洞庭妖龙，就如黄河边人作铁牛以镇河妖一样，因此铁枷实为镇锁洪水与湖妖之"厌胜"。二十世纪五六十年代，我们在此玩耍时，一边猜其用途，一边坐在其上休息。今日至此，铁枷已不复见，据说其中的小铁枷现在岳阳楼公园内展示。

再前行约百米至轮船码头。码头设于清光绪二十四年（1898）五月。湘鄂善后轮船局湘汉线正式开航，在岳阳楼与城陵矶各设一船埠，供上下客货用，为岳阳轮船运输之始，至今已131年。当时因湖南境内无铁路公路，三湘四水的人与货物大都须乘船出洞庭湖入长江，再至全国乃至世界各地。来往的客货轮需在此停靠，湖南乃至中国近代史上的许多名人，如毛泽东、蒋介石、邓中夏、郭亮等，都曾在此停靠或换乘，并登岳阳楼览洞庭风光。那时湖滩上岸坡上还建有许多房舍，我手中就有清末民初时期拍摄的此类照片。六十年代，我一位同学家就住此岸半坡上。1992年，市政府在此重修小乔墓，并将墓区并入岳阳楼公园。另在北面约百米处新辟一通道直通码头，码头附近房屋也因历年洪水冲刷垮塌，或因码头建设遭拆除。

自码头往北行百米至刘公矶，湖滩上呈现大片裸露的青黄色礁石。刘公矶是岳阳三矶之一，清岳州府志舆图上有记载。矶呈突出状伸入湖中，三面临水，且怪石嶙峋。正因为矶石突入水中，使此处湖面变窄，水流速度加快，因此自城陵矶方向上溯的民船行驶非常缓慢，需拉纤才能过得此处湖面。60年代初，我曾在此处见过拉纤绳的纤夫怎样低伏着身躯，拉着纤吃力地一步步翻过矶石。1962年，岳阳县帆运社向政府反映要求炸掉部分矶石，以利航船运输。由县武装部派人将突入湖中的大部分矶石炸掉，使矶石向后退进约五六十米，故此处只剩下这些残存的矶石，涨水时没入水下，退水时才露出水面。有关这次炸矶事件，却鲜有记载。我在编写城区志时，曾多方查找有关资料，均未见到，故只能凭自己的亲见亲闻记录如此。

再往前行至船厂湖边，青黄色的礁石仍随处可见。走在这嶙峋的礁石上，脑海中又浮现出一些历史的片段。1898年，岳州关选址时，因此处湖岸多礁石，不宜停靠大型船舶，且北门外地域狭窄，不利发展，遭湖广总督张之洞否决，乃选址城陵矶。后来许多史家评判，岳州关选址城陵矶，并未像武汉的江汉关及长江沿线其他城市的海关所在地一样，给岳阳城市建设与经济带来快速的发展，也是一大憾事。

走到此处，已历时七十多分钟，按直线距离仅一公里左右。我一路缓缓而行，时而驻足，凝望湖中或岸上；时而掬水戏耍；时而对着某处地方或建筑深思。每一分钟，每一步都将我的思绪带回到过去的年代；每一分钟，每一步犹如走在历史的时空里，踩着历史的印迹，回忆着自己也回忆着古城的历史往事，五十年、六十年、一百年或更远的年代，往事如烟。

岳阳宾馆

梅　实

　　1984年10月4日，岳阳市组织了一个党政代表团赴广东中山市访问，代表团共有七人：市委书记李朗秋、市政府常务副市长罗仲伯、市委秘书长汤志雄、市委宣传部部长孙南生、市人大副主任巩扩，还有建工局副局长王乐明和我。

　　那时，中山尚未升格，属县级市，归顺德地区管辖。代表团在中山参观了中山港、正在筹建中的威力洗衣厂、孙中山先生的故居翠亨村等地后，于10月7日上午在孙中山纪念堂签订了岳阳、中山缔结友好城市的协议。第二天上午，从香港那边来了一位老板，五十来岁，矮矮的、胖胖的、黑黑的，人显得极有自信，极有精神，这时我才知道，他叫吕正坤，是来与我市领导见面并商量建岳阳宾馆一事的。

　　吕正坤先生接我们去他在中山的宾馆住了一晚，并陪同我们浏览了长江乐园，这也是他在中山市投资的一个项目。长江乐园里有个最为惊险的玩项，叫翻滚飞车，工作人员请我们上，我们一个个吓得往后退，唯有孙南生同志麻起胆子上去了，待到在高空中翻滚一阵后下来，只见他脸上寡白的，过了好一阵才缓过神来。这种车后来我在美国洛杉矶的好莱坞电影城和香港的海洋公园里又碰到过，都没敢上。

　　我们从中山回来不久，岳阳宾馆就正式筹建了，这是吕正坤先生在内地投资建设的第九个宾馆。在选址的时候，他坚持要放在洞庭湖边，而且在设计上提出，要让每间客房里的客人临窗能够看到洞庭湖。这样一来，矛盾就出现了，岳阳宾馆离岳阳楼仅有几百米远，文物部门闻讯后坚决反对，理由是，岳阳宾馆属于现代建筑，建成后会有

1958年修建岳阳饭店

损岳阳楼的形象。硬要建的话，其高度不能超过岳阳楼。岳阳楼本身只有20米又30厘米高，但它所处的一平台要比岳阳宾馆的地基高出好几米，几经协商，岳阳宾馆由原来计划的15层降到了8层（不含地下层）。还有一点，岳阳宾馆从一开始就是做三星级来建的。记得当时对星级宾馆的硬件要求大致是这样：

三星级，不能烧煤，只能烧油，冬天不论外面多冷，客房里床上不能铺棉絮，只能床单加毛毯；

四星级，要有室内游泳池和健身房；

五星级，屋顶上要有旋转餐厅。

当时，岳阳涉外宾馆有两家，一为洞氮招待所，另一为云梦宾馆，而且主要是云梦宾馆，只是云梦宾馆规模不大，还不到100个床位，而且属于两星级。

岳阳宾馆的建设似乎还比较顺利，市委办公室副主任胡幼安同志被调去负责筹建，在我的印象中，老胡是位干练、稳健且颇具儒雅风度的人，市委选他去挑大梁，属英明决策。宾馆竣工后，胡幼安当了董事长，我的另一位朋友刘大敖任总经理。

1988年6月17日，岳阳宾馆前不大的地坪里，披红挂绿，人流如潮，中

央、省里和市里来的新闻记者多达几十个人。一家三星级宾馆开张竟有如此气派，主要有两个因素：第一是宾馆属于岳阳与港商合作经营，那天，吕正坤先生特地从香港赶来，出席了典礼仪式；第二，这是最为重要的，那就是国家副主席王震亲自为岳阳宾馆题写了馆名并为宾馆开业剪彩。

岳阳宾馆开业，事事顺利，但也有一件事让组织者颇感意外与难堪，也让那些真正有素质、有教养的岳阳人脸上蒙羞。

问题就出在那天的中餐上，组织者们考虑到岳阳宾馆是与香港合作的企业，且属当时岳阳最豪华气派的宾馆，于是决定中饭也做洋绊的搞，吃自助餐。据悉，那天他们是做了充分的准备的，冷菜热菜外加酒水点心有上百个品种，供千把人吃都足足有余。谁料到了开餐的时候，几百人争先恐后地往宾馆中餐厅直冲。

那天典礼结束后，我因忙于签发稿子，吃饭的事就给耽误了，待我处理完报社的事再去一看，只见餐厅的地毯上、桌子上到处都有残留的食物，有的盘里的菜还剩了大半，有的点心仅被咬了一个抛物状就丢弃了，绝大多数食客已经离去，靠湖边的几桌，仍有几对男女在那里一边调笑一边细嚼慢咽。几名穿红色工作服系白兜兜的女服务员面无表情地在打扫战场。

事后听说，因岳阳这是第一次吃自助餐，一是好奇，二是有人自私的本能，进去后，什么领导、什么嘉宾、什么斯文、什么体面、什么气质、什么风度全他妈的见鬼去了，就是一顿乱抢，有身强力壮眼明手快者竟然一下子就抢了两三盘。结果是，还有好多动作稍微慢了半拍者没有吃上饭，包括由宾馆请来的歌星刘欢和市电视台名记李斌，都只能坐在宾馆大厅里摇头苦笑。而那些抢先者又因抢得太多根本吃不了，这一局面如果用我们的一句成语来形容的话，那就是：不欢而散。

中午不欢而散，晚上又来了，来干什么？来跳舞。岳阳宾馆在三楼建了一个舞厅，规模很小，严格来说，应该叫的士高（另一译音为迪斯科）厅，其灯光、音响在当时来说是最好的。那时候，岳阳的陵龙、国大、莱特等舞厅都还没有开业，长沙华天也不见影子，因此，可以毫不夸张地说，岳阳宾馆的舞厅，不仅在岳阳，就是在整个湖南，都是最好的。物以稀为贵，既然是最好的，自然就会有人去潇洒。20世纪80年代，一首《潇洒走一回》，一

夜之间唱遍大江南北，一些小青年，手里提着双卡录音机，一边走一边哼：我拿青春赌明天。

我这人历来就不喜欢热闹，岳阳宾馆舞厅开张好多天了，他们的赠票过期了，我也没去，问去凑过热闹的人感觉如何，答曰，就像煮饺子一样，人挤人，还能跳什么舞。

等到热之闹之过后，还是去了，给我的感觉则是，不一样就是不一样。只是觉得那舞池的确小了一点，后来他们重新改造了一番，还是不大。再后来，人们跳舞就喜欢往陵龙、国大跑了。

在岳阳宾馆，也交了几位新朋友。其中一位叫汪勇，主持舞会兼唱歌，虽然他并不是科班出身，但他的男中音十分浑厚，特别耐听，我最喜欢听他唱日本民歌《拉网小调》了。没过多久，他不拉网了，在城陵矶街上开了一家餐馆，叫金作马。我没去吃过饭，但见过那招牌。当时给吓了一跳，谁的胆子这么大，贾不贾，白玉为堂金作马，敢与贾宝玉家里一比高下。有回在路上碰见汪勇，一扯起，才知那金作马是他开的。汪勇后来凭着他的执着与实力，这实力不是经济实力而是艺术素质与修养，跻身进了湖南省歌舞团，成了一名知名的独唱演员，有时候，也主持一些晚会，据说日子过得十分滋润。但汪勇也因为太胖，引发一些疾病，不到花甲之年就离世了，令人惋惜。

另有一位，叫吴月明，时任总经理助理。取这名字的有水平，它应出自唐代诗人张若虚的名篇《春江花月夜》：滟滟随波千万里，何处春江无月明。我曾戏问过吴月明，月明只说这名字是他爷爷给取的。

吴月明在洞庭湖边生，在洞庭湖边长，对洞庭湖一往情深，每每与他谈起洞庭湖，谈起渔民的生活，他便滔滔不绝，给你讲述一串串动听的故事来，他后来写出了中篇小说《白楼之梦》，并将此改编成电视，在岳阳产生过一定的影响，再后来，这个鬼家伙也不知拱到哪里去了。好多年后，才与月明兄取得联系，接上头，才知他这些年一直在帮别人做事。

肖汉也曾在岳阳宾馆做过总经理助理。好几回我陪客人去宾馆，几乎总能看见他以及吴月明、宋庆岳等一帮朋友的。肖汉个头不高，精精瘦瘦，在他身上是最能体现"浓缩了的就是精品"这句话的含义的。他没有在那里做多久就走了，后来就开了莱特娱乐城，再后来又建汉森。

肖汉有时候说话也是信口开河的。有一回，我们几个在一起吃饭，他说他马上就开一家岳阳最高档的餐馆，请陈亚先和我给撰一副对联，我们很快就撰好了，我的上联、亚先兄的下联：云聚甘霖霖酿美酒酒醉英雄好汉；梦添新喜喜设华筵筵飞玉管笙箫。可到现在，他的云梦餐馆还不见影子。肖汉只怕早将这事忘到九霄云外去了。

岳阳宾馆在它生意兴隆的几年里，曾经多次接待过全省乃至全国性的高规格会议，更接待过我国政界、学术界、文艺界等许多顶尖级的人物。就我个人而言，就曾先后在那时接待过中宣部、文化部的领导，还有曹禺、魏巍、高晓声等著名剧作家和作家，并在那里聆听过我国著名经济学家、北大教授厉以宁先生的演讲。厉教授主讲股份制问题，听起来让人觉得十分新鲜，博得满堂喝彩，现在回想起来，他当时讲的一些观点到如今仍然没有过时。

1999年的一天陪台湾著名学者余光中先生在岳阳宾馆吃饭的情景也很值得回味。关于余光中先生，我曾在写岳阳楼的篇章里有过较为详细的描述，这里就不再重复了。这一天，我们从南湖宾馆出发，第一站去的是君山，从武警码头上的快艇，快艇开动时，余光中先生、余三定学兄和我等都进了快艇的小仓里，穿着武警战士递过来的橘红色的救生衣，老老实实地端坐着，唯有李元洛先生和水运宪还站在舱门口，迎着风在谈论着什么，余光中先生喊了元洛先生两声，元洛先生没听见，余光中先生就笑着对我说，你看，就他们两个，还站在那里说风凉话。

从君山回来，我们到岳阳宾馆吃中饭。菜肴自然是丰盛的，其中有两道虾子，先上的是基围虾，接着又上韭菜炒小河虾，我对余光中先生说，您尝尝这小河虾，别看它很小，味道和营养都是挺不错的。余光中先生马上接了话茬，是啊，这虾我应该多吃，这样，人家就不会叫我老鱼（余）而会叫我小鱼（余）了。大鱼吃小鱼，小鱼吃虾子。老人家来得真快。

1990年元月，岳阳市文联的年会也是在岳阳宾馆召开的。那时我刚从岳阳晚报社调至市文联不久，整个会议由我主持，晚上就在宾馆歌舞厅举行联欢，市委书记谢培清和市里另外几位领导自始至终出席了会议和联欢，这让文艺界的朋友很高兴。

按照吕正坤先生当初的创意，凡到岳阳宾馆的客人，不仅住的房间里要能看到洞庭湖，餐厅里更要看到洞庭湖。在宾馆的大厅里就餐，尤其是坐到临窗那一边的餐桌旁，一边品尝可口的佳肴，一边观赏水天一色的洞庭湖，的确是一桩让人心旷神怡的事，因此，在一段时间内，许多人结婚、做寿、升学、弄璋弄瓦之喜等请客，都愿到岳阳宾馆来。

我刚到文化局的那一年，有一天，江玉祖告诉我，说包勇在岳阳宾馆庆贺他36岁生日，想邀我一道赴宴。包勇与我是校友，当时投资150多万元，承包了云梦剧院，放什么低音大炮电影，生意十分红火。我欣然前往，没送红包，送了一副对联：投百万资，揽云梦厅，尔有此勇？枕宝盖木，品猫牙米，我能全包。餐中当场宣读，知内情者听了，大笑。包勇则连连说，写得好，写得好。

说来也怪，这么美的地方，生意居然没有真正红火起来，也不知是哪年的哪月哪一天，那曾经让人挤破门槛的餐厅竟悄悄地关门了，后来，整座宾馆都关门了，连临街的商场都让铁将军把了门。每回从岳阳宾馆旁边走过，心里总有一股说不出的滋味。我不是企业家，对宾馆行业更是缺乏相应的管理知识，我没有任何资格来评判岳阳宾馆历届管理者的是与非，我仅仅对此感到可惜，感到悲哀。

岳州守备巷纪事

李　斌

　　珍藏有好几本文史专家邓建龙先生的赠书，其中《岳阳老街巷》一书中的《守备巷》，不仅引起了我对梦中家园的回忆，更是勾联出一段有关我爷爷与"李和记塘坊"的故事。那座原守备官邸古宅柳家花园就是我出生之所，文章里的那位湖北商人便是我爷爷。该文不长，现将部分摘录于后，以便大家了解这条已湮没在历史风云中巴陵古巷的来龙去脉：

　　"守备巷位于桃花井小区南，西起洞庭路，东至岳阳二中后门，长110米，宽3米，巷因中军守备署而得名。"

　　"民国时期，守备署为一柳姓大户所有，内有青砖黑瓦的房屋约七八百平方米，全是平房，有大堂屋，厢房等大小数十间，院内还有小花园，植有桃、枇杷等树，种有花草，因此又被称为柳家花园。抗日战争前夕，一湖北汉川籍的李姓商人买下此花园。1958年，修建中共岳阳县委招待所时，柳家花园被拆除，改建成招待所食堂与锅炉房。"

　　"巷成于民国时期，1934年《岳阳自治概况》中始有守备巷名，1993年2月出版的《岳阳市南区志》上，也有此巷。2000年后，此巷仅作为桃花井社区的一条小巷，不再被载入城区街巷之中，巷名也不复存在……"

　　"2000年时，巷内尚有一两栋清末民初时的老式房屋，现已拆除殆尽……"

1953年2月，作为李家长孙的我就出生在柳家花园里，姐姐与弟弟跟我一样，都是由接生婆在家里接生，幼年是在古宅大院中长大度过的。

　　守备巷咋模样？据父母亲晚年回忆，守备巷有一条平坦洁净的石板路，左右两边都是青砖黑瓦白石灰墙的老房子，不到二三十户人家，我家在巷子最东头，紧邻文庙与翰林街，单家独院，四栋砖木结构的平房加上大院内空地，大约近千平方米，爷爷购买该院后立即将其改建为"李和记糖坊"，利用其宽敞安静的优势，和几位侄子在院内精心熬制米糖、麦芽糖、挽手糖与酱油、酱菜、食品调味品等，产品远销鄂南湘北，成为巴陵古城里的老字号商家。全家老幼安居此院，直到1958年大跃进因修建县委招待所柳家花园被拆除后才搬迁到附近的棚厂街居民点。

　　随着时光流逝，李和记糖坊、柳家花园、守备巷这些当年老岳阳人耳熟能详的地名，已经消失在历史长河中不再被人提起，但是一个偶然的机会，著名诗联家方鸿先生发现了我这位当年在守备巷出生的老邻居，不由得惊喜地问我："当年李和记的大宅院好气派，有一个大院门头，门口还有石鼓、石狮子，我经常偷偷地跑进去玩，里面有好多口大缸，有好多人在里面忙，你的爷爷好威严，你家到底是什么背景啊？"

　　方先生的提问，引出了一段血泪交加坎坷离奇的家族往事……

　　二十世纪三四十年代的岳阳城里，经常有一位体型精瘦留着雪白山羊胡子的残疾老人，腋下紧夹着一副木拐杖，支撑着一条腿，在大街小巷里艰难地疾行，古城的每一个角落几乎都留下了他那独行的足迹，这就是我的爷爷李良和。

　　被人称为"和爹"的我爷爷出生于1893年，原本是湖北汉川乡下一个普通农民，但后来却成为了岳阳工商界、特别是岳阳电业先驱的一位传奇人物，依靠中国农民吃苦耐劳不折不挠的奋斗精神，他谱写了一首人生壮歌。

　　爷爷本是一位贫苦劳动者，37岁以前一直驾小渔船帮人运货，在冰雪封江的一个冬夜，睡在小船上的他被国民党军队开枪打断了左腿，后因无钱医治，溃烂左腿全部截肢，丧失了劳动力，于1931年全家三口逃到了岳阳城，靠着我奶奶会熬麦芽糖，会做黄豆酱、蚕豆酱、大麦酱的手艺在棚厂街找了一间小屋安顿下来。随着产品被老百姓认可，爷爷便将老家的几位兄弟子侄邀了过来，一起合伙开"李和记糖坊"，靠兄弟齐心其利断金的团结精神，通过几年靠熬糖、制酱、喂猪等多种经营终于在岳阳城站稳了脚跟。靠家族力量逢恶不怕、逢弱不欺，埋头生产、和气生财、与人为善、和气生财的生存经营理念终于在岳阳城站稳了脚跟。

爷爷原本穷苦农民，急公好义，柳家花园一时成了许多湖北同乡来岳阳谋生的接待站。小时候我便知道一位名邹贤生的远房亲戚因为参加革命负伤后被还乡团追杀逃到了岳阳，爷爷花钱买通关系将他安置下来，并且找了一名长沙逃荒女人与他成家，分一份小生意给他谋生，多年在此隐名埋姓生儿育女。没有想到的是80年代末，北京老首长想起了他、通过民政部门找到他并落实了失散红军身份，发放补贴让他安养晚年，令周边邻居羡慕不已！还有那个让许多人难以忘怀的在吊桥一带吹糖菩萨的"金爹爹"，也是爷爷的同乡好友，靠李家的米糖作手艺，据说国家副主席董必武还是他亲老表呢！

随着糖坊生意越做越大，1936年通过邻居介绍，爷爷花了数百块光洋，买下了守备巷6号"柳家花园"大宅院，作为生活生产基地。其时院内排满了近百个盖着竹斗笠晒酱油的大酱缸，爷爷亲自指挥生产，奶奶忙厨烧火做饭，几位叔叔伯伯忙上忙下，将日子过得红红火火。但是好景不长，1938年日本鬼子的飞机开始轰炸岳阳城，我爷爷随着难民也带着全体老小弃家不顾仓惶逃到了湖北洪湖县，靠着老手艺在新堤镇先安顿下来。

1941年以后，局势稍有好转，全家20多口人又陆续回到了守备巷，好在宅院没有遭受大破坏，经过一番修整后，李和记糖坊又重新开张营业了。

1945年日寇投降光复以后，岳阳城里出现了短暂的经济繁荣阶段，各行各业迎来了一个新局面。几位湖北商人游说爷爷共同投资修理发电机，架设电线路灯杆，重新发电，供应老城区照明用电。爷爷经过仔细的思考，终于下决心将竹荫街的两间铺店卖掉，集资数千元投资岳阳私营电气有限公司，成为了岳阳电力事业的先驱。几位叔叔伯伯则自立门户，还是从事他们所熟悉的熬糖制酱生意。

1949年，中国人民解放军入城前夕，国民党撤退时炸毁了岳阳火车站、南津港铁路大桥，还计划破坏发电厂，好在公司早就作了应对准备，爷爷、爸爸都参加了护厂队，日夜把守发电车间严防死守，终于迎来了解放。

东方红，太阳升，岳阳城百废俱兴，柳家花园也得到了新生，我记得大宅院里住宿过解放军战士、修荆江分洪的各地民工、到县城开会的农村基层干部。这里充满了欢声笑语。童年时代的我，还清晰地记得发电公司的许多叔叔来我家做客，在花园里拍照，在大堂屋里听留声机，跟着唱片学京剧的情景。

1951年3月，私营电灯公司因为发电机主轴断裂而破产，爷爷所有的投资血本无归后告老赋闲，他将老房子招租了一些房客，洁净的柳家花园顿时热闹起来。这些人都是在城乡剁肉、挑货郎担、做小生意的城市居民，每月几块钱，一家人在院内住得舒舒服服，既方便又安全。每天起得最早的爷爷，拐着一副木拐杖，拿着一把大扫帚先把大院扫得干干净净后，才打开大门木栓，外出买菜。有一天他在鱼巷子买了一条大青鱼，由两个人抬着送回家，鱼尾巴还有好长一截在地下拖……

童年记忆中，最难忘的就是柳家花园的酷暑之夜。每当黄昏之际，爷爷总是将清凉的井水泼湿空地，然后三三两两的人们从各自的住房出来，将竹床排好，辛苦了一天的房客们惬意地在此谈天说地，放松筋骨。爷爷则静静地坐在一边，手拿一支燃着暗火的纸弥子埋头抽他的水烟壶，奶奶则忙进忙出，为我们打扇子，擦身子，端茶倒水，而我们则仰望星空，慢慢地在大人们的闲聊之中进入梦乡。大院子里的人都讲老规矩、老礼性、数十人你进我出，总是和和气气轻言细语，从来没有翻脸吵架的现象。桔子黄了，枇杷熟了的时候，一墙之隔的一些调皮孩子，总想溜进来偷花摘果，不苟言笑的爷爷也只是敲一敲腋下的木拐杖，象征性地吓唬一下而已，从没有出现过与四周邻居不愉快的事件发生。

1958年大跃进运动在岳阳古城里掀起了狂涛，郭亮街居委会将我家对门的周家大屋改成了居民食堂，在柳家花园里办起了街道幼儿园，要求所有居民不能在家做饭，一律要过军事化生活，每天三餐都要去居民食堂用餐。一时间守备巷所有的老人与小孩，每天来回奔波，为的就是享用那么一点点饭菜饱肚度日，现在想起来真是令人伤感唏嘘不已。

不过令我和弟弟开心的则是居委会在我家空坪里安上了木滑梯、跷跷板等玩具，周边翰林街、半边街的小朋友也纷纷进入了大院内，爷爷再也不敲拐杖了，任由他们在院内蹦蹦跳跳，吵吵闹闹。

好景不长，居民食堂开了不久便办不下去而关张，幼儿园老师和孩子也突然无影无踪了，柳家花园完成了历史使命。1960年初，我们全家7口人搬入了棚厂街居民点，当年在守备巷一带营生的铁匠、木匠、皮匠、鞋匠、伞匠等手艺人都成为了我家好邻舍。1962年，李良和老人贫病交加离开了人世间，临终之时，他叮嘱亲人，一定要把请人雕刻的那条樟木腿给他装上，好让他下辈子肢体健全再也不做残疾人……

云行雨施、斗换星移，现代化的岳阳城出现在世人眼前，她比当年的岳州城不知大了多少倍、美了多少倍，但是那梦中家园却经常闪现于眼前。近年我曾经去寻觅当年守备巷的旧踪，发现那条直通二中文庙的麻石板巷道，早已被新搭建的民房占满，一道高高的围墙就屹立在当年的巷道中间，围墙那边据说是大名鼎鼎的宝利集团开发的高档小区，不知是哪家文化公司，在这堵白灰高墙上面采用连环图的线条白描艺术手法，将当年的守备署、演兵场、古代将士出征杀贼的场景绘制得惟妙惟肖，令这个毫不起眼已被人遗忘的历史小巷，成为了凭吊古军机重地的网红打卡点。

望着这面目全非的所谓古

21世纪初的守备巷

现在的守备巷

巷，许多鲜活的面容又浮现于眼前，原巷子中段住有一位慈祥的周娭毑，小时候我总爱去她家玩，有儿子在211工厂工作，家里特别干净。但是老人有一个毛病，每当天空飞机声音传来，她便大惊失色，急忙躲入床后边，后来我才知道，她是被日本飞机炸得家破人亡，吓破了胆啊……

还有那栋曾经办过居民大食堂的房主姓周，她曾经给我爷爷许多方便，让爷爷打饭菜回家给因为包过小脚行动不便的奶奶吃，爷爷为此还深深地感激她。周家有一个儿子小名八斤，曾经在城陵矶港务局工作，"文革"前我们同在洞庭路小学读书，现不知他身在何方，可否安好？

还有方鸿这位大我几岁的老邻居，近年来不仅以他丰富的国学知识将巴陵古城入诗入联，屡屡获奖而为岳阳古城争光添色，而且好几次与我在岳阳地名研讨会议上相逢，共同探讨岳阳城区一些古老地貌地名的变迁与由来。

别了，那曾诞生过我的柳家花园！别了，我的守备巷！这里曾经留下过我蹒跚学步的足迹。旧城且行且远，记忆未能忘怀。岁月融入历史，唯有那难忘的梦中家园与淡淡的乡愁，永在心间……

隐藏的文化基石

张峥嵘

文庙，仅属远去历史中的一个教育机构，并且各省各市各县到处都有，应该是非常简单的。

文庙，到了现在，关于历史，关于圣人，关于儒学，关于文化，关于教育，甚至关于旅游，就很复杂了……

无论是绕过萧条的庙前街，人们或寻找自己的生活需求或闲逛，还是穿透新街古巷的翰林街，突然看到那坡上雕塑，很多人会心里思考，为何叫"翰林街"？源自何处？为何叫"庙前街"？庙在何方？偶尔转头，就会发现一座孔子雕塑伫立，通出金黄的雕塑，沿于坡而上，一棵古老银杏遮天蔽日。天空传来的琅琅

1946年的文庙

书声，沿梯而上溯源寻根，就能获得一份意外，就发现了一个心中神圣的庙殿。那丛林幽静处，最是好地方。岳阳真正的文化基石文庙正在眼前。

站在文庙外面，望着那沿山而上的红墙，站在左侧小门边，知道其功底，懂得其内藏，不由肃然起敬。

"吱呀"一声，推门而入，映入眼中别有洞天。一虹石桥（状元桥）接你而入，一泓小池（泮池）托起倒影。从踏上状元桥开始，景就像帷幕慢慢拉开，小角初露棂星门，等到迈上桥的最高处，文庙全景尽收，层层推进。棂星门、大成门、大成殿。抬头古树参天，堂宇庭深，石坊古迹安好，在孔子注视下，引人不由自主缓缓而入，虔诚由心而升。

空旷的大成殿，孔子端坐在上面。

说到孔子像，据说是全国雕塑得最好的。这里还有一个典故，当年，岳阳雕塑家周国防，接到雕孔子像的任务，脑海里马上跳出一个书生相，可又不敢确认。这位较真的民间艺术家，决定一探究竟，亲自前往山东实地考察。待到山东曲阜孔子故居后，发现这位学者有着典型的北方汉子的形象，并非一个文弱书生。回家后，他雕出气宇轩昂的孔子像。无论是谁，站在孔子像面前，都会脱去名利，瞬变为一介学子，穿越至千年之外。

千年历史演变沉淀于此，不需要言语去诉说，更无需修饰去装扮，它这样的淡定，是历练修身的沉稳。

岳州文庙呢，当然是万千普通中的一员，却让有着让我们骄傲的资本：在唐宋时期居全国重要地位的学府。与文庙的现代身份极为相吻合的是，它现在居于城市热点岳阳楼对面的翰林街尽头，似乎很热闹，似乎离城、离尘很远。我们习惯自喻时以"大隐隐于市"，诠释自己的一种处世态度。当站在岳州文庙看到它选择了这种静处安然的方式，你就知道有种归隐，不与人论。

如果了解岳阳的历史变迁，一定想象得到，翰林长街到考棚街都是文庙的组合，占着岳州城的主要位置，也占了半壁江山，那是何等的气派，岳阳人对于文化教育是何等的重视与支持。现在的文庙，好多人要我带他们去玩，"玩"，这个字让我好有刺痛感。我常常想，文庙这么神圣的地方，千年不是扩展，反而是退隐，好像"修"成了儒至雅后清高的傲然，到底是岳阳之幸事还是时代的必然，或是以这种方式保留着学者的气宇轩昂，除了困惑，其实也没想出个所以然。

我认识岳阳文庙，我走进岳阳文庙，也只有二十多年，后来知道它曾称为岳州文庙，也称为巴陵郡学、岳州府学是进了报社后。不是因为工作关系，估计一辈子也只会走马观花，不会有事没事跑到那个悠然的园子去悠然，更不会为了文庙而去翻书搜史料。记得第一次走进文庙，就深深地喜爱上了，一个人在整个园区，细细地走了几轮，再在那棵大树下的大麻石上坐了许久。现在回忆起来，其实就是对外观的喜爱，对建筑的喜爱，对孔子的崇敬，对参天大树的喜爱，对石雕的喜爱，对文庙还真是一问三不知。

去探究岳阳文庙是有人告诉我，它以前在民间大家叫的是岳州学宫。这是一个更接地气的称谓，我就有了兴趣，这个名称多好，直接清楚地道明了岳阳文庙当年初建的作用。

宋代的人记录习惯好，岳州文庙的建设就有地方查出，始建于北宋，距今有900多年，滕子京重修岳阳楼后的第二年为岳阳建功立勋的又一作品，这是我初步确认的答案，一直觉得真实可靠。史说家们喜欢寻根问底，后来答案便出现差异。文庙到底是北宋庆历年间滕宗谅首创至今，还是搬迁扩大？到底是庆历六年（1046）岳阳楼修建之后第二年，还是按《岳州学宫记》记载："腾公凡为郡必兴学，见诸生，以为政先。庆历四年（1044）守巴陵，以郡学府于通道，地迫制卑，讲肄无所容，乃度牙城之东，得形胜以迁焉"。太过细致的细节，早已过去已不重要，重要的是他们这样问来问去，我到现在没搞清楚确切的答案，好在文庙随历史发展，你修我毁，你毁我修，终于没有消失而坚守在岳阳后花园，实实在在证明了滕宗谅当年新修也好，重修也罢的意义与价值，不只是建筑的留存确是文化的蕴含。这应该是岳州文庙后来属国家级重点文物保护单位，其文物价值与岳阳楼堪美，堪称为国宝了的重要原因。全国有300多座，仅17家成国宝，岳阳文庙就是其中之一，这不得不让人傲骄。

从北宋庆历年间（1041—1048）至清代同治年间（1861—1875）的800多年间，岳阳文庙先后修葺和扩建了30多次。殿内16根横木，在石墩和大柱之间，垫有一个约30厘米厚的鼓形横木，名叫木质，为古代建筑中所罕见。木质可以防潮，保证了大柱干燥不腐，故大成殿中的大柱依然完好无损。明弘治元年（1488）八月进行过一次大修，在天花板上绘有一幅"盘龙戏凤"，依稀可辨，为文物中的珍品。

2003年，岳阳文庙经国家文物局批准，再次落架大修。截至2006年，在保持原始风貌的原则下，对大成殿损坏的构件进行了加固、修复，使屋面漏雨等问题得以解决。典型的宋朝建筑风格整体保存良好，并且大堂廊下的莲花柱础、石坊均保留了宋代原构件。同时，对大成殿两侧的东西庑房、名宦祠、乡贤祠进行了复建。想了解岳阳文化名人，大成殿两边的陈列室可以一知分晓。

随着文化复兴，岳阳文庙越来越受到广泛关注，逼仄的巷道和门头已逐渐不可用。其门头的改建与扩大成了当务之急。2016至2019年，历时三年，岳阳古建筑群修缮工程全面启动，文庙再次迎来了揭顶大修，并将左边小门扩大成三进牌坊门，进门面积也扩大进行了重新布局。

说起来，文庙当年遍布全国每个角落，大同中有小异，各具特色，其规模也是各显其大。岳州文庙其实不算大，名气是真的威震几方。乾隆盛世时，岳州学宫得到"全省学宫之冠"之美誉。清代三位最有才华的皇帝亲自为其御书匾额。文庙不再只是岳阳的一个纪念馆式的学宫，它已走出局限，成就一个教育基地，积累、孕育今日岳阳的文化底蕴和历史上的教育平台，也成就了一条著名的翰林街。

翰林街呢，就是从岳阳楼往文庙去的街，《巴陵县志》记载的学道岭街。名字，原来是历史迹象的担当者。

《巴陵县志》记："学道岭街，自学前街西行二百九十步，北为驿马巷，又西百二十步，与考棚街会南门。"听起来威武，在古代小街小巷中，算是长街了，也只不过是长410米。

学道岭街因何得名？那是何年何事又将学道岭街改为了翰林街？

正是滕子京修建文庙在岭上后，人们便将这岭称为了学道岭，也就是文庙山。于是，学府正东的那条街就称为了学前街，南面的呢就直接就岭叫成了学道岭街。这条街也算是文脉深厚，那改为翰林街，就更是大有来历了。据邓建龙先生介绍，在学道岭街北面有条小巷叫驿马巷，自南向东北经守备巷可至文庙山。清时，这条街上，就住过翰林院学士，主编过《康熙巴陵县志》、著有《道山文集》的黄秀，同治年间翰林高导湘，嘉庆翰林林文竹。人为名著，街为人改，故后来就将学道岭街改为了翰林街，高端大气上档次。

再后来，为纪念曾在此住过的铁路工人大罢工带头人郭亮，就改成了郭亮街。再后来呢，文庙由保利公司大面积开发，一片新房，一条新商业街，就成了保利新街。这个名字仅仅只有两年，又恢复了原名翰林街。

有街才连得起名楼与名学宫，才完整地想起修建的初衷。

这就不得不提到一位重大功臣滕宗谅。文、武、民，滕宗谅完成三项重大工程，并完成三篇巨记，其身心消耗殆尽，庆历七年便走完了人生全程。人们虽然惋惜，他应该是走得了无遗憾了。他深深埋在岳阳文化土壤里的几颗种子，发芽、生根、开花，并成就了岳阳之盛名。文庙与岳阳楼两大文物一直遥相呼应，紧密相连。当岳阳文教日兴，人才辈出，滕公当年修建的初衷终于得以实现。一座阅兵台岳阳楼承载一种精神，因他托范仲淹所写《岳阳楼记》的经典，滕公足以名存千古，其余的忽略也不足为奇。尽管民生之安，修筑偃虹堤，重教之举，修建巴陵郡学，值得盛赞与传颂，似乎都被岳阳楼的光辉所掩盖。好在文庙在人们心中的地位，从未撼动。

现在我们所看到的文庙，经历千年来历朝历代的改建，地方志均有详尽记载，故万变不离其宗。从学宫到学校再到独立几易其名外，漫长岁月撇开其人为破坏，没有遭受过任何的自然天灾，实属罕见。新中国成立后，岳阳文庙一直作为学校使用，最早是岳阳一中。我认得的很多岳阳人，都有在文庙读书及居住的经历，说到他们当年翻围墙的顽劣，个个津津有味，脸上是抑制不住的自豪："看，我就在文庙读书长大的。"真才实学不算，光这个经历就有吹牛的资本，可见文庙在世人的眼中与心中，那份量是非同小可的。一中搬迁后，岳阳县成立二中，便成了二中学校。曾任文庙所长的王岳跃从小便在文庙长大，他指着孔子大成殿左边墙上一条痕迹说，那里隔开的房间就是自己以前住过的学生宿舍。这里住过的一大批六七十年代出生的学生，现在差不多都退休了。1989年，岳阳市二中正式从文庙迁出，岳阳文庙由市文物单位接管，成为一个重要的文物场所。

珍贵的东西，藏也藏不住。1982年，文庙被定为省级文物保护单位，2011年，国务院将"岳州文庙"列入国家重点文物保护单位，一切慢慢恢复成现在看到的正规文庙建筑格局的院落。

今天，当很多人通过"义路"进入文庙，深深感觉到，古老的松柏依然焕发出她的生命活力。穿过由青石精心修砌的泮池，仰望棂星门，依然感觉到她昔日的威严。站在大成门前，一眼便见到雄伟巍峨的大成殿在太阳的照射下，散发出熠熠的光辉，其庄严肃穆之感油然而生。走进大成殿北侧的乡贤祠，从张说、滕宗谅、刘大夏、黎淳、张举、左宗棠，到任弼时、何长工、杨沫、白杨……一个个鲜活的面孔，一段段生动的历史，一片片赤子之心欣然于左右之陈列馆，文庙的致雅，不只是园林的景色，更有内藏的乾坤。

十年前，我试着在车上、在路上、在邻居间、在同事间，哪怕在作家中，努力探问：你知道岳阳文庙在哪里吗？答案很简单："文庙，岳阳还有这样的庙？"更没想到还有大部分人问，什么庙？有少部分的人用怀疑的眼光寻问，还有文庙？不是毁了吗？生活在旧街的很多人会答："二中边上。"再追问，你进去过吗？更多的摇头在眼前晃动。更让人失落的是，很多从小生于岳阳长于岳阳的人，甚至读书人，几千上万回从文庙身边而过，居然从未进去。

现在，走在街头，再随意打听，必定是都知道文庙所处位置，还能说出其历史及价值来。现在，不但各学校及市民带着学子去拜谒孔子，还有远道而来的游客，执意地寻找着文庙，购得一票，面对孔圣几分钟。

2007年，国家民宗局的领导来岳阳，第一个想看的就是岳州文庙，到了门前发现铁将军把门，才想起这天是很多文物单位星期一休息日。一行人万分遗憾，望着长长的红色围墙感叹：下次一定要来。是的，文庙是一台千年砚盘，磨出多少笔墨丹青、文化蕴涵，无缘得见，当然可惜。他们笑言，看来是缘分不够，只怕要再多读点书才能进。

我在文庙采访时，遇到一个来自外地暑假独游的大学生。他虔诚地望着孔子像。我认真问他为何会游览文庙时。他说："我的导师听说我来岳阳玩，便告诉我一定要到岳州文庙看看。"他笑着说，没想到这么小，却是一个如此好的地方。

只是万分遗憾的是，二中很多学生家长来时匆匆，去也匆匆，从没有告诉过孩子，校门口那个红色的围墙里，有何等的深奥。他们浸润在文化气息中，伴圣祖而读，沐厚重而诵，是有做个读书人的荣耀。

　　近十年来，文庙越来越得到社会各界的关注。

　　2011年9月28日（农历九月二日），大圣孔子2562诞生之日。由岳阳市作协散文创作委员会主任查宜发起的祭拜活动，首开岳阳民间大型祭拜活动之先河。我作为副主任，非常荣幸参与筹备此次活动。上午9时，一群学者、作家三十几人，带着凝重的表情，踏着温暖的秋阳，怀着虔诚、崇敬的心情敬拜了中华民族共同的"至圣先师"。

纪念孔子诞辰2562年

　　文化局原局长、著名作家梅实先生走进孔庙，先未与任何好友打招呼，直奔大成殿，跪地虔诚三拜。起身环顾四周，激动地说道："千年文庙，百年学府，十里长亭，这是最早的岳州学府。曾经车水马龙，吸引很多学生前来祭拜的文庙，现在有些冷落。对文庙的不重视，更多是对岳阳文化的淡薄。岳阳人没有理由不来文庙，没有理由不祭拜孔子，没有理由不尊重儒学，更没有理由不感谢滕子京（滕宗谅）对岳阳文化的贡献。必须呼吁所有人的关注，特别是教育界应将这里作为岳阳文化宣教重地，将孔子生日改为中国教师节。"

　　理工学院文学院院长杨厚均教授发言时说："文庙，是岳阳文化旅游城市开发的一张王牌。岳阳楼只有一座，它是岳阳的名片。文庙各处都有，是一个地方产物，楼庙相连才能整活发扬滕公的宏愿，完成他建设二者的初衷。岳州文庙，作为岳阳尊师重教的圣地，二中应更多地融入，只有这样，才能依仗文庙达到高等教学的目的。湖南大学与岳麓书院他们融入一统，达到了湖南最高文化重地。借鉴，足以让二中成为岳阳教育无法替代的基地。对先祖来说，他更多的是一个教育家，才是思想家，所以，二中更应是文庙一个传承文化的衣钵，学校更应以文庙千年浓郁文化来做基础。"

民宗局局长著名散文作家查宜致辞："文庙文化是真正的中国本土文化，宣传文庙，就是弘扬教育文化特色，既是祭孔，更多是讲学。它主要的目的是学宫，是乡学民办的摇篮，是培养读书人的根基。从实实在在在地方出发，还得发掘文庙的底蕴，挖掘文庙背后隐藏的意义。对文庙的重视，不只是关注一个建筑，而更多是关注教育。"

随后不久，2011年12月，主题为"人文湘楚，百代弦歌"的第十八届"华夏园丁大联欢"活动在湖南长沙拉开序幕。来自港澳台地区以及海外的华人教师和内地教师代表，一齐来到了岳阳文庙举行了大型祭拜活动。

走进文庙燃起一炷香的只能有两种人，一种文化人：敬；一种是想要成为文化人的人：诚。对它的祭拜，不是寺庙对着菩萨求财、求平安的祈祷，是对孔子敬重的膜拜，是对几千年文化尊重的膜拜，是对自己内心渴望成为读书人的祈盼。

中国文化的博大精深，一直让全世界的学者们关注，孔子的儒家学说，更是深深地吸引着他们。1988年，75位诺贝尔奖的获得者在法国巴黎集会，会议结束后发表的联合宣言中有这么一句话："人类如果要在21世纪生存下去，就必须回首2500年前，去孔子那里汲取智慧。"

2009年，美国众议院全体通过，将孔子诞生之日作为美国人民的纪念日，以铭记中国古代伟大的教育家、思想家对世界人类社会作出的伟大贡献。有的国家将这一天定为教师节。从2000年开始，世界各地建孔子学院上千座。2014年，习近半在考察中提出，孔子思想更应在中国推广与推行。到2016年，全国孔子学堂成立了600多座。

走了2000多年的孔子永远没有走，仍然周游着世界列国。走了几百年的滕子京，伴着三人功绩，永远留在了巴陵。泉下有知，他一定倍感欣慰。欣慰自己的初愿，千年不朽。文化的渗透与坚固，证明了社会发展真正永存的只有两个字：文化。岳州文庙，于是一直会在。我们捧着先祖的衣钵，我们有责任、有义务去传承、发扬。

思念岳阳茶巷子

朱先泽

　　岳阳古城的茶巷子和鱼巷子齐名，两条麻石街巷成一条直线，都是南岳坡小码头和街河口大码头的衍生物。

　　船老板和排古佬及河西人湖北人，路过岳阳必须在南岳坡的小旅社落脚。吃各式鲜鱼，坐茶馆，看巴陵戏，这是客人们的老三件，旧社会在码头上时有穿花旗袍涂胭脂口红的流萤出没。

　　那时候，没有电扇电视，每年夏天，家家户户都搬出竹床，抢地盘乘凉，蒲扇艾蒿蚊烟香，烟雾缭绕中听老人讲鬼怪故事，又怕又想听，格外好玩。看巴陵戏的人络绎不绝，早早就抢占了茶馆，海阔天空地扯谈。仅有五百米左右的茶巷子，居然有八家茶馆，这条街名一点不浮夸，真是名副其实的。

　　每年春茶上市之时，提篮小卖茶叶和用独轮车与牛车送货上门的茶商，一个个眉开眼笑。

　　茶巷子入口处的味腴酒家和照相馆，是两层楼的建筑，很引人注目，生意兴隆。照相馆的玻璃橱窗里，挂的都是巴陵戏名角的剧照，有丁艳香的《贵妃醉酒》照片，孙艳华的《四郎探母》照片，周扬声的《黄鹤楼》，李筱凤的《伍子胥过昭关》。在巴陵戏的闹台锣鼓声中，观众们津津有味地谈论着不少三国演义和水浒传的历史故事，特别是包公戏和杨家将的故事，善恶必报的故事，脍炙人口，连文盲也能滔滔不绝，划手舞脚地讲一阵子不歇气呢。大人们边看戏，茶房伙计边恭恭敬敬送茶与热毛巾给观众的情景，至今依然活现在我眼前。我们穷孩子眼巴巴地站在剧院的大门口，踮起脚偷看舞台上的一瞬间的散场戏，也很满足。

人的命运和社会的兴衰，是风景中的风景。岳阳茶巷子17号是我青少年时期的家。12岁时，我家从岳阳梅溪桥的王福盛后院搬来茶巷子17号，与表叔余乾初一家在一个屋檐下住了30多年。屋是表叔的私房，表叔的娘是我外公的亲姐姐。

姑嗲的一双小脚像包的大粽子，裹脚布有一米多长，她每次洗脚要花一个小时，包脚前要用明矾粉搽脚趾缝，防脚臭。有了这样的感性知识，老师说写作文不可像小脚女人的裹脚布，又长又臭，我心领神会。我更同情旧社会女性，多亏孙中山先生为她们的脚松绑！

姑嗲说，小时候缠脚时，痛得不得了，脚趾骨硬是用布缠断的，下地走不得路呢。在旧社会，大脚女人难嫁出去，以三寸金莲为美。那是把女性当玩物不当人的时代。

她双脚跪在木凳上埋头在大木盆里洗衣，十分爱干净，门坎都洗得干干净净。她很会做坛子菜，有时心血来潮，便乐于让我们小孩子品尝酸黄瓜，笑眯眯地听我们夸她的手艺。她常常不无骄傲地说："你们闹得我不得安神，想把我的屋都抬起来啊！"我们喜欢学她的口头禅："人又生得丑，病也来得陡。"三十五平方米的屋里，竟住了十二个人，能不热闹吗？

雪梅住茶巷子15号，她能说会道人勤快。她会唱山歌会打算盘。她丈夫

二十世纪九十年代的茶巷子

做雁毛生意。后来，公私合营，不再允许私人从事雁毛生意了；她一时想不通，竟然疯了。有一天，她不知不觉爬上洗马池电厂的高烟囱，而且敢在80米高的烟囱顶上划手舞脚，简直把全城人都惊呆了。

三年后，她的神经病治好了，也许感到自责，她竟然在家里吊死了。她的丈夫改行修藤椅，搬到上观音阁去住，他们的儿女不知现在都在干什么工作。她很善良，看见叫花子登门讨饭，总是给一小碗白米饭，因为她信菩萨，初一十五吃花斋。

李泽民家住13号，他的父亲李阳和是泥瓦匠，我和他父亲经常在竹床上下象棋。他常邀我到他家去玩。他家是房东，出租了几间小房。徐克勤就住在他的住房后边。

徐克勤当时在湖南省血吸虫防治所做画工，专门画毛主席的油画像，学写毛主席手书的《送瘟神》诗二首。他的头发较长，自然卷着像烫过一般；他是广州美术专科学院的肄业生，是岳阳市第一中学的初中校友。"文革"时，不知何人检举他开收音机听敌台广播，居然把他脚镣手铐着游街批斗了几回，工作都弄丢了。

他主要是吃了他父亲的亏，因为他的父亲是黄埔军校毕业的国民党军的少将，新中国成立后在新疆劳改。在长沙火车站的候车室，我看到过他画的大型油画作品《岳麓山之爱晚亭》。他为李泽民画的铅笔画《遗像》，很出神，很像活人！他是胡约生老师的得意门生；"文革"前，市一中校庆时，在报刊阅览室为他举办过一次画展。

他说广州农村当时很荒凉，他晚上骑单车过山区时，一身吓得汗毛都竖起来了，到处听到"逗逗—逗逗"的声音。

"文革"后，他不再拖板车，调到省博物馆当了画师。当初他租住的房子才8平方米左右，这房子过去却住着戴绪信一家五口人。

戴绪信是中山大学历史系毕业生，他的哥哥是大学教授，拨乱反正，改革开放后，当上了华中师范大学的党委书记。岳阳市一中退休的美术老师王锦汉告诉我："徐克勤已经死了几年了，他被美术专科学院劝退后回到岳阳，剃头发、补鞋子、买颜料和画笔纸张的钱都拿不出来呢。他的13本日记把他害苦了，日记里多次提及画友王锦汉，害得我王某也被公安人员传唤了多次。"

李泽民在火车站的货站当搬运工多年，长得很像电影演员赵丹。得肠癌死后，亏得他的妻子罗张保把两儿两女带大成人。我比李泽民小半岁。

11号是一家豆腐作坊，一个很大的麻石磨放在堂屋里，一条叫驴被店主戴了眼罩，白天只能埋头绕着石磨子打转转，老板就站在石磨旁，定时向磨子口里放进一大铁勺子浸泡发胀了的黄豆，豆子被磨成了很粘稠的白浆。中年的老板娘烧火在大铁锅里煮熟生豆浆；铁骨人一样的中年老板，一笑就显出了两颗金门牙，嘴巴故意不合拢。

他手脚麻利地放了石膏水，然后把煮熟的豆浆一瓢一瓢舀到洗干净了的木盒里，用白棉布包好豆浆，一层层盖上了木盖子，再搬一块大石头压在这些豆浆盒子上面，就坐在靠背木椅子上不慌不忙地翘起二郎腿，使劲地抽水烟壶去了。

这时，老板娘给叫驴松绑并取掉了皮眼罩。驴子高兴得昂头扬脖子放声高叫号几声，像向主人报功。

老中医但旭舫很胖，很怕热，四季剃一个很大的光头，立夏后就爱穿香云纱的短袖衣裤，三伏天他就是光着大肚皮，打赤膊，像个佛菩萨躺着竹躺椅上，闭目养神。他很不喜欢听这匹驴子夸张嘶哑的破喉咙发出的猛浪轻浮啼叫声，说惊扰四邻，粗野放荡，大伤风雅。顽皮的孩子却故意在他不远处学驴子鸣叫，逗弄这个戴酒瓶底眼镜的老医生发气吼几声才罢休。他自言自语："这鬼地方，不得安宁；驴鸣狗叫，闹死人啊！"

但医生和他的弟弟租住在同一屋檐下，他住正房，老弟住在厨房隔成的一间无窗户的小房里，因为他在新中国成立前当过邮局的会计，肃反运动后被开除了公职。

为了活命生存，但医生的老母经常与小儿子的妻子相骂吵架。老婆婆很精明，能看书报，在婆媳争吵到高潮时，一句话也不说，等媳妇吼叫得喉干舌苦之后，又轻言细语挑刺一下，火上浇油，把死灰复燃起来。这样可怜的媳妇，只好跳脚击掌赌咒发誓，然后瘫倒在地，无法动弹。

面街的木板壁很破很薄。他的左邻吴嗲家喜欢养鸡养狗，鸡屎狗屎常常随地拉在屋前街边，很惹但医生发闷气，大门常年差不多是关闭的，爱走后门进出。

吴嗲个子矮小精瘦，铁骨人火爆脾气。吴娭毑却很胖，像罗汉菩萨，眼睛很大，整天小声小气，颇有几分畏惧她的老伴。他们的女儿雪雪学名叫吴志林，她爸爸是做夹饼发糕小生意的。

吴嗲有几次当街指桑骂槐，把自家的哈巴狗用麻绳吊在街边的一棵梧桐树上，用皮带死劲抽打解恨。有两次还把一只喜欢叫的大公鸡当街提起鸡脚狠狠地摔死了，邻居们谁都不敢劝阻他。我们孩子见到他都一声不响地绕道，因为他还当众摔死过一只可怜巴巴的黑猫。

去年雪雪从贵阳回岳阳一中开初中校友会，在我母亲那儿吃饭时，她说现在还记得我在院子里学当小先生教小朋友认字的情景。后来，我果真当了教师。

我们在院子里还学唱过巴陵戏。但医生也是我们的好邻居，他是祖传的医术，"文革"中一直挨批斗，老坐冷板凳。他的大女儿和儿子，都死于车祸。

他的诗词写得很好，他平反回中医院看病后，有个气象台的小伙子乐意帮他打字出书，他说已经把诗词底稿都交给那个小伙子了。可惜，他死了多年，也不见《但旭仿诗词选》油印集发行。活着时，要抓紧办重要的事才好。以色列哲学家马丁·布佰有言："假如你不以自己的方式去揭示生存的意义，那么对你来说，生存就将依然是没有意义的。"

现在，老屋平房早拆迁了，但生活中的脚印越久却越清晰，无法忘掉。

"岳舞台"就在茶巷子，离我家只有三十多米远。巴陵戏的锣鼓闹台声，多少年没有听到过了啊！文化生态和人文精神沉淀在石板老街和青砖老屋之中。

还有老树老街坊的故事里的韵味，就像湘西蜡染布上的原真性图案，诗意盎然。心田深处的巴陵戏的锣鼓闹台声，居然也能使我心水既澄，凝照无隐；渊池息浪，彻见鱼石。多么奇妙的乡情啊！然而，年过古稀者，无论如何是不能返还童年了。

最忆故园《洗衣歌》

但金荣　刘醒福

洞庭天下水，岳阳天下楼。浩浩汤汤的洞庭湖横无际涯，时而阴风怒号，浊浪排空；时而春和景明，波澜不惊，上下天光，一碧万顷。这只是文人墨客笔下的描述。

我对洞庭水的记忆却来自湖边巴陵老街的百姓生活，来自孩提时代最普通的洗衣、洗菜和挑水劳作。

我是新中国成立那年出生的，家中的老大，有两个妹妹一个弟弟。新中国成立初期我父亲在岳阳工商联工作，几年后"肃反"运动开始，说他曾干过湘西公路局局长，遂失去了工作，一家人只能靠父母打零工和拖板车维持生计，生活贫困。记得在我10岁那年，因实在无力抚养，父母只得忍痛将两岁的小妹妹送人，我和小一岁的大妹妹也早早地挑起了家务劳动重担。

我家和伯父家挤住在城南茶巷子靠观音阁街那头的一处木板房内，伯父但学昉先生和许世哆都是当时岳阳颇有名气的中医师，常有患者上门求医，伯父都来者不拒。

我家房后像悬崖一样的坡底卜是一大片菜地，有一个优雅的名字叫"汴河园"，终年绿叶黄花、瓜果飘香。顺菜地的小径北行约200米再爬一段高坡，就是岳州老城墙下的半边街，南城学生去二中上学就抄这条近路。我家对门是统战部办公楼。从石板路西行百余米是著名的陶家大院和巴陵戏院岳舞台，这戏院可是我儿时心仪之处。我也曾是巴陵戏追星族，几乎每天晚上，我们这些没钱买票的小粉丝都会不约而同地挤在检票口，眼巴巴地等着"看戏"，因为按约定俗成的规矩，每当演出"挖台脚"（散场）前十来分钟，把守栅子门的"王胡子"和"疤子"大叔便会城门大开，任由孩童们蜂拥而入，这一刻剧场似乎才真正达到演出高峰。我和几位闺蜜更是守在台口等待着演员谢幕，一旦有演员露头便马上翻上舞台来个零距离接触，有时还陪同她们卸妆，唱两句。时间长了，我和那些年龄相当的小演员都以姐妹相称，记得有喻应香（武旦）、冯晓云（武旦）、何其坚（小生）等等，冯晓云还和我认了干姐姐。

再往前就到了南正街和鱼巷子的交口处，著名的味腴酒家就坐落在巷口的南正街上。正对面的鱼巷子是我洗衣挑水的必经之地。

按约定我们姐妹俩隔天轮换"下河"。放学后在家先用搓板将衣服搓一遍，大件棉被之类还要泡在大脚盆里，倒入预先泡好的皂角水（皂角树的果荚，是天然的洗涤剂），站在盆中赤脚狠踩十几分钟，再拧干放到木桶里，要洗的菜则放在菜篮挂到扁担另一头。

"呃！是谁帮咱们翻了身呢？是谁帮咱们得解放呢？搓打搓打脚过搓打，咳！勒司！"除了寒冬，每天傍晚，茶巷子总会有几位小姑娘挑着待洗的衣物和青菜，穿过熙熙攘攘的人群，带着茶馆淡淡的茶香走进鱼腥浓浓的鱼巷子，哼唱着当时最流行的《洗衣歌》，嬉笑着消失在南岳坡的冥冥薄暮中。

鱼巷子尽头的南岳坡离我家不到两里路，其实是一个码头，这里终日人头攒动。码头北边是满帆的渔船"起坡"卸货处，中部是河西和城陵矶载客"划子"迎来送往的走廊，南边的近水台阶则是姑娘们洗衣挑水的圣地。瞧这阵势：卖鱼的吆喝声，接送客的呼喊声，捶打衣物的啪啪声交织在一起，间或游来一群觅食的鱼儿，鱼儿又招来一群不怀好意的沙鸥，怪不得范老夫子要面对洞庭一湖高歌：沙鸥翔集，锦鳞游泳，岸芷汀兰，郁郁青青。

"啪——啪——啪啪"河坡下一字排开的姑娘们挥舞着手中二尺来长的忙捶，使劲地捶打着衣物，伴随着湖水腾起的细浪，享受着水的洗礼。捶得性起，姑娘们干脆扔掉忙捶，以湖为盆赤脚踩起来，"搓打搓打脚过搓打，咳！勒司！"……

也有乐极生悲的时候。有一次，我顽皮的弟弟非要跟去，我知道他想玩水，便将他安顿在我和邻居赵姐之间坐着。弟弟高兴极了，不停地踢打着浪花，正当我起身踩衣时，只听赵姐一声尖叫，弟弟转瞬间不见了。湖面飞起一个漩涡，我知道大事不好，立马哭喊着"救命呀！"一个浪头打来，漩涡中飘起一缕头发，赵姐手疾眼快一把揪住，弟弟脱险了。我又气又急又后怕，弟弟惊魂未定，落汤鸡似的说："姐姐，我……我想捉那条大鱼！"

事后听老人说，洞庭王爷每年都要收人看家护院，这次是嫌你弟弟小，能吃不能干，所以……

那年我15岁，在湖南省岳阳一中上初二。一天下午课余活动时间，班长口头传达学校教导处的通知：为庆祝学校59周年校庆，有会洗衣的、会唱歌的同学请报名。我一听，这唱歌我喜欢，跟合唱队凑凑数开心好玩；这洗衣么？在家几乎天天洗，不就是为庆祝校庆帮读寄宿的男生洗洗被面什么的，要求不高的话，我会。于是，我毫不犹豫地报了名，全班有十几位女同学也报名了。

第二天上学，细嗲（奶奶）照例给我做了酱油炒饭，特别好吃就多吃了几口，一看闹钟，还有三四里的上学路要走，跟细嗲再见背起书包就出门了。

往西出茶巷子右拐吊桥街，我踏上了上学的正路。据老人们说这吊桥确实有过，桥下是护城河，后来因交通拆除，桥下的河也填平了，桥东部分就开垦为菜园，走过吊桥街向东远望可依稀看到破败的岳州古城墙和倚墙远行的半边街以及郭亮街（翰林街）。从洞庭春旅社往北，洞庭路就像过山车一样直达一中，大概有三四里路。这路远不及南正街和茶巷子热闹，路两边大都是一些杂乱无序的小商铺和住家。岳阳气象台和湖南省岳阳血吸虫病防治所坐落在过山车顶部临湖一面，这两个大院随便进，我放学时常常"顺手"进院挖些"地米菜"之类，也算搞点副业。与大院隔路相望的学校就是我的母校——洞庭路完小。

前行下坡处是两层楼的岳阳中医医院，我伯父但医生就在此上班。有时缺零花，父母囊中羞涩，我就找他哼点钱。"伯伯，学校要买作业本……"

伯父慈眉善目，笑容可掬，每次见毛坨（我的小名）来了，有求必应，出手也大方，总会偷偷塞给我钱，最少5角，一般1块。要知道那时九如包面馆的包面（馄饨）只要5分钱一碗，洞庭春最好的牛肉面2角一碗管饱，不过，要收2两粮票。

再下坡约200米处路东是岳阳最大的天主教堂，典型的哥特式建筑。教堂边有个放生池，里面爬满了大乌龟，是最吸引孩童眼球的地方。紧挨教堂的大片厂房和办公楼就是大名鼎鼎的211（3517）厂，在过山车的坡底。最显摆211厂财大气粗的是大门口那座弯月形大屋顶俱乐部，不过，想在厂里谋个差事则可遇不可求。洞庭路到此还剩半里路，全国闻名的岳阳楼就矗立在路西的临湖高坡上，衔远山，吞长江，不过，当时大门是朝东开的。

洞庭路的终点才是岳阳一中。进得校门左行过图书馆就是我们初中六五届的教室。这天我却发现了怪事：盯在我班教室门口的是音乐课胡约生老师而非班主任。只见胡老师正在满眼狐疑地审视着每一位进门的女同学，似乎在急着寻人。同学们也挺诧异：莫非……

我低头正要进门，"哎咳！"一声干咳后，胡老师一把拦住了我。

"莫急咻。"胡老师操着一口秀气的长沙话，莺声燕语地问道"你是73班的同学吧？叫什么名字呀？"

"老师好！我叫但金荣，但是的但。"我抬起头来羞涩地回答。

"哦！少数民族的？"双眼相对，胡老师净白的小圆脸上满满地绽开了两朵笑靥。

"不！茶巷子的。"我的回答有点语无伦次。

"选上你就齐啦！哎咳！"随即"呼"的一声，一口长气从他那男人少有的樱桃小嘴中吹出，大有如释重负之感。

"下午4点到教导处后面集合！"胡老师抬起他纤细的右手，习惯性地朝教导处方向做了个"兰花指"。

"是去洗衣吗？"我怯生生地追问了一句。

"哎咳……"胡老师未答是否，只是干咳了一声，扭搭扭搭走远了，而我却一脸发蒙：教音乐的男老师会带女生洗衣么？

下午集合时间，我远远看见有一群女同学在那里叽叽喳喳，好不热闹。

走近一看，原来是6位圆脸大眼、如花似玉的索丽妹崽，外带一位俊气的伢崽。领队是高六五届的晏惠英同学，经她介绍，其他几位叫王果果、吴小丽、李秀云、李利明和常林燕；男同学叫刘海滨，都是胡老师亲自挑选的。这时，我才恍然大悟，是我们班长传达错了，报名庆祝校庆既非洗衣，也非唱歌，而是红旗文工团要选《洗衣歌》的舞蹈演员！

一中红旗文工团是岳阳教育系统最优秀的一支学生文艺队伍，在当时与211工厂文工团、岳阳财贸系统文工团齐名，文工团的总策划兼总导演是音乐教师胡约生。胡老师为人谦和沉稳干练，文艺素质极佳，吹拉弹唱跳样样精通。瘦高挑的身材，在任何场合给他披上一件水袖演出服，用不着化妆，立马就会变身为亭亭玉立的京剧旦角人物。大凡遴选演员，胡老师事必躬亲。1963年临近高考，文工团选排《春到茶山》和《额尔多斯舞》急缺4位男演员，同学们都怕影响高考不愿参选。胡老师急中生智躲到乒乓球室，盯上了几位打对抗赛的男同学，不由分说一把抱住死死不放："就是你们4个！"原来，这几位都是学校必保的高考甲班（现在叫"学霸"班）高材生。

哼！——在别人都紧张得"手不释卷"时还敢来轻松玩球，不抓你们抓谁呀！

排练顺利进行，演出圆满成功！高考录取证明，这几位被胡老师"当场抓住"的学生演员李振生、刘醒福和熊盛立等人都如愿考上了长沙、北京和武汉等地的高校。

《洗衣歌》的排练开始了，由晏惠英按一本场记编排，舞蹈动作全靠几次观影记忆，反复练习、切磋。好在我们都有多年洗衣的经历，感同身受，再加之胡老师的精心艺术指导，不到20天，利用课余时间排练的《洗衣歌》面世了。

演出服饰几乎都是自制的。藏袍由旧锦旗改成，头饰用碎花布剪成；用硬纸板剪出耳环形状，再贴上香烟锡皮纸，明晃晃的耳环舞台效果特别好；洗衣女的皮靴就只能用高腰雨靴替代啰！

校庆日正式演出那天，胡老师挨个为我们化妆、鼓劲。看看乐池几十人的乐队，乐队中方诚之、李永平、许章虎等乐手熟悉的面孔，远望大礼堂千双期盼的眼睛，我既兴奋又紧张。

　　悠扬的乐声骤起，我立即进入角色，认定自己就是藏族洗衣女，踩准节奏摇曳着跳上舞台，"搓打搓打脚过搓打，咳！勒司！"……

　　一炮走红，《洗衣歌》演出成功了！从此成为一中红旗文工团的保留节目。

　　半个多世纪后的一天，当年《洗衣歌》舞伴晏惠英伉俪应邀从广州来津京旅游。在北京东方太阳城风景如画的湖边，我们两位七旬老同学又即兴跳起了《洗衣歌》。

　　激情的搓打声再次响起，仿佛是从遥远故乡的家园和校园悠悠传来。

湖与岸不朽的诠释

张峥嵘

　　鱼巷子，我一直认为是岳阳不可消失的生活轨迹和承载，只要洞庭湖不干，鱼巷子就不会消失。

　　鱼巷子，从过去铺延至今，旧貌新颜，看起来，似乎没有了曾经小木楼的烟火味的风情，但那风雨飘摇，是必须要退出的。扩大、规范，好像是社会发展的一个规律。鱼巷子一样，它走过千年的活跃与奉献，此时，面对大集市的落成，它选择了改变与接纳，选择了向前看的与时俱进。我在鱼巷子走过几十年。我从前是走过，后来，我一直探究其形成的初意、存在的价值，在不断走过的日子，我看着它渐渐于2010年旧城改造的建设中全新出生。

　　我听到太多关于鱼巷子的故事，就常常细听到洞庭湖拍岸的涛声、船上的鱼跃、渔民的吆喝、卖买的笑谈，还有那里人的悲欢离合。

　　岳阳人可以不提最为著名的岳阳楼，可以几年甚至一生不进岳阳楼，可人们不可能不言说着鱼巷子，不可能不进鱼市场。因为，沿着鱼巷子一路追溯，我们可以溯源到洞庭湖与岸对接的历史，民与渔的对接，鱼与民的对接，水与人的对接。其演练的长卷，累积了岳阳建筑与商业，生活与习俗，湖与岸的深厚文化，它不仅仅是岳阳目前唯一幸存的最老青石巷，也是全世界以生活形态命名的唯一历史古巷，更是湖湘文化中民俗与美食文化的重要一环。

　　以前的鱼巷子，从商业大厦对面小巷进去再左拐，一条被长长青石板的反光照射的长巷，形似"7"字，也沿袭于中国人的"吃"。几百年风雨历程，一直是岳阳最鲜活的市场。活蹦乱跳的鲜鱼，波光泛动的麻石，讨价还价的买卖，陈旧破烂的古木楼，组成了鱼巷子独特的风景，成了无可替代与更换的岳阳独特生活图腾，并缔造了湖鲜美食的丰碑。

　　鱼巷子的清晨，正是鱼市一片吆来喝去的时间，满盆满盆的鱼，肥厚鲜活，激活了沉寂一夜的小巷。我走在泛着波光的青石板上，湿漉漉的，仿佛感觉到洞庭湖的涛声随时打在脚上。我与几位作家一行，惊讶地看着摊子前鱼贩手脚麻利、花样百出的剖鱼方式。手起刀落片片鱼鳞飞起，手指一勾，一条鱼就剖好了。真是行行出状元，凡事有艺术，这样的美感，鱼吃起来，味道都特别起来。

　　老人们听说是来了解鱼巷子的，一边刀飞快地舞着，一边口若悬河地讲鱼巷子的历史，怎样兴盛，怎样繁华。我不由自主抬头整体望了一遍，东一块西一块的棚子和雨布，在风中破烂不堪。除却低头时看到满巷鱼跃的波光，寻到一丝当年的痕迹，实在还原不出当年的盛况，已经是风烛残年了。

　　沿着麻石路几经往来，我在一栋破烂不堪的木结构两层楼前，意外发现墙上还有一个很小的牌子，清晰地写着四个字——下鱼巷子。这是整个鱼巷子拆前唯一留下的标志性文字，现在再去当然没有，现在都是艺术感极强的墙绘。

　　当时，我在现存的下鱼巷子，看到离出口20米处的几栋青砖青瓦的建筑。抬头

鱼巷子

不见天，到处吊着东一块西一块的遮雨布，让小巷尤其显得狭窄而破旧。透过如网一样的电线，屋顶上翘檐的瑞兽早已缺角少腿，所剩无几的老木板房危在旦夕。我们一步一声沿着残缺不全的楼梯上去，二楼雕刻的栏杆和门窗已腐朽发黑，小心行走，木地板发出的声音重重诉说着它的古老。前面带路的老板，一路"咚咚咚"就冲上去了，整个楼都在他脚下摇晃。

曾根据鱼巷子创作过多部作品的河南大学教授、中国一级作家刘恪，说他2010年走访岳阳古街巷时，曾拜访过住在这栋木楼里的老居民王惠芝老人。万分遗憾的是，等这次他陪同我前往时，90多岁的王惠芝老人已于三年前作古，终无法面对面探寻到更真实的记忆。据现在租住在这里的做小生意的湖北人梁治诚介绍，王惠芝普通而传奇。1949年以前因发大水随船从湖北监利到了岳阳，上岸便停留在了鱼巷子。刚来，跟一个打鱼的渔民相好了一段时间，后来阴差阳错嫁给了本地一个裁缝。现实的感情遇到刚强的女人，两人因性格不合，王惠芝决定分开。最后嫁给了某国民党将领之子做了姨太太。1949年后，她就再没有结过婚了，孤身一人的她一直由国家负担。

在鱼巷子居住了30多年的颜先生听到我们一行人的议论，讲到前几年去世的另一个老人："那可是富商的姨太太。"后来得知有一段时间身为高官富商的姨太太们都居住于此，这些故事是可以想象得出鱼巷子的景象与不同凡响。

历史远走，鱼巷陈旧，繁盛仍在，青石板依旧，麻条石每个缝隙堆积的故事，让陈旧的巷子越来越显其风味。

我往来穿梭在做生意与居住的人中，发现一个奇怪的现象。走遍街市都是清一色的湖北监利人，老岳阳居民几乎都搬走了。鱼巷子现有居民，流动人口980多人，固定居民410户，大部分为租用住户，只有少部分从湖北来得比较早的买了房子。

一个承载岳阳几百年生活文化的地方，现在成了湖北监利人的鱼巷子，我看出了一行人的失落和不服。后来，同行的有位作家笑着说："看来还是岳阳人先富起来搬走了，才有了湖北人租房的鱼生意。"

一个汉子，穿着一身黑油油的防水衣，站在大大小小各种盛鱼的盆边。他的气势与声色与众不同，上前打听，他是这些生意人中难得的真正渔民。

当然，也是湖北监利人。对面街边上两位老人，现已中风的吴以仁老人看到我吐词不清地说，他也是监利人，到岳阳已二十几多年了。当年是出名的水上汉子，一直在水上与鱼巷子之间行走。老人一边回忆一边叹息："洞庭湖败了，以前不像现在，随便出去一趟，网一撒，保准满载而归。"只是老人不知，他走后两年，为保一江碧水，洞庭湖实施了十年禁湖，才三年，就鱼跃虾跳，重新回到了从前的景象。

鱼巷子流行一句话："一鱼养三家，渔家、贩家、摊家。"这一语道出的不只是洞庭湖鱼的丰富，更是道出了鱼巷子的生意链，解开了鱼巷子在洞庭湖之湖湘美食、湖湘文化、湖湘经济中的形成与作用。

鱼巷子不是上百年一样热热闹闹，也有冷清的时候。日军占领岳阳7年间，上自南津港，下至城陵矶一带，湖面为军事禁区，禁止一切船只通行捕捞。人、船哪敢再出来，都不见了，鱼巷子湿湿漉漉千年的古巷干得落下了满地灰尘。1945年，抗日战争胜利后，渔市迅速兴盛起来。再后来，禁止一切私营商贩生意，必须割掉，鱼巷子的热闹又被阉割得兀兀的冷静。进入20世纪80年代，又一个时代来临，这是一个放开经济的时代，岳阳人们以鱼为主题的生活，潮涨潮落，永远的主旋律，压不住的沸腾，鱼巷子自然热了起来。离生活这么近，又怎么会消退。

终是不见了，泛着波光，飘着油布的鱼巷子不见了。

2018年上半年鱼跳虾跃的鱼巷子。2018年下半年，我带着学生过去，想讲讲鱼巷子的故事时，那条通向原生态生活的巷子，被现代鱼市替代了。我走在干净整洁的三层楼铺面下，对学生讲起岳阳居民一代又一代行走于鱼巷子，却鲜有人知的过往。

史学是对过去的较劲，较劲不好，所以，史学家少之又少。岳阳一样，寻访专家艰难。好在有文字依据，我这样一边走一边说。清嘉庆《巴陵县志》："鱼巷，在南门外，通南岳坡，里人廖国兰捐修石道广竟，巷长一百五十步有奇。"按每步0.75米换算，约105米。光绪《巴陵县志》也载："鱼巷，自上正街西一百七十五步，至南岳坡巷又三十五步滨江，北有洗马池巷自土门街至此三百步。南岳坡巷亦名鱼巷，自北至南一百四十步通街河口。"由此可知，鱼巷子其实是鱼巷和南岳坡巷的统称。

巷成于何时呢？这在中国属于千年难题。大凡一个巷子的形成，在古时，很少一次成型再开始招商，而是一户户依傍延建逐渐而成。1746年编撰的乾隆《岳州府志》即载有鱼巷，明初即已成巷，实际成市则早至北宋时期，根据这样的不同年份的记载文字，可见巷不是一朝一夕的产物。鱼巷子的最初，是南门外地势平坦的呈月牙形港湾，既易于泊船，又便于利市。你满足我的需要，我满足你的需要，各种行商、店铺、摊点、仓储纷纷建立，逐渐形成街巷，再就形成了市，又由海市、独霸巷，成为专用。

有岳阳古地图之称的段福林先生说到鱼巷子，如数家珍。他介绍，鱼巷子历史久远，应该建于唐代末期。当时因乾明寺的扩大与影响，有渔民上岸来做些鱼生意，渐渐洞庭湖的渔民越来越多地来岳阳城里，形成了一个市场，经过几年的发展终于形成了一个专做鱼生意的小巷。

明清年间，鱼巷子成熟。马英开阜来了多年，发展了岳阳的茶业。以唐代供品君山银针与邕湖茶（现在的北港毛针）两大茶，为本土茶品，引进外地茶品进行交易，在鲜活的鱼巷子对面，就是生香的茶巷子。茶巷子比鱼巷子稍迟，就一直名落于鱼巷子。鱼巷子的兴旺在柴米酱醋茶的排列中绝对不是时间的优势，而是人们生活主题需求的催发和必不可少。岳阳人餐餐离不开鱼，这样受宠的去处，当然是最风光。

现代人走在鱼巷子，当然会以为有巷便有石，其实不然，鱼巷子的大条麻石是到了清代乾隆年间铺设的，从前只是离水不远的一条堤岸线。乾隆年间，从北往南横向铺排在街巷中央，0.35米宽、2米长的麻石板，共有264条；两边两行竖向铺排的麻石板，有300多条。刚铺设时，麻石在上面，下面是深沟，便于排水所用，每年会揭开石条掏干沟里月积日累的淤泥再盖上。

从前，从鱼巷子到岳州城，必须过南门吊桥，很多老人还记得吊桥的位置。吊桥北的城里均是官府衙门，吊桥南乃居民集结，市集居多，从而形成了北雅南俗，北文化南集市的特色。

后来有闺密送了一套我乾隆年间的《岳州府志》，里面有岳州地图。地图清晰可见南北相通的吊桥标志。这张保留的照片引起了我的注意，岳阳楼下沿湖就是鱼巷子的下面湖边还有一条长街。段老师告诉我，很多人不知道当年鱼巷子的繁盛还跟另一条街有关，那就是沿湖水边南北纵向一直到岳阳楼下一排集娱乐、茶肆的木结构房。茅草的顶，低矮的木板组成了简陋的街巷，俗称茅草街。茅草街，听这个名字就知道，居住的群体是什么样。听说，当年这条街都是做的小生意，也有皮肉生意，方便渔民上岸小憩一会。后来一把大火，毁于一旦。唯一挺立在岳阳历史长河里永远没有走远的，便是鱼巷子与慈氏塔。很多东西，都有其独有的气质，鱼巷子也一样。走过几百年的傲立，鱼巷子，无意中刻写了岳阳的无法替代的水文化，抒写了湖与岸、岸与人、人与鱼、鱼与巷、巷与湖的长篇大著。

我就其存在价值去采访走遍了全国大部分名胜古迹的刘恪教授时，说话历来比较低沉而缓慢的他，也禁不住激动起来。

他说，岳阳比较有价值、赋有地标性象征性的特色建筑物，只有两个：一个是岳阳楼——当年的阅兵台；二是鱼巷子——居民生活需求地。

这种特定生活方式的小巷，在全国来说，是比较特别的，应该也算是唯一的吧。其独特性和岳阳楼一样。楼与当地的生活形态没什么特别的联系，鱼巷子才是岳阳人们生活形态方式的涉入。在古代也好，到今天也好，未来也好，是集散地，也是人们一个生活通道，是岳阳人生活中必须以湖作依附的闸口。说透了，是湖与岸最直接的桥梁。几百年来，不可忽视它这个身份。它架设的是一种人与自然，自然与生活的连接。洞庭湖所提供给人们的是鱼，鱼是物质，人有需求，就是精神。

英国有个专家曾说过一句话："文化是指人的一种生活方式。"这足以证明，文化不只是歌舞，不只是文学、艺术，是融入生活中，并能浸润、提升生活的一种方式。鱼巷子，吸取的是一个食物链，更紧密地与人的生活相关联。说到岳阳美食文化，一直致力打造湖鲜美食，鱼，是主角，鱼巷子承载的便是岸与水的一个最大的交接点，就这样把人们的生活建成一个物质的标志。说深了，从洞庭湖走向鱼巷子，再从鱼巷子迈向岳阳城，鱼巷子和岳阳人的习性、气质、性格都有密切的关系。于是，鱼肉也养育了岳阳人所独特的灵秀、聪明、灵巧、温和。

作为一种生活方式，鱼巷子，是岳阳人不可或缺的。没有麻石，没有下面的水流，没有几百年形成的积累，又怎么形成地方特定的标志。岳阳，作为一个城市，作为一个有着深厚历史的文化古城，鱼巷子是作为灵魂存在的，必须有文化原型的底蕴。上千年的历史，它成了一个无法替代与无法消失的原型，是人们生活习惯与需求存在的一种文化。

连接出了产物，连接出了经济，连接出了生活，三教九流因鱼巷子的交易而云集。

全国每个城市都有自己独特的文化建筑，如现在仍旧火热的云南丽江四方城、成都宽窄巷、北京胡同、上海里弄等等。岳阳人得天独厚地拥有鱼巷子，岳阳人也成全了一个鱼巷子，它的存在，就是水文化的一种存在，无论是鲜货，还是干货，就文化风俗的建筑来说，它是主题性的，它不需假设与创造，它实实在在存在。

我们渴望行走于此的所有人，能看到它的价值所在，看到它的文化深度，看到它与岳阳发展的关系，看到它诠释的意义，期待它以旧的姿态，新的面貌永远站在世人面前。

古鱼巷子终于在时代发展中实现新旧交替。

我的搬家史

李　露

从童年到现在，我搬家不少于十次。

能记事时，我已住在岳阳楼对面一个名叫向家井的小巷子里。巷子不深，从巷口到巷子尽头大约有三十多米，东面与北面有围墙将巷子与3517和一中分隔开来。我家便在巷子最靠围墙的地方，东面与3517毗邻，北面与一中交界，分别与围墙相距约70厘米。后来我家在北面的后屋又搭了一个简陋的厨房，借用了一截围墙。于是侧面形成一个最适合捉迷藏的7字形小拐角。若是夜深时，这拐角更显暗黑，胆小的人一般都不敢去那里。但常有调皮的男孩或者不知羞耻的大人在最里面撒尿，有时甚至还有大便，这时妈妈就无可奈何地找来藕煤灰去扫掉，不然遇到变天，那股不可描述的味道就要弥漫到家里去。

听妈妈说，我家最早的房子在岳阳楼西门河下，因为涨大水冲垮护坡，房子被淹，于是爸爸和姑父一起选了向家井重新做房，两家连在一起。因砖瓦不够，于是除了临3517的侧面与后面是砖瓦，我家前门与临姑父家的那两个面都是木板搭建的。日子久了，门前的木板经风吹日晒，底部便慢慢开始腐朽。后来，家里养了几只鸡，爸妈就在木板缺口下面的地上刨了一个小坑。早上，鸡们从这个坑爬到外面去觅食玩耍，黄昏时候，又从这个坑挤进屋子里休息。门前还有一块长条麻石板，高约十厘米，石板与土壤的缝隙中有蚂蚁窝，经常有蚂蚁来来回回走之字形的线路。我有时恶作剧地在那条石板上沥米汤，便烫死了不少蚂蚁，还兴致勃勃地和小伙伴一起讨论还有哪些漏网之"蚁"。现在想来，小时候确实顽劣，根本不懂应"扫地勿伤蝼蚁命，爱惜飞蛾纱罩灯"。

临3517的那面墙上有个小窗子，比一张A3的纸大不了多少，上面悬着一块用废弃木板拼成的窗户板子，平时用一根拇指粗细的长棍子将木板撑起，让房间透点亮光进来，夜晚或刮风下雨的时候就放下来，聊以遮挡一下。其实，窗子离地只有大约两米高，身子灵活一点的人踩着围墙就可以翻进来，根本遮挡不了什么。好在那时人人都穷，因而也鲜有小偷光顾。不过，也曾遇到过比我家更穷的。记得某个夜半时分，我朦胧中听得窗子啪啪作响，睁眼一看，妈妈正紧张地搂着我瑟瑟发抖。那时我不过六七岁，可看到妈妈害怕，便大喝一声："哪个！"声音虽然童稚，可在寂静的夜晚中也很有震慑力。只听得"砰"的一声，挂在窗子上的木板重重地打在墙上，然后听到有人跳下围墙，急促远去的脚步声。我看看妈妈，她已经吓得要哭了。那时候，爸爸在乡下工作，哥哥住在外公外婆家，妈妈带着我和妹妹住向家井。妈妈生性胆小，而我从小胆大包天，于是自觉充当了妈妈的守护神。多少年后，妈妈每每说起这事，就感慨地说："幸好我露露胆子大，不然我真的有蛮怕。"我就晒笑她："这么大个人，还要小娃娃保护。"此时，爸爸就嘿嘿地笑，我知道那是在表扬我的勇敢。

进初中时，妈妈单位分了两间连在一起的办公室给她，爸爸也从乡下调回市里。妹妹从小体弱多病，屡屡住院，所以家里欠了不少债，妈妈把向家井的房子卖掉还债，举家搬进了街河口的单位三层楼的办公楼中。这是一栋水泥砖瓦的房子，很结实，再也不怕风吹日晒，房子墙壁刷得很白，采光也好，最重要的是办公楼每层都有自来水。这下妈妈可高兴了，住向家井时，我们要提着桶子端着盆子走好远到洞庭湖边洗衣服。妈妈常说，如果有自来水，她就天天洗衣服。爸爸笑话她："这下你可以如愿以偿了。"

我家住办公楼的二楼。这一层办公楼住了两家人，分别在楼层的东西两端，瘦瘦的邓伯和胖胖的年婶比我们来得早，选了朝向好的东边，我们则住西头。三楼是办公室，一楼是蔬菜批发部。妈妈特别喜欢这里，因为抬脚就可以上班。邓伯家人口比我们多，有六个孩子，四个男孩两个女孩。他们家前面四个孩子都要比我们大很多，已经有了代沟；老五比我大五六岁，偶尔和我说说话，老六是个调皮的男孩子，一般懒得理我们。厨房在办公楼的走廊里，两家都是用废旧办公桌搭了一个简易灶台做饭。记得有一次我正在切菜，哥哥跑来逗我，逗来逗去把我惹急了，我提着菜刀就跟着他追，吓得他一溜烟就躲到年婶身后去了。老人家都重男轻女，看到我如此凶神恶煞，年婶也不管谁对谁错，立马就像正义使者一般，一把将哥哥拢在身后，宽大的身躯将哥哥遮得严严实实，并呵斥我说："哪有姑娘家拿刀追着人赶的，这还得了？"哥哥得意地从年婶身后伸出头来，对我做鬼脸。我气急败坏，却又无可奈何。

日子就在这逗逗打打中过去两年。我们搬到街河口的第三年，妈妈单位紧挨着办公楼又建了一栋有天井的住房，我们和年婶家都搬进新房，两家依然都住三楼，依然一个在东一个在西，只是换了方向。年婶和邓伯资格老，分了采光好且房间多的西边，我们虽住了东边，却因紧挨办公楼，四间房子倒有三间阴暗，不过也有个好处，就是可以从我家阳台爬到老办公楼的楼顶上去，无形中拓展了许多空间。我在办公楼的顶上种了好多花，废旧的脸盆、用烂了的小水缸、捡来的搪瓷钵都做了花盆。花盆廉价，花却灿烂得让人心动。太阳花、茉莉花、水竹、仙人掌，各式各样，姹紫嫣红，那是贫瘠生活中最亮的颜色。有时候，我爬上办公楼顶，坐在上面，看洞庭湖上的太阳东升，夕阳西下；看街河口的人来人往，红尘烟火。在日复一日的喧闹与沉寂中，我们从童年走到了少年。

高中时，爸爸单位也分了房，于是搬家过去。房子在观音阁的观音井边，我们住在一楼，阳台就在路边，没有装防盗网，随便哪个人都可以爬进来。记得表弟幼时很调皮，常常从阳台翻进来敲门，等我们去开门时，他又跳出去跑到院子里敲后门。在观音阁住了好多年，除了有一年除夕前夜，一竹篙的咸鱼腊肉晾在阳台被偷过一次，此外，算是安全。我很怀念那时的人心淳朴，可以夜不闭户。

在这个一楼，我一直住到结婚生子。儿子大约半岁时，我在院子的另一栋房子的三楼有了属于自己的第一套住房，这大概算是首次独立安家了。儿子在观音阁长到三岁多时，单位再次分房，我很幸运分到了离工作单位更近的五里牌宿舍。这是我成家后第一次搬家。在五里牌住了不到一年，爱人从广东调回岳阳，我去广东和他一起将衣物等东西打包运回来，算是第二次搬家。为方便他的工作，我们第三次搬家到他所在部队的一套不到四十平方米的小房子里，磕磕碰碰过了两年多。后来部队为安置干部，在部队院内新建住房，我们又第四次搬家。这套房子是我住过的第一套面积超过一百平方米的房子，也是最坚固的房子，一般的钉子根本钉不进墙壁，必须用水泥钉。毕竟是部队建房，质量可靠，据说可以防八级地震。

后来，儿子读初中，学校离我单位比较近，于是在单位小区买了商品房，也更方便自己上下班。当时选了个顶楼，虽然楼层比较高，但好在我们年轻腿脚好，倒是不在乎。并且每间房都通风采光，亮堂得很。我最喜欢这房子的一点，是冬天的时候，阳光可以照进家里来，让寒冷的日子多了温暖。儿子进高中后，为陪读，我们又在学校旁租房子住，搬来搬去也有两次。一直到儿子去读大学，我们才重新搬回自己的家，总算结束了动荡的搬家生涯。掐指一算，到我四十多岁时，搬家次数竟有十一、二次之多，平均四年就搬家一次。

有天闲来无事，我分析了一下自己的搬家史，发现竟然和岳阳的城市中心的移动方向契合程度很高。从岳阳楼到街河口，从观音阁到五里牌，从花板桥到南湖大道（尽管是陪读房，也住了两年多），我的搬家线路，简直就是岳阳城市发展线路，这让我不免有些骄傲。记得曾经读到一篇文章，说某人从住进老屋就没搬过家，到了退休时硬是买了一套新房搬过去。明明新买的住房在地段、面积与结构上都不如老屋，连房价都比不得老屋高，可是男主人说，这辈子不搬一次家，总感觉自己没做过一件大事。现在搬家了，人生才算圆满。

这个关于圆满的诠释，我很喜欢。

郭亮街，你在哪里？

刘衍清

在偌大的岳阳城，恐怕知道郭亮这个名字的人不是太多，而知道郭亮街的也许多不了多少。然而在我的心中，这条早已"此街非彼街"的街仅次于我"童年的摇篮"——羊叉街。

那是1963年的一个秋天，我走出羊叉街的家门，沿着天岳山、南正街、吊桥，走到洞庭路的中段，然后往右拐进一条小街——郭亮街，从街口一直走到路的尽头便到了我由天岳山完小升读初中的新学校——岳阳二中。

随着时间的推移，我慢慢知道了郭亮街的来历。郭亮街得名于郭亮，而郭亮是中共早期一位重要的领导人，他生于长沙铜官，1921年加入中国共产党，次年就由时任中共湘区执行委员会书记毛泽东派到岳阳领导工人运动，同年9月发动了著名的粤汉铁路岳州车站工人大罢工。嗣后又在省城领导工人运动。由于郭亮机智勇敢，与敌巧妙周旋，演绎过一场"郭亮带兵抓郭亮"的故事。长沙"马日事变"后，大革命处于低潮，随后郭亮参加了著名的南昌起义，后去中共地下党在上海建立的全国总工会工作。1928年初，中共中央决定在地方恢复党的组织活动，鉴于郭亮在岳阳领导过工人运动，便被派往岳阳担任中共湘鄂赣边区特委书记。当年2月，郭亮来到岳阳，首先在街河口开了一家煤栈作为掩护，然后在岳州文庙附近一条叫翰林街的老街租赁了一家叫"罗家大屋"的民宅作为湘鄂赣边特委机关。白天郭亮以煤栈老板

的身份出现，晚上开
展地下活动。同年3
月27日，特委派往长
沙与中共湖南省委联
系工作的特委军事部
长苏先骏被捕叛变，
供出了湘鄂赣边特委
机关和郭亮住所。为
防止走漏风声，国民
党一个连的军警以叛
徒为向导火速赶赴岳
阳，直接包围了"罗
家大屋"，将郭亮抓

原郭亮小学

捕并连夜押回长沙，次日即将郭亮押到司门口杀害。1958年，为了纪念郭亮
这位中共早期工运领袖，中共岳阳县委决定将郭亮建立湘鄂赣特委机关时住
过的老街由翰林街改名为郭亮街，附近的小学叫"郭亮小学"，而县委机关
就在郭亮街"罗家大院"的西侧。

　　从1963年到1966年，我每天上学放学都要经过郭亮街，而且必须经过当
年郭亮建立湘鄂赣特委机关的"罗家大屋"。正好屋主的儿子罗仲春是二中
同年级同学。"罗家大屋"实际上只是一处砖墙和木板结构的普通民房，罗
同学的爷爷过去是个揽铜匠活的手艺人，赚了钱建了"明三暗五"的住房，
即左右前后各一间，中间是堂屋，后边隔了间小厨房。罗仲春的父亲生于
1917年，郭亮被捕时罗父才11岁，但对戴着瓜皮帽、满脸和蔼的郭亮犹有记
忆。因此，当年罗父没少被这家单位那家学校请去讲郭亮的革命故事。据
称，罗同学的爷爷有5个兄弟，那晚郭亮被捕时把罗家老五作为疑犯抓了，但
经多方讨保才捡回一条性命。

　　初中三年毕业后碰上"复课闹革命"，折腾两年到1968年知青上山下
乡，我则到环卫所当了清洁工。令人尴尬的是，我首先被安排到郭亮街清运
垃圾，每天背着书包上学的我成了每天拉着板车弓着背吃力前行的清洁工。

同学们下了放，但学校还没有复课招生，闲在校内的老师都要从郭亮街进出。开始我把草帽拉低一点，尽量避免与老师正面相遇。有次碰到生物老师姜仲海，姜老师出身大户人家，过去家里有钱，据说读过两个大学。但丝毫没点知识分子的派头，头颅比常人稍大，有些秃顶，额头较阔且前倾，衣着随便，像个老农，但说话不乏幽默。一次，姜老师认出我，连说：当了工人阶级，不错，好好干，有前途。还有一回，碰上地理老师熊亨健，熊老师是桃江人，很有学问，写得一手古体诗，是当时二中最有古文修养的几位才子之一。那天，熊老师赶着一辆驴子拉的粪车走出校门，往奇家岭二中农场送肥料。温文尔雅、仪表堂堂的熊老师坐在与车后粪桶有一定距离的前杠上，手里扬着鞭子赶驴。熊老师见到正在街旁收集垃圾的我，主动下车热情招呼我，并聊了几句开心的话。此后，我的心情坦然了许多，在郭亮街上见到熟悉的二中老师便不再那么羞涩了。

在郭亮街，与县委机关对面的是城北街道办事处，办事处有个鼎鼎大名的工作人员，名叫何光岳，本来是办事处办公室秘书，但几乎没人叫他"何秘书"，都叫"何博士"。

何博士只读过小学，但学富五车，通今博古。也正是得益于郭亮街，使我与长我十多岁的何博士成为莫逆之交。一次，何博士发现居民在垃圾箱外乱倒垃圾，给负责清运的我增添不少麻烦。于是何博士找来一块木板，用墨笔写了一首劝阻居民自觉爱护卫土尊重清洁工人劳动的诗歌插在垃圾箱旁。四十多年后身为湖南省社会科学院研究员、炎黄文化研究所所长的何博士出版《何光岳文集》时还收录了这首诗。在郭亮街城北办事处的侧边还居住了一位在园艺根雕艺术方面颇有造诣的老花工，叫谢忠华，我也与何博士一道，经常上门与其交谈。后来社会上流传的"岳州八怪"就有我们三人。

因郭亮街而交友，又因郭亮街而跨入文学天地。1979年为迎接全省群众文化调演，我与翁新华、王和声、廖岳生等5人一道，由张步真带领，住进城陵矶粮库进行封闭创作，我创作的巴陵戏座唱《郭亮拦车》就是根据郭亮领导粤汉铁路岳州车站工人罢工的史实创作的节目。后来这个节目首先在岳阳地区调演获创作一等奖并在《洞庭文艺》发表，赴湘潭参加全省调演获演出一等奖。

几年后，我与《郭亮拦车》的主人公郭亮的儿子郭志成有过一段交集，1988年7月2日的《湖南日报》刊登了我写的一篇访问记，题为《历经多难志今成——访郭亮之子郭志成》。文章记录了我曾在北京采访郭亮之子郭志成的经过。早在1982年，我由《工人日报》湖南记者站推荐，前往北京《工人日报》经济部实习，我住在报社附近一家水电部门的招待所，与服务员闲聊时偶然听到郭亮的儿子郭志成就在电力规划设计院工作，便产生前往采访的念头。因实习任务紧，一直未能成行。1987年，市委宣传部新闻科组织新闻专干前往北京办事，我利用空隙时间前往德胜门外水电规划设计院采访郭志成。听说来自郭亮领导铁路工人罢工的岳阳，郭志成十分高兴，并从寓所拿出一尊铜官陶瓷工人烧制的雕塑给我看，雕塑再现了郭亮带头卧轨拦车，大义凛然的英勇形象。郭志成告诉我，郭亮遇难时他仅3岁，母亲李灿英带着他几经辗转，幸免于难。1938年，由周恩来亲手安排，郭志成和张太雷的儿子等一批烈士子弟经汉口中共办事处被秘密送往苏联学习，他学的是电力专业。1951年学业有成的郭志成回来报效祖国时，积劳成疾的母亲却于1950年在衡阳市妇联负责人任上因病逝世，历经磨难的母子俩在欢乐的时刻却未见上一面。

　　文章发表后我曾给郭志成寄去一份《湖南日报》。郭志成收到后立即回信表示感谢。由于事务繁杂，此后没怎么联系。据罗家大院的罗同学回忆，郭志成曾到岳阳罗家大院看过他父亲郭亮烈士居住过的地方，也找过罗父了解过情况。

　　原以为近些年因工作繁忙，去郭亮街的次数少了，但郭亮街这条街的名称至少可伴随终生，怎么也想不到，郭亮街改了道，而且重新回到"翰林街"的名称。

　　郭亮街在哪里？地图上再也找不到这个曾经十分响亮的名称。但是在我和无数岳阳人的心里，郭亮街不会消失，永远不会消逝……

千年"水城"话岳阳

邓建龙

人们常说，江苏的苏州河网密布，是江南水网的中心与全国河网最密集的地区，素有"水乡泽国"与"水城"之称。其实，我们岳阳也是个湖泊环绕、溪流与河道众多的城市，也是个名副其实的"水城"。

环水古城

岳阳城古称巴陵城。明朝时，其范围即今岳阳楼街道办事处所辖之部分范围，南自吊桥（今巴陵西路与洞庭北路交汇处）至北门渡口，西自沿湖至东门（今3517工厂铁路处）。周围筑有城墙，长4805丈，约2.7平方公里。

明洪武二年（1369），大将军徐达巡视岳州，见城墙毁坏严重，乃下令重修城墙。四年（1371），又开掘护城河，以护卫城池。护城河自北门外九华山起，引洞庭湖水连接东风湖、枫桥湖，绕东南经东门至南门处吊桥下，再西入洞庭湖。周长千余丈，深二丈，阔十余丈。岳阳俚语称绕城而过为便（伴）城而过，所以护城河又被称为便河，后又被人改称为汴河。

汴河凿通后，各种大小船只可直接载运货物，自西或北进入汴河可直到东门或南门，既方便了城区人民的日常生活，又可连接东门外通往武昌府的驿路。每遇风暴，停泊洞庭湖内的船只还可进入汴河内躲风避雨。至今一些老岳阳人还记得祖辈留下来的传说，汴河内筑有几处码头，经常帆樯林立，穿梭不已，一片繁忙景象。可见，明初时的岳阳城确实是个四面环水的城市。

1935年的岳阳城

其实，在明朝以前岳阳城就是个四面环水的城市。西面城墙下即是洞庭湖，北面九华山以北为东风湖，以东为枫桥湖，湖水一直漫涌到汴河园（今庙前街）；南面为南湖，其湖水一股沿今铁路一直漫延到吕仙亭山下，一股漫溢至老火车站东太子庙至今梅溪桥洞口，另一股则沿今德胜南路漫延至东茅岭瑞东酒店外（东方红小学对面），从外围对岳阳城形成合围态势。仅有东门经枫桥湖堤通武昌府驿路，堤上有石桥一座。直至民国初期，粤汉铁路修建后，枫桥湖堤失去作用，桥也荡然无存。

今天的岳阳城，随着城市的东移北扩，城市范围进一步扩大，但城区四周仍有洞庭湖、长江、芭蕉湖、吉家湖、东风湖、枫桥湖、北港河、南港河等河湖港汊环绕，仍然是个名副其实的水城。

溪流纵横

古今岳阳城不仅河湖众多，而且古城内外溪流也多。据清《光绪巴陵县志·沟渠志》载："城内沟渠之水俱自西南来，一由东门左出城曰滨阳桥，一由东门右出城曰九龙桥。惟府前洗牲池之水不与焉，洗牲池出其堤下，有小闸径出便河。滨阳桥水，上自大西门外枫柳桥入城内花飞桥，达颜家巷南侧武庙后。黄土坡之水注之，北侧剪刀池之水注之。剪刀池水上源会府署后北门诸水，出勿剪桥，经铁炉街合西门以内之水，出双井巷。麻家坡之水出火神庙巷，合流稍南至旧司狱署前，由滨阳桥出城，至迎晖桥南流入便河。九龙桥水自南门内守备署前来，北侧合武庙考棚后之水，南侧合府学宫山后之水，由县署前，至九龙桥东流出城外，与滨阳桥之水合流至便河，屈曲西行，由孟家堤桥下出湖。此城内沟渠之大概也。"此处所指的"城内沟渠之水，俱自西南来"，即指当时自今守备巷口西，至今岳阳楼公园东门前，中间横亘一岭，曰黄土岭，其岭上之泉水，向东北方向，流经城内各街巷（今3517工厂范围内）。又载："至城外正街之水，柴家岭南北中，分北侧由颜家巷入城内，南侧由土门街出吊桥归便河。南方正南之水又东西而分。街西则由十字街再南则天岳山入湖，街东则由十字街东转梅溪桥入太子庙前湖。再南则天岳山街之水北流入十字街，塔前街之水南流归慈氏寺巷入湖。此城外大街沟渠亦所宜祥也。"

此外，在当时的郊区（今市区），也有许多溪流，如今天的土桥、花板桥附近都有溪流。其中，花板桥所在地名叫花板铺，因此处有条花板溪流过，溪上有桥曰花板桥。此溪由北向南，经原农校附近流入南湖。

在今金凤桥附近，先后有9条小溪汇聚成5条小溪后，再在羊角山附近注入南湖，因此处也位于南湖的北港汊，故也称北港汊，又称北港河。在郭镇乡附近也有众多小溪自灵屋山（麻布大山）北流后，再合流注入南湖。因此处位于南湖的南端，故又称南港汊，也称南港河。

今天，一项从南湖经北港河（今称王家河）开凿运河连接芭蕉湖、长江、洞庭湖环城水系工程即将启动。届时，岳阳又将成为一个名副其实的四面环水的水城。

古今桥梁

正因为岳阳城四面环水，溪流众多，为出行方便，城区内外建有不少桥梁。古时修建的桥梁，大部分为石桥，少部分为木桥。且多为民间集资捐建，少数为官府募资修建。据清光绪十七年（1871）编纂的《巴陵县志》载：城区内外（今铁路以西）先后建有桥梁15座，其中位于城内的有花飞桥、勿蕳桥、紫来桥、状元桥、吊桥、滨阳桥，位于城外的有孟家堤桥、迎晖桥、马家湾桥、枫柳桥、九龙桥、竹荫桥、梅溪桥、南津桥、枫桥。这些古桥除状元桥外，其余均早已坍塌或拆毁。明清时，有"三桥不见桥"之说，即指竹荫桥、吊桥与梅溪桥。竹荫桥位于今老城区竹荫街，明朝时街南靠金家岭处（原岳阳楼区公安分局）有片竹林，浓荫处有座古寺，曰竹荫寺，寺前小溪上有座小桥，曰竹荫桥；吊桥位于今洞庭北路与巴陵西路交汇处；明朝时此处是岳州府城墙南门口，城外便河上有一座收放之吊桥；梅溪桥位于今老城区梅溪桥街东靠近铁路洞口处，明时此处有条小溪，一叫杨梅溪的老人捐资在此修桥，因名梅溪桥。此后，随着城区的不断扩展，一些沟渠被填平，这些桥梁已不复存在，因此三桥正好位于老城区较繁华地段，故人们记忆较深，一旦消失，便有"三桥不见桥"之说。

此外，位于远郊（今市区）的桥梁还有三眼桥、吉家湖桥、花桥、胥家桥、高桥、康王桥、落马桥、花板桥、土桥、金风桥、监生桥、邓婆桥、增和桥、大桥湖桥、大桥、龟山湖桥、虎啸桥、四眼桥（城陵矶）等17座桥梁，其中尤以三眼桥最为著名。

三眼桥，位于今学院路奇家岭北，东西走向。又名通和桥、万年桥，横跨南湖与大桥湖水面。初建于宋庆历年间（1041—1048），通长沙驿路，又名堤头渡桥。明万历八年（1590）改名万由桥。清乾隆七年（1742）改名万年桥，因桥为三孔，邑人称孔为"眼"故又称三眼桥。因年代久远，多次坍塌，先后五次重修。清同治十三年（1873），邑人钟谦均第六次重修，至光绪六年（1875）竣工。至今仍在，是岳阳保存最古老的桥梁。

民国至今，城区先后又修建了72座桥梁，除两座因城市道路扩建拆除外，至今仍余68座。但现代的桥梁与古时的桥梁不同，那时因水网密布，遇水才搭桥。但现在的桥梁，其功能已不仅仅是为方便过河（溪）才建桥。为缓解城市道路交通压力，还建造了立交桥、人行天桥及铁路、公路桥涵。因此，在这70座桥梁中，有14座城市道路桥、3座立交桥、6座人行天桥、3座游路桥、14座铁路桥梁、30座公路桥。不算公路桥，其中真正的跨水大桥仅有洞庭湖大桥、七里山高架桥、洞氮人行桥、南湖大桥、王家河大桥、青年路大桥、南湖九孔桥、通和桥、赊月桥及南津港铁路桥等十座桥梁。2018年，又先后在七里山与城陵矶湖面上建造了杭瑞洞庭高速大桥与蒙华铁路洞庭湖大桥。

千年古堤

岳阳，由于滨江临湖，四面环水，千百年来，迭遭洪水侵蚀，湖岸崩塌，城池逐渐后移，历代府县志书均有记载。为抵御洪水，岳阳官民除铸铁牛、造铁枷以镇湖妖外，还修筑各种堤坝10条，以防洪水。其中古堤8条，现代所筑大堤2条。

志书记载最早修建的堤坝为庆历四年滕子京谪守巴陵后，在岳阳楼下洞庭湖边修建的偃虹堤，调集动用民工15500人，建成长一千丈、高三十尺、宽（厚）三十二尺的长堤。"迨明初，堤渐崩溃，城渐退缩，近年移于岗阜上。"但据志书记载，此堤并未真正修筑。明隆庆六年（1567），知府李时渐、知县李元珍又在城西岳阳楼下重修一堤，曰护城堤，自岳阳楼而南，凡二百六十丈有奇。

白荆堤，《光绪巴陵县志》载："岳阳风土记，阁子镇（今郭镇）有白荆堤，石壁潭在其下，旧志在县东南十五里，一名紫荆堤，宋筑。明成化八年（1472）知府吴节增筑。嘉靖十年（1531）知府肖晚重修。四十一年（1582）邑人方钝重修堤，空其中架石为桥，名万年桥（今三眼桥）。"

南津堤，明弘治时知府张金筑，堤呈东西走向，在今市木材公司南。

枫桥湖堤，"在城东北三里，通武昌驿路，长百余丈，旧志初建时间不可考。乾隆五十二年（1787），里人徐国书、黄觐章、任起龙、徐运国等捐资重修，中有石桥行旅赖之"。

永济堤，明成化年间岳州知府李镜主筑。自东门枫桥湖堤始，往北至城陵矶；往南连接九龙堤与孟家堤，全长四千零十五丈。其中主堤长十五里，连接的九龙堤、枫桥湖堤、孟家堤皆为明弘治年间所筑。李镜筑永济堤时，这三堤均损毁严重，李镜乃将此三堤与永济堤一并重修。

此外，还有九龙堤在古城东门外，长一千丈，连接枫桥湖堤。孟家堤，在古城东门外东南方，长三百多丈，连接永济堤。

七里山堤，1959年冬至1960年春，为消灭血吸虫，修筑东风湖大堤。其中从北门磷肥厂码头起至七里山止，全长3600米；从七里山至城陵矶止，全长2456米。

南津港大堤。1964年冬，为防南湖水淹城区，中共岳阳县委组织数万干部、工人、农民及居民群众，历时一年，建起长1857米长的南津港大堤。堤呈南北走向，既能防洪、灭螺、灌溉、养殖，又能满足人们旅游的要求。

绕城古渡

古时，由于岳阳城四面环水，水网密布，交通不便，人们出行或乘船、或过桥。因此，在一些重要渡口设有官渡与义渡，以方便来往行人过渡。官渡即是由官府出资设置的渡口；义渡是由民间出资设置的渡口，由热心造福桑梓、乐善好施的民间人士赞助。为加强对义渡的管理，巴陵县署还在柴家岭设置义渡公局。

官渡：岳阳官渡、花板铺官渡、枫桥湖官渡。

岳阳官渡："一统志作大江渡，西路通华容，渡夫二十名"。清同治五年（1866），知县盛一朝核定渡船章程，立石岳阳门外。光绪九年（1883），邑人易干三又添设渡船四只，渡夫四名，捐水田三十石，并买城外柴家岭屋六间，以作义渡公局。

义渡：羊角山渡、大桥渡、大桥湖渡、南津港渡、城陵矶渡。

南津港义渡。清光绪《巴陵县志》载：南津港义渡，地滨洞庭，旧有堤，圮。乾隆五十七年（1792），里人任起龙捐船一只。以后，又有张兴廉等十六人捐田十三石五斗，船两只；以后，思豫团、钟谦均各捐船一只，共五只。其实，此渡北宋时即有，当时相当繁华，后几度兴衰，是岳州通往滨湖各县最便捷的渡口。1921年4月底，青年毛泽东与同学易礼容、陈书农三人来岳阳考察教育，曾从此渡乘船至美国教会办的湖滨大学考察，并从此渡乘船经君山至华容、南县等地考察。1932年9月28日下午，时任国民政府军事委员会委员长的蒋介石偕夫人宋美龄到岳阳，从岳阳楼乘轿至南津港义渡，在此换乘轮船赴君山。

城陵矶义渡。清《光绪巴陵县志》载：此渡"西渡荆河，通荆州路，邑人赵登模呈请设立，捐田十八石，渡船五只，渡夫五名，又于两岸建屋以安行旅"。

大桥湖渡。即今天的北港河口（王家河口），因有一王姓人在此摆渡，故又名王家河渡口。今在此修有王家河大桥，北港河也因此被人改称为王家河。

古井池塘

1957年6月，岳阳县建设科曾对铁路以西老城区的水井进行普查，绘制了《岳阳县城水井布置图》，标明城区共有71口水井。并按方位自北而南用数字编号，注明其所在街巷之方位与深度。

古城内城区，即今岳阳楼街道办事处地域，自岳阳楼下客运码头至吊桥（今巴陵西路与洞庭路交汇处）有15口井。

古城外城区，即今吕仙亭街道办事处地域，自吊桥以南至老火车站地域，有56口井。其中，茶巷子至竹荫街、下观音阁街西至南正街地段有8口井，竹荫街、三教坊巷、梅溪桥街以东地段也有8口井，梅溪桥街以西至天岳山街、金家岭巷、乾明寺街以北地段有11口井，上下观音阁街东至竹荫街路口（含茶巷子以北）地段有10口井。分布密度最大的是梅溪桥街两侧，共有20口井，仅三教坊巷、丁家塘巷地段即有8口井。此外，3517工厂大门以东还有3口井，岳阳一中校园内还有4口井，原自来水公司处1口井，共8口井尚未计算在内。

岳阳城滨洞庭，临长江，周围有南湖、枫桥湖、东风湖环绕城区，四面环水，为什么城区还要开凿如此众多的水井呢？

一是由于城区地势东高西低，呈岗丘地貌与平原、湖泊交错，城区正处在沿湖岗丘上。人们生活用水都须去洞庭湖边挑取。二是城区内的居民与官府衙门，每逢战争，城门四闭，不能出城取水，只能坐守孤城，靠汲水为生。

这些古井因年代久远，大多已记不清井名了。只有桃花井、向家井、双泉井、观音井、秦王井、罗汉井、玉清观井等冠有井名。其中最有名的为桃花井。相传南宋末年，在文庙山西有口井。当时一大户人家有个叫桃花的丫环，年轻貌美，性情婉淑，勤劳聪明，人皆称扬。后城被元兵所破，桃花因不甘受辱，投井而亡。人们为纪念这位节烈丫环，遂将此井命名为"桃花井"。这些古井曾演绎出灿烂的古井文化。后来，随着城市的不断扩建与改建，大部分古井被填平，目前仅剩桃花井、观音井、玉清观等三口古井。

此外，在老城区还有七座古池，几乎每个池都有一个传奇故事，它们是：剪刀池、洗牲池、洗马池、月亮池（在今南正街南货商场处）、白鹤池、青蛇池、莲花池。剪刀池在今3517工厂内；洗牲池在今文庙棂星门右，俗名宰牲池；莲花池在今文庙东南侧；洗马池在今巴陵广场处；白鹤池与青蛇池在今城南吕仙亭侧。这些古池今天都已消失。

带"水"的街巷

正因为岳阳是个有数千年历史的水城，自古以来，许多街巷与地名都是以池、井、湾、河、湖、桥等带水或沾水的字来命名的。据清《光绪巴陵县志》载，与水字有关的街巷有：街河口街、梅溪桥街、吊桥街、双井巷、鱼巷、马家湾巷、茶巷、河巷、剪刀池巷、洞庭庙巷等街巷。除吊桥街与双井巷、剪刀池巷已不存在外，其余街巷一直保存至今。

民国后至20世纪90年代，又先后有红船厂、韩家湾、邓家湾、桃花井、丁家塘、南津港、娃娃塘、炮湾巷、南湖路、沿湖路、洞庭路、洗马池、螺丝港、新桥巷、土桥巷、杨树塘等带水字的街巷相继建成。

2000—2001年，随着城市的进一步东移北扩，新的街巷不断建成。在目前城区旅新命名与新建的371条街巷中，与水有关的有72条。

带湖字的街巷有沿湖路、南湖大道、芭蕉湖路、花板湖路、南湖游路、枫桥湖路、吉家湖路、湖滨路、滨湖路，以及洞庭北路、洞庭南路、洞庭大道、洞庭庙巷等13条。

带河字的街巷有王家河路、街河口街、汴河街、汴河口巷、河巷5条。

带湾字的街巷有大屋湾路、畔湖湾路、景湾路、黄沙湾路、邓家湾东巷、邓家湾西巷、韩家湾巷、马家湾巷、炮湾巷9条。

带桥字的街巷有花板桥路、胥家桥路、金凤桥北路、金凤桥南路、监生桥路、梅溪桥街、桥东巷、土桥巷、新桥巷9条。

带水字的街巷有冷水铺路、分水垅北路、分水垅南路、冷水堰路、法水坡巷、白水巷6条。

带港字的街巷有新港路、联港路、梅溪港北路、梅溪港南路、津港巷、螺丝港巷、南津港路7条。

带塘字的街巷有姜家塘路、大塘北路、大塘南路、丁家塘巷、杨树塘巷、西塘巷7条。

带井字的街巷有桃花井巷、东井岭巷、古井巷、观音井巷4条。

带嘴字的街巷有青龙嘴路、鹅公嘴路、朱家嘴路3条。

其他与水有关的街巷还有长江大道、通海北路、通海南路、梅溪路、荷花池路、茶巷、红船厂、捕捞巷、荷花巷、金龙巷10条。

此外，根据1982年岳阳市政府编制的《岳阳地名录》记载，岳阳市郊区（今岳阳楼区）的5个公社（乡、场）中，有49个生产队的地名与水字有关。虽说这些地方部分已变成城区街巷，与前面带水的街巷重复，笔者仍按当年的地名记录如下：

五里公社：孙家湾、古井、大塘坡、周家嘴、灯笼嘴、木梓塘、赵家湾、冷水嘴、荷叶畔、炮湾、朱家嘴、白水湾、欧家嘴、干塘湾14个。

洞庭公社：风网、黑鱼垱、轮驳、二龟山、捕捞村、白水村、东风湖渔场、高家嘴、吉家湖渔场、小塘坡10个。

北港公社：鹅公嘴、海螺山、北港屋场、长嘴头4个。

梅溪公社：冷水铺、七公桥、大塘坡、泉珑、梅溪市、金凤桥、放生矶、监生桥、千工塘、分水垄、邓婆桥、徐家塘、聘屋嘴、脊家桥、易家嘴、雷公嘴、沿江汉、小湖湾、洪山矶19个，其中的大塘坡与五里公社的大塘坡地名相同。

知青场：大桥、水桐坡。

综上所述，岳阳是个名副其实的滨江临湖的水城，水域经济的发达，产生出源远流长丰富而又灿烂的水文化。

童年印象中的翰林街

苏志刚

　　我在翰林街住了将近九年。抗日战争胜利后，我们一大家子人从临湘山旮旯里回到城里。城里原来建在观音阁的房子被炸成了废墟，我们家便在翰林街季家大屋租了两间住。

　　翰林街为东西向，不很长的小街，西头连接洞庭马路，街东尽头是文庙，为文人墨客聚集之地。一直是学校，新中国成立前是岳郡联中，新中国成立后，是县立中学（后来改为城北中学、县二中、市二中）。季家大屋十多个孩子都是在那学校里读书。文庙后面有个很大的操坪，那是我常去玩耍的地方。那里文气十足，迈着方步哼作诗文的老学究在文庙里随处可见，我和我的小伙伴们，也学着那个样子，摇头晃脑哼着唐诗和古文，开口便是子曰："知之为知之，不知为不知……"，神气十足，现在回想起来觉得挺好玩的。

　　季家大屋在翰林街的南边，靠近洞庭马路。往东走，依次是杜家大院、颐园、唐家大屋。

　　季家大屋坐南朝北，前后两进院落，中间有个三十多平方米的大天井，后院便是城墙，城墙根下是半边街。房主我们都喊作季四爹，六十上下年纪，身边无儿无女，穿着干净利索，话不多，总是淡淡地微笑。

　　记得岳阳刚解放，解放军叔叔睡在露天马路边。季四爹把二楼楼板全部

二十世纪七十年代的翰林街东街口

腾空，清抹得干干净净，请解放军战士住进来。解放军战士不肯，季四爹一而再，再而三地邀请，惊动了上级领导，终于给请进来了，解放军战士睡在二楼，在后院做饭，在堂屋吃饭。来来往往二三十人，特别热闹，我感觉天天像过节一样喜庆。

解放军战士说着很好听的北方话，跟我爸爸的腔调很像。爸爸是北京人，他很小就外出谋生，机缘巧合认识了我妈妈，对我妈妈一见钟情，便跟着我妈妈来到岳阳，在岳阳落地生根。抗美援朝战争爆发，我爸爸和大姨父作为建筑技术人员特招入伍，到朝鲜战场去了。

我记得一个住在里面的解放军战士，每次见我都冲我笑。有一次我拿着从外面捡来的黄铜子弹壳玩，被这个小解放军叔叔看到了，他喊住我，拿起我手中的子弹壳检查，说，不能随便捡子弹壳玩。有些子弹壳可能还有底火未引爆，会很危险的。

有一天，解放军战士都走了，说是参加荆江分洪去了。院子里空落落的，季四爹好像有些不习惯，他给自己留了两间房，其余房子全部出租。租户的细伢崽们特别多，在院子嫦哦喧天。季四爹便坐在天井旁边，叼根水烟袋，笑眯眯地看着。

季家大屋的隔壁是杜家大屋，再隔壁就是"颐园"。颐园这幢房子与众不同。从外观上看像西式建筑，房高三层，青砖黛瓦，大门与杜家大屋比邻，两扇朱漆门上各有个黄铜大吊环，锃光瓦亮，右边门房有一个与来访者沟通的小窗口，设计精巧，从这方面看又是中式建筑。整体中西合璧，美不胜收。穿过大门是个开阔的花园，雕花的木楼梯设在东边，朱红的油漆更显得富丽堂皇。新中国成立前夕，这家人迁往美国，留个姓陈的老管家守屋。解放军进城后，"颐园"便成了县委会的一部分。

要说最最有名气的还属唐家大屋。主人唐菲是个文化人，房子虽为传统设计，但也有西方花园品格，一改前后两进的传统格调为三合院落，留有西边做花园，叫唐家花园。

1952年的下半年，风传唐菲堂屋供奉的送子"娘娘"显灵，求儿女的一求一个准。我好奇地跑去看过两次，觉得是有些神奇，只要捐钱下拜，菩萨的头顶就放光芒，好像眼睛也有点亮光。来朝拜的人很多，特别是湖北监利、新堤、沔阳以及江西萍乡的，慕名前来求子的香客牵线不断，一时间，翰林街的朗朗读书被香客们的叽叽喳喳声所淹没。

1953年的初夏，香客们悄然不见了，看到解放军拖着一板车的枪和子弹从唐家大屋出来，说是一贯道私藏的枪支。后来听宣讲才知，一贯道这个民间宗教，是国民党操控的反动会道门，必须铲除。所谓菩萨显灵其实是电光作祟。

唐家花园后来收归国有，就成了北区办公的房子。唐菲后来在岳阳楼公园做花匠。

唐家大屋的东边，是一个小十字路口。路口南是下坡的小路，直通汴河园。路口北是三清观，顺观而下是桃花井。这口坐落在两个房子后面一个狭小空间里的小井，如今变成了一个大地名，与金鹗山一样，小有名气。

再来说说翰林街北边的建筑。

季家大屋斜对面是军管处，后改成公安局。公安局这栋房子进深有三层院落，晚清时叫"同知府"，民国时期叫"临岳专署"，整个房子全是石灰粉刷，白得诱人，十分耀眼。走进大门，穿过屏风，一眼望处，由大至小的门框，深远推进，豪气威严，怪不得叫"衙门八字开，有理无钱莫进来"，那种威严的气势就把你吓倒。

季家大屋西对面是大画家刘孚光的花园房子，有三四间睡房，一间客厅，厨房，葡萄架后边便是他的书房，全是架空的木板房。他的大儿子叫刘国保，老二叫刘国珍，都是我的同班同学，他们的妈妈李韵湘和我妈妈蒋婉如是贞信女中的同学，他们的爸爸就是我学画的启蒙老师。刘孚光是广东人，广式口音很重，我们称为"广佬话"。他两个儿子从来不说"广佬话"。

刘孚光的书房是不让人进去的，我经常偷着溜进去，因为书房里有我喜欢看的画画书。我最喜欢看的是唐老鸭与米老鼠。当我听到"广佬话"响起便赶紧溜出来。有一次我在书房看画入迷了，刘孚光老师走进来我都不知道。从那次起刘老师就教我画画了。我那时小，不懂事，胡乱涂鸦。刘老师一张一张看我的画，每一张都加以指点，从不批评，总是鼓励我。回忆往事，历历在目。在刘老师的鼓励下，我画画的兴趣空前高涨。

有一回，爸爸妈妈把房间粉刷一新，家里亮堂了许多。那个礼拜天，爸爸妈妈外出，我看着白白的墙壁，忽然心血来潮，从灶里拣了木炭火石在墙上画画，画啊画，画到妈妈回家，我才猛然发现自己闯祸了。我丢下木炭条，从愣神发呆的妈妈身边挤出去，跑了。

晚上我不敢回家，在西门河下同学方洞生家里住了一晚。不记得如何跟方家大人讲明离家的原因。方家大人很好，晚饭和早饭还特别为我煎了荷包蛋。第二天放午学我才回家。妈妈看到我回来，对我臭骂，我栽下脑壳听。妈妈似乎不是骂我把墙划脏，是骂我跑到外面不回家，一夜冒落屋，妈妈急了一夜。我听出了妈妈对我的牵挂。这件事后，我画画的积极性更加高了。

刘孚光家西隔壁是一片残陈瓦砾的小块菜园，再向西便是中苏友好协会，中苏友好协会这座房子前后都是花园，关着门的日子多，开着门的日子少。最让人留念的便是门前的两颗复瓣桃花树，每年春秋两季花开满园，着实美丽至极，据说这两棵树是前苏联园艺家米丘林的杰作。

中苏友好协会的两边为空地，西边就是南北向的棚厂街了，它与洞庭路平行。棚厂街现在名叫桃花井巷。

翰林街西口往南就是吊桥街，那里有新华书店，我经常进来翻书看。

翰林街，今天往何处寻你？

岳州文庙

梅　实

时常在报纸上见到一些写我们岳州文庙的文章，其中总是见到有这样的句子，岳阳文庙，原名岳州文庙，或是岳州文庙，又名岳阳文庙、岳州学宫。其实呢？老百姓习惯叫的，既不是岳州文庙，也不是岳阳文庙，而是直呼——文庙。

在我们岳阳市民中，大概是这样的几种情形：虽然许多人都知道有个文庙，但有不少人至今尚未去过文庙；虽然许多人都知道岳阳楼是滕子京在岳阳主政期间修的，但有不少人不知道文庙也是滕子京修的；虽然许多人都知道岳阳楼是个古建筑，是国家级重点文物保护单位，但有不少人不知道文庙也是国家重点文物保护单位，而且自宋代至今虽然先后维修和扩建过30余次，可它不仅保留了宋代的建筑风格，还保留了宋时的部分构件，与岳阳楼相比，它的某些地方更具文物价值。

真是愧对我们的孔圣人，我第一次去文庙，已是1984年的春天了。我们办公室办了一个刊物，叫《岳阳信息》，想请殷本崇先生题写刊名，听说他在文庙里面上班，就找到那里，老殷很爽快地答应了。当时，文庙那里正在修状元桥，水泥、石块满地堆放，给人以十分凌乱的感觉。

后来得知，岳阳文物管理所是1981年成立的，第一任所长何钦法，虽然不是科班出身，在岳阳也算得上是个资深的文物工作者了。那时的岳阳市还

岳阳文庙管理所

没有升格，实际上是个县级市，宣传部部长叫方祖雄，此公擅对，且爱开玩笑，就出了个上联：何所长（zhǎng）何所长（cháng）有何所长（cháng）当所长（zhǎng）。后来应对者不少，可对得很工的似乎一直不见。在七八十年代，岳阳街上流传较广的征联还有几副，如新开塘新开铁铺坐北朝南打东西；移青山堵白水不让白水水白流；办公室办公事公事公办；等等。唯最后这副是从外地传来的，前面几副均为本地土特产。这些对联，后来都让人对了下联，不知何故，能让人记住的，还是上联。

在何所长领着文物管理所的一帮人入主文庙的时候，文庙可谓历经风雨，已是窗毁门损、破败不堪了。其中破坏最为严重的有两次，一次是1958年大跃进时期，拆了大成殿里的斗拱当柴烧，大炼钢铁。还有一次是"文化大革命"初期，红卫兵冲进文庙破"四旧"，将大成殿的屋脊和宝鼎一扫而光。

当年兴建文庙，就是为了兴办官学的。新中国成立后，这里也一直在学校内，"文革"中一度曾叫城北中学，后改为二中。有一段时间，学校组织师生勤工俭学，在里面养蘑菇，逢上下雨天，体育课也在大成殿里上。直至1989年，文庙才从二中正式划分出来。

就是在这破败不堪的屋子里，何钦法他们兢兢业业又提心吊胆地守护着一批从岳阳出土的珍贵文物，其中有几件，还真说得上是价值连城。我曾几次与何钦法老人谈及此事，他一一道来，如数家珍：

1970年，文物工作者在株洲冶炼厂收购的破铜烂铁中，发现了三件极为罕见的商代铜尊，铜尊装在一只麻袋里，麻袋上歪歪斜斜地写了华容二字。文物工作者十分兴奋，追踪到华容，想顺势找到更多的国宝，结果一无所获。那三件铜尊，也因岳阳当时实在不具备保管条件，很快就被国家文物部门调走了。

1972年12月，岳阳县新开公社兴隆大队一农民在挖地时挖出一个铜疙瘩，拿回家一称，重达29斤。何钦法那时还在岳阳楼上班，闻讯后去将那物运了回来。那时也不兴发什么奖金，就送了那位贫下中农一套毛选作为奖励。铜疙瘩运回后，何钦法等人左看右看，也摸不透这是什么宝物，就随意丢在了茶楼门口的煤堆旁。过了一时间，他们从省博物馆请来了文物专家邱珍元，邱专家一看，大吃一惊，我的天咯，这样的宝贝在我们全国仅在山西出土过一件，你们却随意丢在这里，胆子也真是太大了。通过这件事，何钦法汲取教训，从此潜心钻研起文物古董来。

1981年，岳阳县荣家湾农科大队一老头儿在野外放牛，一连数天，雨下得很大，雨水冲垮了一条高坎，从土里滚出一件铜器，老人捡了，放在堂屋里，村人见了，说，这土里之物，有邪气，放在家里，会给全家带来祸殃，老人忙将这铜器丢进猪栏里。他有个儿子，是大队民办老师，到底是喝过几瓶墨水的，就动了点脑筋，向文化部门写了封信咨询，信转到何钦法手里，他这回就晓得不能怠慢了，忙派了专人前往，没给老百姓奖毛选，这回可是动了真家伙，奖了他100元钱。拿回来一鉴定，乖乖，商代鱼纹尊，国宝。

1986年11月，岳阳县筻口镇凤形山修公路，发现了战国时期古墓葬，消息传来，文管所的文物专家们精神一振，忙派了几员大将前往发掘，挖了一个月多，挖出一个大坑，却没挖出什么名堂，专家们很是失望，打算撤兵。这时，何爹带队从平江搞文物普查回来，路过筻口，听了情况汇报，说，不要灰心，再挖挖看。于是又挖。这一回可不是往深处挖，而是在墓的口子上挖，真是踏破铁鞋无觅处，得来全不费功夫，才三两下，"当"的一响，碰到了硬物，扒开一看，珍贵文物不是一两件，而是13件。后经鉴定，其中一级文物4件，二级文物9件。

说起文物的事，我市文物工作者在八九十年代大都是这么几种心态，一些单位领导的文物意识淡薄，看不到文物的价值，想不到保护文物的重大意义，说那是破铜烂铁，在施工工地，有意无意毁坏文物的事件时有发生，文物工作者见了，心里就好急，这是其一；一些不法分子在经济利益的驱使下，胆大妄为，以身试法。西安秦陵兵马俑就曾被犯罪分子割下过一个头，想偷运出境，结果是兵马俑的头没有出得去，犯罪人的头却掉了下来。长沙马王堆汉墓里出土的金禅玉衣也曾被一个名叫许反帝的17岁少年偷出，幸得公安部门侦破及时，才将那宝贝追了回来。在我们岳阳，湘阴博物馆曾经被盗，平江大桥乡小田村的杜甫墓、临湘县桃林镇钟杨村猫鸡冲里的李强将军墓等也曾相继被掘，文物工作者们听到这不幸的消息，心里就好气，这是其二；历尽千辛万苦，将一些珍贵文物抢回来了，保护下来了，可岳阳那时还没建博物馆，原来地区的博物馆实际上也只是个喊法而已，所谓的库房就是几间地下室。文庙里的条件就更差了，所以那时候每每与何爹他们谈起保护现有文物的事，他们就说心里好慌。他们能够做到的，就是加强值勤，一天24小时派人守着这些宝贝。还有就是多养几条恶狗，白天关小屋里，晚上放到院里。后来，我们就下死决心，建博物馆，那是后话，这儿暂且不表。

　　鉴于文庙已成破败不堪的状况，1990年，市里决定对文庙大成殿落架大修。据初步预算，维修经费为125万元，市政府同意给40万元，其余资金找省里和国家文物局解决。

　　为了让维修后的大成殿更为经典，在此之前，市人大副主任欧阳浩领着钟敬怡、何钦法一行，前往山东曲阜参观，见他们的大成殿里设有孔子塑像和颜子、子思、曾子、孟子四亚圣像，而我们的大成殿里空空如也，回岳阳后，又立即派出了高树槐、周国防等人再赴山东曲阜。高树槐，大家都熟悉，岳阳知名书法家，文庙里的楹联匾额以及金声玉振等字样，大都出自他老人家之手。周国防，何许人也，与我国国防建设毫不搭界，而在市瓷厂搞美术设计，他练得一手绝活，手拿一坨泥巴，捏什么像什么，岳州文庙大成殿里的五座塑像，就是他完全按照曲阜的规格与式样捏出来的。

　　文庙维修，时断时续，1993年我到文化局时还未竣工，原因何在？万事俱备，就欠米米，市政府承诺并写进现场会议纪要里的40万块钱，尚有15万元没有到账，北京方面，也还有30万元没到位。了解到这些情况后，局党组决定，加快文庙维修工程建设，一定要在这一年的8月份龙舟赛期间竣工并对外开放。

我印象极深的是，当时的副市长高碧云对此非常关心与支持，市政府的钱很快就到了位。为了解决文庙与二中因争地盘而引发的一些矛盾，他曾几次上门做工作，开会协调。文庙修照壁，他亲自扯起皮尺丈量，使得双方都比较满意。

这一年的8月22日，岳州文庙终于以崭新的面貌，迎接前来参观与朝拜的中外客人。

文庙的大门打开了，客人来了，除了瞻仰孔子以及他几位学生的塑像，总得还要有家伙看，何爹他们就将大成殿前面两边的厢房做了展厅，向游人展示岳阳的历史。我进去一看，心里很不是滋味。大家知道，大凡这一类展品，总是从最早的出土文物开始，我市展出的最早出土文物为钱粮湖坟山堡遗址和罗城关附山园遗址，两处地方都属于新石器时代，才7000多年历史。岳阳地处长江南岸东洞庭湖畔，我们的先民在这美丽富饶的地方繁衍生息，怎就只有这么长的时间呢？而这时候，常德、长沙、湘西等地、市，早就对外宣布找到20万年以前的旧石器了。

有一天，我特地找到何爹，我说您老人家安排两个人，要对工作十分负责的，吃得苦的，用两到三年时间，在本市范围内寻找，一定要找到旧石器，找不到不许回来。

何爹一口应承下来，可他没安排别人，而是自己亲自出马，有时在县里开会或做文物普查，有时是节假日或星期天，他就像个独行侠，满山满畈跑。1994年夏季的一天，他和临湘文物局副局长汪松桂两人终于在临湘沅潭镇长源村砖厂一个山头上找到了几块石片，后拿到省里请专家鉴定，确为旧石器。

文庙重新对外开放后，有一个问题一直困惑着他们，即前来参观的客人太少。每天安排几个人轮流值班，两块钱一张的门票，实在不算高，可就是少有人来，整日里门庭冷落车马稀。1994年4月，岳阳市博物馆与文物管理所合并，成立岳阳市文物管理处，何所长因年龄原因退线，管理处由邹律姿接任。邹律姿也是个工作起来玩命的角色，为了争取更多的参观者，他们在文庙里边接二连三地办起了展览，比如教育市民特别是青少年的"禁毒"展，进行爱国主义教育的抗日战争图片展；等等。

1995年是我国取得抗日战争胜利50周年，不知他们从哪里弄来上千张照片及图片说明，先在文庙展出，后在岳阳市一中以及各县、市巡回展出，取得很好的效果。

诚然，他们最为著名的展览当推1998年抗洪抢险实物展。

岳阳人永远也不会忘记，1998年我们岳阳市遭受了历史上罕见的洪涝灾害，全市组织了近百万名抗洪大军，严防死守，先后经受了长江8次洪峰的考验，全市没溃一堤一垸（一些小巴垸自动放弃除外）。邹律姿抓住这一机会，抗洪抢险尚未结束，他就派出工作人员下到抗洪一线，解放军、武警战士打包磨破了的衣服，穿烂了的军鞋，经过无数风雨洗礼的军旗，共产党员插在扁担上的党员示范旗，黑夜巡堤用过的手电筒、探路棍，兄弟地、市支援的帐篷，抢修子堤的沙包，等等，收了怕有一千多件，加上几万幅新闻和艺术照片，抗洪抢险结束不久，这边的展览就开始了。一时间，市直各机关单位、学校、厂矿、商店等组织前来参观的男男女女成人儿童排成了长队，不少人看了照片与实物，听了讲解，感动得热泪直流。

这么多年来，除了商量工作与陪客人外，私下里，我去过文庙两回。一次在1995年，女儿梅梅初中升高中，考市一中除了统考，还得另考5门。头一晚，我对她说，明天清早，我领你先去文庙拜孔夫子，后去考场。女儿问，怎么拜？我说爷老子怎么拜你就怎么拜。第二天照做了，女儿顺利考入一中。另一次在3年后，女儿考大学了，我又领着她去拜孔夫子，这回还跟了一个，聂尚武的儿子聂聪，结果是，梅梅考入中央财经大学，聂聪更棒，考入西安交通大学。人家问他，学校怎么样？他说，不怎么样，不过，我的校友中，一个是钱学森，一个是江泽民。

现在，文庙大致还是那个样子，冷冷清清地立在那里。听守庙的老人讲，每年高考前夕，还有一些市民领着子女前来祭拜，希望自己的儿子或女儿考上一所好大学，其余的时间，基本就是无人问津了。想起这些，我的心里总觉得不是滋味。

茶香戏浓留余味

张峥嵘

茶巷子，对于每天必须煮几杯茶的我来说，这是必须记录的一条街，当然，更是老岳州绝不可忽略不计的一条繁华商业街，它的形成与发展，非常富有喜剧性。

柴米油盐酱醋茶，前六者调味，琴棋书画诗酒茶，后六者调精神气韵，茶都排名最后，淡雅当是首位，物质生活与精神都缺它不可。茶巷子占有茶的雅，又占有戏的韵，拥有了更高的身份，比起鱼巷子的烈腥，它有了一份享乐的雅致。

大俗乃大雅，说的就是茶。

俗到什么程度？据多方查找资料后总结出来，茶巷子原名猪市巷，明隆庆《岳州府志》有记载。清嘉庆《巴陵县志》载："茶巷，在南门外，又名猪市巷，通观音阁。"光绪《巴陵县志》载："茶巷，西通上正街，东通观音阁，长二百六十步。"街为青石板路面，两边为平房。民国后，一些在此经商的商人将平房改为两层楼房，用以经商与居住。猪市，顾名思义就是生猪交易市场。

我怎么也无法将猪与茶连接起来，吃多了肉喝点浓茶是可以的，但扯上猪，就百思不得其解了。后来才知，以前洞庭湖区各县及湖北的商人经常运来大批生猪进入汴河园，主要在巷东与汴河园交汇处进行交易，这个交易猪的地方就叫成了猪市巷。随着交易的人越来越多，许多人或推或抬，往往弄得汗流浃背，口干舌燥，需喝茶饮水，以解饥渴。住在此处的市民看出了商机，认为有利可图，遂开起了茶馆。开茶馆需要茶叶吧？于是，环环相扣的生意链产生，在观音阁街便出现了许多贩卖茶叶的店铺。有店必须吃穿住行，于是，饭铺、伙铺与客栈也随之兴起。最后，以猪为本发展起来的产业超过了猪本来的生意，人们忘记了猪的功劳，想起了猪本是污秽动物，开猪市交易场所，难免污染环境卫生。且猪市与猪屎、猪死谐音，既不吉利，又不文雅。而茶叶则显得清淡文雅洁净，人所喜爱。久而久之，人采取了逐本的办法。最早占市的猪，因猪形成的市，反而最早将猪驱逐出去。

见好就收，可见人的"无情"与"忘本"性，享受下就忘了初心。后来，这里居住的人们便将猪市巷直接改为茶巷子。猪与巷名都抛弃了。

所以，这就解释了为何雅致的茶巷子就位于鱼巷子对面了。本为俗汉，翻身为雅。

猪市一脏，人们再喜欢吃，也将它推出了市井，茶市再贵也一步步壮大。从明朝开始，茶巷子逐步形成，猪就只得别择他处了。茶的名气越来越大，至今已有几百年历史，就没人记得猪市，只有津津乐道的茶巷子。饿的人只记得吃的，饱汉当然是寻求超越物质的需求。精神的享乐始终更高一筹，舍得投资，何况，茶还有诸多养生之益处。

茶都独立有了街巷，就不得不提到岳阳本地的茶。岳阳自古便是产茶重地。岳阳人喜饮茶，盖因地理环境及气候所致。夏季暑热需饮茶，冬季寒冷，喜食辣椒驱寒，饭后亦需饮茶。岳阳三田一洞的人，喜欢喝椒子茶，汨罗湘阴喜爱喝芝麻豆子姜盐茶，平江人喜欢喝熏茶，临湘有黑茶，君山有银针，南湖有毛尖，各具特色。加之商人的外销，由此，茶叶需求量日趋增多，茶叶种植面积越来越大，至清代已达30余万亩。当然也出了数不清的名茶。被御用的就有君山的银针、北港的毛尖等，被长期出口的就有临湘黑茶。到清代岳州茶叶生产进入鼎盛时期，光绪年间，年产量即达20多万担。

产茶量大，茶巷子就丰衣足食了。一个商业巷子，不只是卖茶，它的先祖是从小茶馆起步的。看过老舍《茶馆》的都知道，从前的人喝茶非常简陋生活化，主要是为方便，基本也是摆龙门阵的地方。从最初街边摆几个位子到后来的店面摆几张八仙桌，放几条凳子，泡几壶凉茶热水，再加点花生糖果之类的副食。随着产业化进程的不断发展，花样也多起来，茶的花色品种增多。有芝麻豆子茶、菊花茶、姜盐茶、糖茶、红茶、绿茶、黑茶等，有本地的，也有外地的。茶馆里摆设了躺椅，顾客可坐可躺，可整天泡在里面。这就又诞生了一个副产业：说书。那些说书人口才极好，说的又都是人们最津津乐道的三国、水浒、西游记之类的英雄故事。总之，茶客在此，可吞云吐雾，海阔天空地尽情交谈，侃人生艰难、世态炎凉、时局变幻、男女风情、趣闻异事，还可听听故事，茶馆成为很多人休闲消遣的好去处。

旧时的茶巷子，长只有300米，一色的麻石板路面，茶馆就有四五十家之多。有位朋友曾住在茶巷子。他家从岳阳梅溪桥搬来茶巷子一住30多年。

他说记忆中，爷爷、父亲做完事都喜欢去茶馆坐。茶馆的摆设顶简单，竹躺椅摆成两大排，便于顾客交谈，中间留着一个过道，便于穿行。茶馆和戏院的大茶壶都是黄铜的，分量不轻；懒人闲人可以在茶馆里混满一天，反正一杯茶喝完了又可冲满一杯，依然只收一杯茶的钱。上岸休息的船工、放排的排古佬、商贩、没事的老居民，都是茶馆的熟客。跑堂的伙计，总是轻言细语，满脸堆着笑意，忙上忙下不能落座，生怕怠慢了顾客，手脚麻利眼光是犀利，心中一目了然，进门客人就分得清贵贱高低来。茶馆还有一个特色是，男人专用，女人是从不敢坐茶馆的，风言风语会杀人。

在茶馆有个好处就是畅所欲言无是非，男人可以乱吹牛皮乱骂仇人，反正不收税。这就成了一个发泄牢骚的好地方。老板怕无事生非，早有警世语贴在店里醒目处，"不谈政治"与"童言无忌"是警世常语。墙上标语警示它的，茶客说着自己的。偶尔说得太过了，一个人手指一竖，便马上换了一个话题。小道消息与古怪奇事，是茶馆谈论不厌的话题。躺在竹椅上闭目养神的有之；神秘地贴近耳朵讲悄悄话的有之；故作惊人之语的有之；相互划手舞脚口水四溅的有之。讲戏说白，谈今论古的，当然更多。

"休对故人思故国，且将新火试新茶。"这是苏轼的名句。在生活节奏如蜗牛爬行的年代，茶馆无形中成了民间论坛，组成了这条巷子历久弥香的清雅。

寻访茶巷子，一个主角是绕不开的，那就是巴陵戏。

如果说，茶巷子是靠贩茶叶摆茶摊起始的，那么，其兴旺数说书、唱戏功不可没。

老居民都认为，茶馆的兴隆都是伴岳舞台的福、沾戏院的光兴旺起来的，也不无道理。那时无电影电视可看，戏院生意当然好得很。那角也是苦练了功的，个个顶尖。每天白天演两场，晚上也演两场。早早挂出戏牌子：挂上名演员之戏目和剧照，招引观众。热天则在露天剧场演出，观众坐简易的条凳。出了茶钱的观众，戏院里会有人送热茶或凉茶，并把热水毛巾递到这些观众手里来，服务实在很周到。当然，没有钱天天看戏的，坐在茶馆，听一天戏也乐在其中。

80多岁的徐爹称，他们那时住在茶巷子时的老屋平房早拆迁了，街巷也早变了。可少时生活的印迹越老却越清晰，无法忘掉。当年，"岳舞台"巴陵戏院，离他家不远，几脚路。巴陵戏的锣鼓闹台声一响，他就从家里跑出来了。

"已多少年没有听到过了啊！"他笑着说。"现在巴陵戏都演到国外去了，还得了大奖，这是我们岳阳人的骄傲。好东西就一定会留下来，也一定会发光。可惜茶巷子衰败好多年了，听说又要开发，心里高兴。"

有人接话："没有呢，岳阳在湖滨建了一个更大的茶博城。"

徐爹就说："哦，哦，那是我落伍了。只是，不知是不是与茶巷子一样哟，还听得到巴陵戏。"

"徐爹，巴陵戏早不在茶巷子，早就成了大戏演到国外去了，戏台也搬到炮台山去了。"

这样的对话，足见巴陵戏在茶巷子人心中的份量。这里提到了岳舞台，是因它形成和流行于古岳州府，也有人沿用古代民间对戏剧团的叫法称"岳州班"。清代中末叶是巴陵戏的鼎盛时期，曾有"巴湘十八班""巴湘十三块牌"之称。湘北茶楼酒肆，"串堂""围鼓"演唱经年不辍。当时成书的《小五义》《华丽缘》都有关于"岳州班"的描述，见证当日流行之盛。后岳阳商会将行头租与许升云，从此园班分开，戏园更名"岳阳大戏院"，岳舞台则成为巴陵戏班的专用名称。1949年岳阳和平解放，有两人合股在茶巷子将一新茶园改为戏院，作为巴陵戏的演出场所。1953年，以岳阳古称巴陵，始定剧种名"巴陵戏"。终于在繁华的茶巷子有了一个正式演出舞台，别提多高兴。自此，来茶巷子看戏的人络绎不绝，连同戏院周围的茶铺生意也越来越红火，茶馆也越开越多，这条巷子也就成为名副其实的茶巷子了。

1949年后，在政府的关心下，茶巷子的岳阳剧场后来还专门修建了排练场。特别是住宿方面，先是划拨公房解决青年演员的住宿问题，后又拨款划地，在岳阳影剧院、吊桥、汴河园等处盖宿舍楼，巴陵戏艺人终于安居乐业了。

说起来，巴陵戏助了一个茶巷子经久不衰的经济，并成就了无数茶老板的飞黄腾达，也成就了岳阳君山银针、毛尖和北港毛尖的地位，当然，各县市区域在茶巷子也开辟出不同的领地，唱响了各地的茶叶品牌。后来的60年间，这段岁月，茶巷子的生意也经历了从私有到公有再到私有的过程。巴陵戏成为茶巷子的叹息时，它自己的命运也开始失去光泽。

80年代，十几岁的我，在外地工作，有一个朋友是巴陵剧团的子弟。每次来岳阳，朋友都在上班之前将我送到巴陵剧院看戏。大大的戏院，天天有演员们在一片民乐声中开始了声情并茂的排练，我这样包场性地"偷费"，不知看过多少名家的表演。这样看了几年，不知哪天开始，再去时，开始了演电影。记忆中，李谷一在湖南的《乡恋》巡演，岳阳场就在茶巷子的巴陵剧院，不知李谷一是否还能想起这个叫茶巷子的古街。我只记住了一个十几岁的小演员张也。看看现在的张也，便知岁月过去了多久。再后来，爱上巴陵戏《今上岳阳楼》，采访巴陵戏名角，与《远在江湖》两上北京，年少的经历，打下了伏笔。

很多现在还住在茶巷子，曾经的巴陵戏院工作的老职工痛惜地说，巴陵戏虽然深受民众喜爱，但后来的路越走越窄，面临越来越大的经济负担。正好当时看电影相当火爆，为了经济收入，茶巷子的巴陵

巴陵戏经典剧目《薛刚反唐》

剧院正式改成了巴陵影院。只是好景并不长，电影院一个个平地起，加上城区越走越远，巴陵影院再次迎来改制，为中外合资陵龙公司，成了当时闻名的陵龙夜总会大舞厅。喝茶的生意下滑应该就是从那时开始受影响，夜总会的灯红酒绿，要的是酒。如今走进茶巷子，还能见到当年夜总会的旧址上隐隐约约的广告字印。夜总会刚开张时生意非常火爆，茶巷子再不喝茶，而是流行鲜啤了。

我在茶巷子无数次寻找当年痕迹，例如戏院，例如茶馆，但都失望而归。再次寻访，有老人指着一栋隐在街市背后的院子说，这里住着很多巴陵戏院的老职员。走进他们的家，才发现此刻坐着的这栋最后开发的商品楼，便是当年经过无数身份变更的巴陵戏院原址，踏破铁鞋无觅处，得来全不费工夫。

巴陵戏走出了茶巷子，走到了会展中心，也走上了国际舞台，但一批老戏剧团工作者留在了这里。守着一条古巷，守着一份记忆，守着一段历史，也守着巴陵戏的根。茶与戏的韵味似乎就留了下来。

文化生态和人文精神沉淀在老街、老屋、老树、老街坊的故事里，沉在这些老人的记忆中，就像湘西蜡染布上的原真性图案，诗意盎然。

茶巷子是什么时候开始不景气呢，算起来，1957年后，巴陵戏一停演，茶馆便纷纷倒闭了。茶巷子无茶馆，茶巷子便只剩几个卖茶叶的摊子了。后来的后来，这便是一切城市必走之路。老城区开始衰退，城市建设以不可逆转的速度冲破了山山水水，将它丢在了后面。茶巷子还是在卖茶叶，只是已经破烂不堪。我在寻访老居民时，他们犹记当年，义务"施茶"的景象。一张旧骨牌凳，一大瓷壶用粗茶叶泡的茶，几个玻璃杯，供路人免费喝，你不言谢，你不讨好，那是一脸的自然与坦然。

巷子小了，巷子旧了，巷子身份也快没有了。茶巷子以遗族之气息，连接着观音阁，连接着南正街，连接着鱼巷子，连接着岳阳人的生活，连接着岳阳的历史与未来，还是挺有气派的。

我家住在天岳山

张运雄

　　1958年夏秋之交，只身在岳阳生活了二十来年的父亲费了好大周折，才将娭毑、嗯妈和我们兄弟两人的户口从长沙乡下迁到了古城岳阳。

　　父亲那时在位于天岳山街上的岳阳县印刷厂工作，我们的新家就安在印刷厂为安排职工、家属住宿而从房管所租来的院子里。院子隔街与印刷厂斜对着，相距仅百来米远。

一

　　院子分前后两进，前面是一栋两层的楼房，后面是一栋一层的平房。

　　前面两层的楼房，建于民国时期，是典型的一层商业，二层居住式的沿街建筑。高高伸出的屋檐下有一长溜制作精美，嵌着玻璃的木窗，窗沿下面仿如浮雕的装饰，令窗户显得十分高端大气。底层的门面，中间是对开的大门，两边是晶莹透亮的玻璃橱窗，很是气派。这栋楼房已经有一百多年的历史了，现在虽然已面目全非，依然能透射出它当年的不凡气势。

　　楼房的东面朝向天岳山街，左边有一条半丈宽的通道，供院子里的人进出。院子里的住户立有轮流值班的规矩，值班人员有检查火烛，关门落锁的职责，以保院内平安。

　　面街的第一层是印刷厂的业务室和印刷产品销售门市部，它们共处一

天岳山街上的民国建筑

室，用柜台和货柜分隔。柜台和货柜间形成一个颇大的空间，这里每天顾客盈门，应接不暇。

屋内有一张门可去到天井和堂屋，这间房子与堂屋有约二尺高的落差，要上三级台阶才能到达。

这栋两层楼房实际上是一个四合院，除临街的第一层是店铺外，前后左右上下两层全是住的印刷厂的职工、家属，1958年的时候这里共住了19户人家。

院子后面那栋平房，可供两家人居住。住在东边的是刘厂长家，他家门前有一个大院子，既能晾衣晒被，又可歇凉闲坐，是一闲适之所。房子右边（北面）有一条三米多宽的通道，通道有十几度的倾斜。通道的右后方有间厕所，厕所前面有一棵大树，厕所及房屋的一半都在它的绿荫掩映之下。房子后半部分，朝向通道方向（北面）开有门窗，我们家就住在这里，也就是住在这栋平房的西头。

我们家在这座院子里住了约十一年，它满满的烟火气息，我至今还感觉看得见闻得到。

二层楼房的堂屋很大，估计有四十多平方米。那时候没有自来水，用水需到洞庭湖挑取。住在下面的几户人家，会在房外放一个大水缸贮水，摆张小桌砌个灶，当做厨房用。

柴火灶用来炒菜，小煤炉用来煮饭烧水，每到饭点时刻，堂屋里弥漫着各家各户炉灶上飘散出来的饭菜香味，还有那烟熏火燎的气息，久久不会散去。

倘若哪家做了好吃的，不会忘记叫相处得意的去尝尝。做饭炒菜的时候，相互间也少不了有些说笑，往往因为过分投入，常有饭烧焦菜炒糊的事情发生。

在那物资匮乏的年代，糟蹋了食物是会令人动气的。每逢其时，招来的是家人的责怪，严重时会发生争吵，吵得厉害了，又会有人出来调解、平息。一时间堂屋里说说笑笑，吵吵闹闹，哼哼哈哈，好不热闹。

堂屋里最敞亮的地方是天井，天晴的时候，一缕缕阳光慢慢地变换着角度，从那方型漏斗状的天井口投射下慢慢改变形状和颜色的光束，不失为一道好景色。

如果是下雨天，那可就是另外一番景象，天井四边的屋檐下，一条条小指头粗细的水柱溅落在天井里，激起朵朵水花，水花交互着，就像是手牵着手在跳舞的透明小人儿。

天井四角屋檐下的水柱更大些，有人拿来提桶放在下面接"屋檐水"，"屋檐水"用来洗抹布什么的顶好。

如果是夏天，我们会将一只脚伸向水柱，享受它轻轻的摩娑，享受它的清凉。

堂屋里因为我们淋湿了的脚的来回走动，而显得水滴滴（念"嗲"之去声）的。

于是，大人责怪我们将堂屋弄湿了，我们只好不情愿地离开天井。

天井里还有一道景观，那就是放在天井中的一只猪腰形的大木桶中养的几条大金鱼。

木桶长约三尺，高、宽各约两尺，里面装着一尺半深的水，清亮清亮的，几条近尺长的金鱼在里面悠闲地游动着。

金鱼有黑色的，有红色的，也有花纹斑斓，绚丽多彩的。有的金鱼眼睛圆鼓鼓的，有的头上顶着红绣球，长长的尾巴像彩带，轻轻地一抖动，不停地在水中飘呀飘，真的很好看。

我们常常会走进天井，蹲下来，用手抓着木桶的边，眼睛盯着桶里的金鱼看，舍不得离开。就连我们平时好不容易才能吃到的一块饼干，也不忘掰下一只角，捏细捏细丢进木桶里喂鱼。看着金鱼们抢着吃，自己却忘记吃手中的饼干了。

天井中还有一块呈封口"八"字形的大石头，大人们说那是染布用的。

天井中的石头和木桶都是曾经在这里开过染坊的老板留下来的。

长在过道边的那棵大构树，用它茂密的树叶庇荫着我们所住的平房和过道。

夏天的夜晚，我们将竹铺放在过道上乘凉。睡在竹铺上，仰望星空：看星星不停地眨眼睛，看流星在天幕上划过，落向了天边；指点月亮上的桂树、玉兔和嫦娥；看构树枝叶婆娑起舞，摇曳生姿……

树叶沙沙作响，送来一阵阵清凉的风。天幕，流星，大树，凉风，不知不觉，大自然将我们拥入它的怀抱中入睡了！

为防蚊子咬，嗯妈在上风方向为我们置放了蚊烟。那是种用皮纸、锯木灰、六六六粉制成的，圆圆滚滚，像条蛇一样长的蚊烟。嗯妈把蚊烟点燃，将它曲曲弯弯地放在搓衣板上。第二天早晨醒来一看，燃过的蚊香灰已被风吹没了，搓衣板上新添了一些被蚊烟烧过的焦黑痕迹。我们睡的竹铺上则沾有一层薄薄的露水，清凉清凉的。

白天，我们会蹲在地上看住在树菀下的蚂蚁搬家。它们排成很长的队伍，有的嘴里还叼着白色的蚁蛋，秩序井然地朝新家走去。

看着密密麻麻，老也走不完的蚂蚁队伍，我们有时会心生歹念，从厨房里舀来一瓢开水，朝着蚁群泼去，顷刻间，蚁群被冲得无影无踪。事后我们又会心生怜悯，不该伤害这些勤劳又有纪律的小生灵。

构树上有漂亮的金虫（我们乡下叫它们为凤凤）飞来飞去，还有知了栖在树上不知疲倦地唱歌，它们都喜欢吃构树枝叶里白色的乳液。有时我们还会捉到金虫，用一根细线拴住它的长腿，牵着线让它飞，听它飞行时发出的好听的声音。

二

父亲将我转学到天岳山完小读书，学校离家也很近。

天岳山完小分为两个校区：天岳山校区位于现在楼区卫生院的家属大院，油榨岭校区位于"教工之家"现址。初小和高小我分别在这两个校区度过的。

天岳山校区的活动场地很不错，有一座礼堂，一个操场，同学们都喜欢上的体育课，天晴下雨都有地方上。

操场的南边有一堵近两米高的土坎，被垒砌起来的青砖护卫着。土坎上面建有房屋，有的是教室，有的是食堂。土坎左边有供上下的台阶。上面作食堂用的房屋边，有一条小巷通向油榨岭，由此可去往油榨岭校区。

操场的西边是厕所，厕所边有一棵很高大的树，枝叶繁茂，但树干上伤痕累累，看上去令人心生恐惧。听高年级同学讲，这棵树里藏有妖怪，刀砍斧劈会流血。听了他们的话后，除要大小便外，我很少到大树那块地方去，滚铁环一不小心滚到那里会马上打转身，对它畏而远之。

多年以后，学校改建为南区卫生院，树被锯掉了，没见到里面有妖怪。又过了一些年，有关专家所著的书中提及过此地，说天岳山校区在日本侵占岳阳期间曾是日本宪兵队驻地，日本宪兵曾在此树上捆绑吊打过中国人，故留下一些刀砍的痕迹。因为此处系红土壤，经雨水浸泡，有时会向外冒红水，这才有了那些流血之类的吓人的传说。

上学时，我早上起床经常磨磨蹭蹭，打不起精神。父亲见了就对我说：211的"卫子"都拉响好久了，你口还冇漱脸还冇洗，不上学啦？

经父亲这一催，我才急匆匆地漱口洗脸吃饭上学。

早上上学，211工厂的"卫子"是我们动身去学校的参照标准，"卫子"叫了还没动身，一般都会迟到。

从初小起我们就开始参加各种劳动：积肥送肥、植树造林、捡石头、锤道碴……为此，父母专门为我购买了筻箕扁担锄头，以备经常之需。

1958年修沿湖铁路时，学校组织我们去锤过道碴，我们这个小组锤了一立方，受到了老师的表扬，说我们锤得好锤得多。

我们还经常积肥支援农业。学校叫我们积肥时，大人们会找来一大把稻草烧成灰，然后再拌上一些泥土，让我们挑到学校去。

可怜我们那时人小没力气，一担肥料挑在肩上怎么也弄不稳当，扁担在肩上上上下下两头翘，人行走起来东倒西歪左右晃，等挑到学校，因一路上泼泼洒洒，剩下的肥料不知道还有没有原来的一半。

我们还到金鹗山上摆过字。摆字大概是1960年左右。那时候金鹗山上没有什么树木，学校奉旨让我们去用白色石头摆"建设新岳阳"五个大字，说要让京广线上来往列车上的人都能看到这几个大字，知道我们岳阳人的雄心壮志。

在师生们的共同努力下，这几个字终于摆成了。"新"字的那一点，能容得下二十几个学生横竖排队站着，让火车上的人看见这几个字应该没问题。

后来我们还到金鹗山上挖过坑，种过树。现在的金鹗山满目葱茏，但不知哪些树木是我们曾经种下的，要不然，我一定要靠在它们边上坐一坐，享受一下自己种植下的荫凉。

三

我们刚迁来岳阳时，街道上很少有汽车行驶，记得只有211工厂有两辆十轮大卡车，县委会有两台帆布篷的吉普车，都是上级部门分配下来的解放战争时缴获的战利品。汽车一旦上街，会被人团团围住当稀奇看，指指点点，议论不休。

正因为少有车辆行驶，街道上比较安全，放学后我们常会在街道上滚铁环、拍皮球、跳绳、玩"官兵捉强盗"，冬天则会滑雪溜冰。

天岳山是一条坡度较陡的石板街道。冬天下雪时，街道全被白雪覆盖，是滑雪的好场所。于是，我们在木靠背椅子的脚底下钉上两块竹蔑片，做成"土雪橇"去滑雪。

因为街道坡度大，可以很轻松地从街道南头滑向北头。我们兄弟俩轮流坐在雪橇上享受滑雪的快乐，滑下推上乐此不疲。

夏天，我们跶着木板拖鞋在石板街上游走，木板敲击着石板，发出"踢踏踢踏"的声音，显得舒缓而悠闲。当我们穿着木拖板在街上奔跑时，木拖板快速地击打着石板，发出"呼呼呼呼"的响声，虽然清脆，但过于急促，大热天的，听着让人心生烦躁。

乡下送货购物的独轮车，不时会从石板街上碾过，车轮上箍着的铁圈与石板摩擦，发出尖锐的吱呀声。

独轮车一般都会沿着街道中间纵铺着的石板前行，因为它接缝少，在它上面行走会平稳些。因此，那纵铺的石板在车轮长年累月的滚碾之下，形成了深深的车辙。

车夫肩负车扁担，双手推车，弓身前行的情形，构成了小城中的别样风景。

搬运社那时用的还不全是可充气的橡胶轮胎板车，还有人用一种木制车轮上钉着厚橡皮的板车。不知是车轴磨损得太厉害了还是钉上去的橡皮不平整，这种板车行走起来一颠一簸，拖行十分费力。有时看到车夫们俯着身子费劲地往坡上拉车时，我们会跑上去帮着推一把，将车推至坡顶才歇手。这时，车夫们会向我们道一声谢，我们也会回之一笑，似乎有一点做了好事很骄傲的感觉。有的车夫则会将车停下来，扯下搭在肩上的罗布手巾，擦擦头上的汗水，然后用粗黑的手从粗布衣袋里摸出一分或者两分的纸币递给我们，说道：拿去买粒糖吃！我们也不客气，接过钱，转过身，右脚向左，左脚向右，蹦着双腿向街河口商店跑去。那里的片糖可拆零卖，一分钱一片，比糖粒子好吃多了。南货楼店子大，片糖不拆零卖，我们只能舍近求远到街河口的小店子里去买。

大约是六十年代初期，政府对天岳山街进行了一次改造，掀去了街面上的石板，将街南的坡顶削低了一两米，然后将街道铺成了水泥路面。从此以后，那条石板路就从我们眼中消失了，永远地消失了。

四

天岳山街建于明朝初期，据明《隆庆岳州府志》载：当时的天岳山街分前街与后街。天岳山前街即今天的天岳山街，天岳山后街即今天的油榨岭巷。

20世纪50年代末，天岳山街上多为青砖黛瓦白墙的房屋，一层为店铺，二层为居住的商住两用的民国建筑。也有新中国成立后建的一些房屋，虽然也是青砖黛瓦白墙，但墙的正面上方塑有一颗红色五角星，这是有别于民国时期建筑的一个显著标志。

天岳山街历来是一条商业街，店铺众多，商贾云集，繁华热闹。

细细数来，当时在天岳山街上的店铺和单位有：味腴酒家、南货大楼、百货大楼、天岳山小学、九益包面馆、卤味店、肉店、寄卖店、广播站、刻字社、缝纫店、理发店、玻璃店、印刷厂、印刷产品门市部、卫生院、中医诊所、药材公司、糖烟酒副食品公司、公安局等。

从我们住的院子里走出来，站在街边向南望去，就可见得到"味腴酒家"。那时它并没有挂"味腴酒家"的招牌，只是在白色侧墙上写有"味腴"两个大字。店子位置就在现在天岳山电影院大门口那块。

"味腴酒家"1936年由江苏人周权姐弟三人创建，以经营高、中档酒席为主，兼营岳阳特色小吃。因经营得法，声名鹊起，不久就跻身岳阳四大餐饮名店之列。1938年岳阳沦陷后"味腴"被迫停业。抗战胜利后，于1947年由南正街易址天岳山重新开业。店堂由原来租赁的六十平方米变成了自建的上下两层，前后两进的小楼，生意更加兴隆，达官显贵频频光顾。1948年，时任县长曾在"味腴"设宴为白崇禧（时任国防部长）洗尘。及至新中国成立后"味腴"仍为岳阳餐饮行业的翘楚。

"味腴"虽然以经营高、中档酒席著称，但是我觉得"味腴"的手工鸡蛋面条也特别好吃，即使是几分钱一碗的"光头面"也很劲道鲜美，肉丝面、三鲜面就更别说了。进到店里，一股诱人的香气直往鼻孔里钻，惹得人垂涎欲滴。

那些面条都是一个背有点驼的老头，屁股坐在一根粗竹扛上，一闪一闪地压出来的，每当我们放学后从油榨岭巷口走出来，常常可以见到他压面的身影。

记得父亲有时晚上会端上个不大不小的钢精锅，花上几毛钱到"味腴"买三两碗面条回家一起宵夜。有时我也会跟着父亲一起去端面，当父亲将钢精锅放在酒店后厨的案板上时，我听见店里有人对掌勺浇码子的师傅说：出堂的面，多舀点汤。

一家人分吃着端回来的面条，那种幸福感爆棚的感觉，至今让人回味无穷。

大约是1958年，在天岳山街北端的东西两边，各建有一栋气势雄伟的仿苏式三层大楼，西边的叫南货大楼，东边的叫百货大楼，两楼对峙，威镇一方。它们是当时岳阳城内两座最大的商场，是彼时岳阳城中的一道亮丽风景，赢得过无数人的仰慕。

人们要购买烟酒副食，布匹鞋袜，大都会去这两个商场购买，尽管好多东西都要凭票证购买，毕竟这里的品种是最齐全的。

令人记忆深刻的是，买了糖果饼干后，营业员会用粗糙的纸张给你进行包装，如果告知是用于送礼的，营业员则会在包装上加放一张红纸，然后用小麻绳进行包扎，还会特意留下可提拎的绳圈，令人感到很温馨。

到商场购物时，只见收银员坐在高高的台子上，收银员头顶上有好多根铁丝通向各个柜台，夹着钱和单据的票夹在铁丝上来回穿梭，呼呼作响，这种别具一格的收银方式令人觉得好有趣。

天岳山街上还有一好去处，那就是天岳山电影院。天岳山电影院的前身是建设电影院，以前是不能从天岳山街上直接去建设电影院看电影的，要绕道金家岭巷前往。后来院方开通了一条直通天岳山街的路，并更名为天岳山电影院。

那时文化娱乐活动很单调，看电影是文化娱乐活动的主流，因此天岳山电影院是岳阳城人气最旺的地方之一。每到节假日或首轮片上演的日子，人们大都以来此看场电影为快。是时，天岳山电影院前的广场上人山人海，热闹非凡。

电影散场和入场那段时间，高音大喇叭中播出的音乐飘荡在广场上空，震耳欲聋；电影放映时，从大厅里飘出来的对白声、音响声、音乐声会牵扯人的脚步，让人在此流连忘返；还有卖瓜子花生，卖香烟火柴，卖冰棒摆凉茶的小商小贩们大声地吆喝着招揽生意，助推着这里火热的气氛；细伢崽们则围着"车八坨"的摊子钻进钻出，窜来窜去，想用手中的五分钱"碰运气"车条糖龙回去……。这种热气腾腾的场合，有了这些活蹦乱跳的"伢们首"的参与，有如火上加油，有如锦上添花，使这块地方变得更加热烈更加有趣了。

街头还有摆图书摊子的。

读小学时一朱姓女同学的嗲嗲就是我认识的头一个摆图书的。朱嗲的图书摊摆在医药公司仓库门前的街沿上。

所谓图书摊，就是摊一块油布在地上，然后将图书一本一本摆在上面，任看书人挑选。收费按图书的厚薄区分，厚的两分钱一本，薄的一分钱一本。

我们住的院子与医药公司仓库隔街斜对着，我们放学后和星期天，常常会到朱嗲的书摊上看图书。一来二往熟悉了，朱嗲优惠我们，五分钱也可以看三本厚图书。

我们也会趁朱嗲不注意时玩点小名堂，将看完了的图书与同学或者是小伙伴一斟，没花钱又多看了一本书。

把戏不可不玩，把戏不可久玩。我们不花钱看图书的把戏不久就被朱嗲戳穿了，他不准许我们一次拿上几本图书看，只能看完一本再换一本，断了我们不花钱也能看图书的路。

到后来，街头又新增了一个图书摊，摊主是个小青年，名叫孟珠（这是他名字的读音，真名实姓不得而知），但看上去人却显得苍老。他挺着一个大肚子，那是他患了血吸虫病，出现了肝腹水的症状。肚子一大，感觉他的头特别小，脸色蜡黄，整天张着嘴巴，好像出气不赢一样，一副病怏怏的样子。

他的图书比朱嗲的多，并且经常购进新书，图书摆在木架子上，便于挑选，很快我们就被他吸引过去了。到了星期天，他的图书摊边坐满了人，没抢到座位的就捧着书站着看。而朱嗲那边看书的人越来越少，剩下一些凳子没有人坐。

到孟珠这边看图书的人多，不光是他书多书好，主要是他很会做生意。有时候我们身上没有钱，跟他一说，他也会赊图书给我们看，甚至送书给我们看。大家觉得他好相处，自然喜欢到他的书摊上来看书。

我们就是坐在图书摊前的小木凳上，接触了中国四大古典名著，了解了太平天国、义和团、八国联军等中国近代历史，知道了董存瑞、黄继光、邱少云、保尔·柯察金等英雄人物。

图书摊，给我们提供知识放飞梦想的地方，我们终生难忘。

在秋末初冬时节，在天岳山街对着金家岭巷口的街这边会有一个老头子在摆摊卖梨膏糖。老头子很喜欢逗把，看到我们一群"小把戏"围着他的梨膏糖看，有点遮挡他的生意，他用河西话唱道："小伢们吃了我的梨膏糖啊，鼻子长到一丈长啊。"边唱边向两边摊开手，意思是不让我们围住他的摊子。他拖着长腔的唱声，将我们逗得好一阵傻笑后知趣地走开了。

一个游走江湖的人，在街上找了一个宽敞的地方，放下他的行头，用白石灰撒出了一个大圆圈，然后拿出一面小铜锣，"呼呼呼呼"地敲将起来，惹得一些南来的北往的，走过的路过的人陆续站到了白圈外，按照他的意愿围成了一个圈。

环视着一圈人，他双手行抱拳礼，绕着圈子边走边说道："初来贵地，感谢诸位捧场！多谢！多谢！"

绕场一周后他收了架式，正色道：闲话少说，功夫多练。说着，退了身上的褂子，露出了赤裸的上身。随后拿出一条白色长腰带，在腰部缠了两圈，接着深深地吸一口气，将腰带束紧，再吸一口气，将腰带束得更紧，将自己变成了鼓鼓的胸膛细细的腰。

他练开了"把式"，启动了他贩卖"狗皮膏药"的程序。

还有一些磨刀戗剪、修鞋整伞、锔碗补锅、剃头掏耳的手艺人游走于街头巷尾，做着他们的营生，方便着市井百姓。

磨刀师傅的肩上扛着一条板凳，板凳上安有磨戗之用的工具，他边走边吆喝："磨刀……戗剪啦！""刀"字音调拖得很长，"戗剪啦"快速收起。听后使人觉得如果不赶紧将刀拿去磨，他就走掉了。

自从演了革命现代京剧《红灯记》，中国磨刀戗剪匠的修鞋整伞的、剃头的、锔碗补锅的匠人不怎么吆喝，他们会在街头巷脑找一个地方安顿下来，自会有生意找上门来。

锔碗是将打破了的瓷碗用铜锔钉连接起来，使之能继续使用。锔碗时必须用到的工具是金刚钻，只有金刚钻才能在瓷片上钻出眼来。"没有金刚钻，别揽瓷器活"讲的就是锔碗这件事。补锅则是将铁锅烧穿了的地方用铁水补上，等铁水凝固后铁锅就可重新使用了。

锔碗只在五十年代未见过一两次，后来再也没有见到过了。1958年吃人民公社大食堂的时候，看见交给食堂的饭碗菜碗中，有的人家的碗底刻有自家的姓，当时我还琢磨：这字是怎么刻上去的。补锅这行当则存活得久些。

随着人们物质生活上的日渐丰富，那种"缝缝补补又三年"的生活方式已被人们摒弃了，锔碗补锅的技艺也就随之消失了。我今生目睹过这两种技艺，算是有幸。

街上还有收荒货的。收荒货的肩膀上担着两只箩筐，一只箩筐装收来的物品，另一只箩筐上放着一只筛子，筛子上盖着一块白布，白布下面是一大块打糖（谷芽糖）。糖是用来兑换废旧物品的。

收荒者一边走，一边用敲糖的铁棍和铁刀相互碰击着，发出好听的"叮当叮当"声，然后扯开嗓子高喊："收破铜烂铁、鸡毛鸭毛，破布烂筋啰！"走一阵后，又是一阵敲击，"叮当叮当"声一停，"破烂换钱，破烂兑糖啰"的吆喝声随即而出。他走一阵停一阵，走是在招揽生意，停下是生意来了。我们小时候没少用牙膏皮、桔子皮、破书旧报纸去兑糖吃。

一到年节，天岳山街道上就会格外热闹。

端午节来了，街道上有许多贩卖艾蒿和菖蒲的小贩，满街散发着艾蒿和菖蒲的芳香。老人们说：艾蒿和菖蒲可驱瘟避疫，而且端午节这天采摘的效果最好。于是，人们都喜欢在端午节这天买些艾蒿和菖蒲挂在门外，驱除蚊蝇虫蚁，艾蒿菖蒲干枯后，将其煎水洗浴，可以止痒消炎。

除了艾蒿和菖蒲的芳香外，粽子和包子的鲜香气味更诱人。从昨天晚上起，各家餐饮店，开始通宵达旦地制作粽子和包子了，谁都不想放弃这一年一次的商业良机。及至清晨，餐饮店里粽子、包子像小山一样堆放着，等待人来购买。

一大早，不少人家会到餐饮店买粽子和包子回家，配上自家腌制的流油红心盐鸭蛋，有滋有味地吃好端午节的第一餐。

人们买粽子、包子，大多数会选择岳阳饭店、味腴酒家、九益包面馆这些名气大的店子，他们售卖的粽子、包子品种多，味道好。粽子的样式有狗头粽和羊角粽，品种有纯糯米粽子、碱水粽子、鲜肉粽子、腊肉粽子、糯米绿豆粽子、蜜枣粽子等；包子则有鲜肉包子、附油包子、白糖包子、豆沙包子等。各家店子里热气腾腾，宾求主应，喜气盈盈。

街头还有小贩在贩卖五彩丝线菱角、绣花香荷包。她们将这些手工制品挂在竹竿上面，在微风的吹拂下，它们轻轻地摆动着，五彩缤纷，芳香四溢。这些象征吉祥安康的物品深受百姓喜爱。

还有卖雄黄炮，雄黄大蒜籽油的，据说这些雄黄制品可以驱瘟疫，可以治蚊虫叮咬。端午节这天，细伢妹仔额心都会点上一颗圆圆的雄黄印，还有些伢崽的额前被家人用酒蘸雄黄画上一个"王"字，说可驱除邪魅百病不侵。

快过年了，街上的人多起来了，商店售卖的各种货物多起来了，街头的摊贩也多起来了，他们贩卖着平常很少见到的东西：卖烟花和甩炮的，卖手枪和火纸的，卖大红灯笼和亮壳子的，卖洋画片和"滴咚"的……

"滴咚"是一种玻璃吹制出来的玩具，因为玻璃被吹得很薄很薄，含在口里轻轻地一吸一吹，它会一缩一伸，发出"滴咚滴咚"的声音，故名"滴咚"。因为玻璃吹得薄，如果吸重了就很容易破碎。"滴咚滴咚，两分钱一送。"这是细伢崽们对"滴咚"充满爱怨情结的评价。

现在，城市化进程犹如一台功率无比强劲的推土机，以不可阻挡之势向前推进着。我们希望在新城崛起的同时，也要保护和建设好老城区，使人们能在老街老巷中寻觅得到曾经的记忆，让乡愁有承载和寄托的地方。

演绎巴陵商业兴衰的南正街

张峥嵘

写岳阳，寻老街，南正街那是当之无愧的商业大街。

南正街，很年轻，南正街，很老练，南正街，很破，南正街，很富。

承前启后，连南通北，接官融民，致雅丰商。

南正街，咱岳州老城曾经唯一的主街，算起来，距今已有几百年的历史。在岳阳城市东移变迁的发展与扩大中，不与争锋现代新街的主街地位与繁华，虽渐渐退隐，退出社会的焦点，但不可否认其商业的历史地位一直都雄居。一路走来，商业鼎盛的厚积，街虽归于一个"旧"字，却还是没有走出商业重地，如今仍是湘北最著名的小食品批发市场。永远热闹的小商小贩，同样是市民各种节日争相采购的地方。这种顽强得益于，以不变应万变的能力，及时随大市场经济的变革而改变。就是人们一直爱说的，顺应时代潮流，南正街做得很好，不愧为商业大街。

无论去哪里，我一直喜欢走访老人，从他们那里听曾经发生的一切。走访南正街的老人，同样听到很多的传说与历史，虽然有很多令人遗憾的地方，每个人的答案各不相同，倒也增添其丰富。无论是远古建立的时间，还是近代发生的事件，或是七八十年代岳阳城市中心东移后的变化，老人们的回忆里，每个故事的版本或多或少都有差异，都沉浸在自己见到的或听到的某个点中。岳阳史学专家邓建龙先生的古街史记，最为详尽，记载了南正街经历的过往。我这个人喜爱寻根问底，在后面的不断寻访中，寻找到一些健在的人们最真实最亲历的记忆。

南正街，原名南十字街，明清以前不足百米的一条通道，算起来也有六七百年历史。

清乾隆《岳州府志》载："南十字街，在南门外，西通街河口街，南通天岳山街，东通旧县前街，北通吊桥街。"每次看到这一段，都觉得咱岳州旧时好好阔气，这里是街，那里是街，四通八达。十字往西叫街河口，往河边没有路，有码头，还有一个很出名的庙，叫南岳庙，是八百里洞庭比较有名庙宇之一。传说是专门审判妖魔鬼怪的地方，当时深得靠天开恩的渔民的敬畏。被岁月毁掉不知何年何月，鱼巷子新工程建设时，挖地基挖出大量石柱石座，后经证实为当年南岳庙之旧址旧物，后这些东西移至了文庙后院里，这发现佐证了南岳庙的存在，确定了庙的位置。

北面是著名的鱼巷子、茶巷子、吊桥街构成十字街。南面与天岳山街、旧县前街（今竹荫街）、街河口街构成十字街。南正街纵线，是历史上最负盛名，集各种宗教最多的街道，奠定了其文化地位。巴陵乾明古寺就建在此。乾明寺与慈氏塔，在南正街的南面，几乎占了大半边江山，后来几经变迁，当然已不复当年。

现在的年轻人要寻到乾明寺难，就是寻到南正街也不容易了。这也情有可原。我走遍了南正街，除了正十字路口有一家"南正街百货商场"的醒目招牌，还有往南一曲墙上"南正街储蓄所"几个隐隐约约的字，再没有南正街的名片。20世纪60年代，北正街与南正街连成一体，合称南正街。70年代后，改称洞庭南路，

南正街的百货商场

现在的所有标志就是洞庭南路。80年代后，城市建设提出东移北扩，南正街就归隐于城市后园。但这里是岳阳商业的发源地，故其厚重的历史文化底蕴与商业经济的积淀，无法消融，最后建成了最大的湘北小商品批发市场，至今影响着整个岳阳的经济与发展，更是大多数居民寻找生活必需品的地方。

说一千道一万，主角还是商业。如此，有关商人的历史与典故，就数也数不清。岳阳水陆便利，千年兵家重镇，各宗教文化圣地，吸引的不仅仅是文人骚客，更有来自五湖四海的业界精英们。

1898年，岳州自主开埠，英、美、日、德、俄等外商纷纷在岳开设各种公司。据1926年有关资料统计：9家外商公司，设在南正街的有3家；24家外商代销店，位于南正街的有16家。1938年，日军侵占岳阳后，外商公司不得已全部撤离，日商顺理成章垄断了市场。1945年，抗日战争胜利后，岳阳结束其外商公司及其代理商号的商业历史，自家人各自开起了店铺，卖起了形形色色的商品。明清时期，各地的手艺人涌入城来，南正街的手工作坊发展迅速，这也是岳阳阳话改变的开始，我后来采访现在幸存的手工艺匠，大都是在南正街父业子传走出来的"富二代"。

都说，人的一生，从没有一帆风顺，其实，一个地方何尝不是如此。南正街同样遭遇了命运多舛，一难一难又一难。民国时期，北洋军傅良佐部在全城放火，南正街、竹荫街等繁华地段，被大火围困，几天时间焚成灰烬，其状自不堪言。还没等缓过神来，不久，南（湘粤桂）军进城后，岳州再遭洗劫，作为商业重区的南正街更是首当其冲。岳州商业遭此三番两次的火攻、抢劫，损失之惨重，为历次军阀混战中最重的一次。

到了1938年，南正街商业总算恢复元气，迎来繁荣时期并产生岳州很多著名商号，手工品、美食等名家名品名企，南正街的顽强可见一斑。

享有盛名的有严万顺启记老药号、谢天吉药店、戴豫康绸布店、毛华盛绸缎匹头号、永泰和布店、宝成银楼、周德馨酱园、味腴酒家等。这些商号可是响当当，声名远播，至今仍让许多人津津乐道，就能想像得到当时的盛况。说起来，作为最具有岳阳文化底蕴的地方，哪怕做商业为重，其讲究也是可圈可点的。让人对南正街赞不绝口的除商业出名，其各家门楣上方悬挂的，由书法家用各种字体书写的黑底金字匾额也是一道特色风景。各家争相制作，一家比一家气派。都说门面门面，中国人对门面的讲究那是一种面子文化，更是一种身份文化，所以，这个招牌匾额，没有一家不是艺术品，谁愿意别人在街上路过，就从一块匾额中定位了店的寒碜与浅薄呢？

算起来，当年，能在南正街经商站稳脚跟也不是普通人，个个都是精明鬼。不但要资金雄厚懂管理，还要会经营情商高。自古商场如战场，要想在南正街商业重地长久站稳，哪是一件容易的事。各商家之间，互不相让，特别是同行间，更是水火不相容，其不亚于《三国演义》精彩的故事不断上演。铁打的营盘，流水的兵，商业的残酷，让商家们你来我往，你盛我衰，你方唱罢我上场，却不知下文分解。南正街无意间成了人生百相大舞台。那时做生意，没有现在的广告口水战，要想做大做强做稳，一点招都不能乱用，惟是诚信赢得信任，建立客户网，静等回头客，慢慢客源就越聚越多。几年下来就积累一批固定客户的自然就成了品牌店。各家各店商品经得住精挑细选，货真价实，那职员也是个个顶尖，都锻炼出一技之长。

各行业的店员练就的绝活，那是一个绝，现在的年轻人，根本无法想象那手上、脚上、眼上的功夫是何等的高超。现在还被人"啧啧啧"赞不绝口。这绝活一直到七八十年代的新社会，还会不定时进行技能比赛。

那布店店员，你只往前一站："扯一尺三寸白足布。"只见他随手一比，再一剪，大手挥，撕开的布料保证与你要的不差一分尺寸；食品店的店员，吆喝，"东家，要多少？""一斤""好哩"，顺手一抓，方纸一折，细麻绳一束，提回家，无论去哪里称，那可是刚好，人称"一抓准"。再看银行职员，堪称古代点钞机，"刷刷刷"只看到钞像扇子一样飞过，就点完了，"飞快手"的称号好多人都有，点钞机发明前，各大银行还有点钞比赛，拿奖的就是明星。现在让人称奇的茶楼长嘴壶滴水不漏之技艺，当年那可是南正街茶坊家家都会的基本功。这些功夫，全靠苦练，可见旧时当店员都是学而优则先，个个不是吃干饭的。随着科技的发达，这种技能久不用，就此失传，现在说起来，在这个急功近利的时代，这种需要长练才出硬功夫的磨，更让人佩服。

现在走在南正街，当然不可能再看到这样人人有一手绝技的店了，也没有青石板发出清脆的声响，没有木门开启"吱呀"的歌声。林立的店铺，统一的门牌，一色的灯火通明。所有传统古老产品的传人，都退出了"古"字木制房屋的风格。钢材水泥现代装饰覆盖了岁月的雕刻，寻到的只是一个个数字的表示：××年老字号。物品早变，人已非，感觉荡然无存，记忆就犹浓起来。

说到浓，满街弥漫的香味，这是占据很多人回忆里抹不去的浓重怀想。所以，南正街的故事，怎么可能不提当年出名的小吃的。

71岁的文爹，细数着南正街曾经让岳阳人流连忘返的小吃。他说，有种桂花汤圆，一个小碗，四个玲珑剔透、白白的汤圆放在甜甜的汤里，咬一口，黑芝麻流出来，香软可口，是他儿时最爱吃的早点。

他"啧啧啧"着回忆，在"南正街商场"对面有家工农兵（名字有时代感）饭店，里面的小笼汤包，皮薄透明却不破，小竹蒸笼蒸几分钟，一股浓浓的香味便飘出来。蘸着麻辣配料，一口下去，再一吸。面软、肉嫩、汤鲜，那滋味、那感觉自不待言啊，回味无穷。

味腴酒店的阳春面，每天排起长龙，先排队后买票，再排队端面。就是这样烦琐，为等一碗面，很多人那是乐此不疲，个个耐心排队，亦步亦趋。终于端到手，那脸上的幸福感，就不是现在的人可想得到的了。

往街河口的十字路口有一家小五金店，店面一看便知是旧街的建筑。50多岁的老板告诉我，那里曾经是一个很有名的老字号酱园铺。几易其主，当年酱香园，成了现在的五金店。酱园的主人早不知去向了。现在你走进超市，几千种酱料，狠狠将你"酱"到不知所措，那是万万不可与南正街酱香园的酱可比的，揭开盖，那香，那色，那稠，口水就流出来了。

说到酱，老板想起还有一种市场绝迹的面食，就是他小时候常在岳阳饭店吃的炒面。那是先用油炸出来，再配料，盛一碗汤，面的香酥，就着汤下去的香软，他一直不曾忘记，现在早已失传。我听了半天，感觉熟悉，细想极恐，难道这才是快餐面的先祖，这是错失商机啊，多么大的专利。

提到南正街的小吃，还有一样东西的地位是不可轻视的，那就是南正街的冰棒，在整个岳阳地区相当有名气。冰棒不但受到了岳阳人的喜爱，还远销广州等地，有红豆、绿豆、菠萝、香蕉、牛奶等几十个品种。坐在冰厂开的冷饮店里，或喝一碗冰水，或吃一口冰糕，其感觉肯定胜过现代酒吧。虽然它早已在市场上消失，但那沁凉的甜味却深深地植在了人们的记忆里。

唯一还有正宗传人在经营维持的是南正街那外焦内软、实惠而可口的糯米豆皮。当年，岳阳饭店买豆皮的每天到底有多少人，没有人认真统计过，很多人提到豆皮就仿佛香飘眼前，瞬间洒口水。想到排队便摇头，可一边摇头一边又控制不住去买。现在，很多岳阳人，还是会不顾路途远不方便，寻到这家小店去买一袋提回家。

南正街，新中国成立初期在岳阳有着举足轻重地位，这里撰写的一段历史与地区县所有政府机关的设立不无关连。让本来繁荣的商业街更增添了官方的重视而繁华。南正街在老去，南正街驻扎了几十年的政府各级机构也相继撤走，自然，当年红极一时的曙光照相馆也不在了，岳阳饭店也不在了，公检法大院不在了，20世纪80年代在此创建的"洞庭之声报"也搬走了。回忆满怀，一切依附却了无踪迹，渐渐消失。

踏着雨雪走在街道上，它久远的样子我只能想象。透过拥挤的车流，匆匆的人群，喧嚣的环境，努力寻找自己七八十年代看到的真实。一切似乎消失，老街人的记忆如此深刻，能深得过几代？

南正街不是走远而是走深了，就这样一步步沉入历史长河，作了岳阳一个归隐的高僧，淡然时代变迁中自己的大势已去，坚守，守着湘北最后小商品批发市场的阵地。应该会守出更大的商业发展空间，因为，在她的身边，岳阳西环线已通车，未来铁路也将搬移出城。

念念不忘，必有回响，守得住势的南正街，守来她的呵护者，推陈出新的岳阳文旅，在2022年春节让南正街商业重放异彩。各种小吃、各种名店让年有了年味，让元宵的灯会，唤醒了老城的光彩。

南岳坡

梅　实

听一些老人家讲，现在人们叫南岳坡的地方，其实在老班辈的时候是叫洗马池的。在明朝时，那里有条小巷，叫洗马池巷，传因岳飞曾在这里让军士洗脸、洗马而得名。巷呈弧形，东连吊桥街，西南接南岳坡巷。不知从什么时候起，就将原洗马池那一片都叫成南岳坡了。现在你去问洗马池在哪里，保准住在那里的一些人也答不出。

2015年，昔日的洗马池巷已改建成新鱼巷子

先从进南岳坡的口子上说起。

这口子边原来是有一家理发店的，叫吊桥理发店，属第二商业局下属公司管。这家店里我曾去理过发，也在那里做过调查，那是1984年的事。在我的印象中，该店的服务态度也还是不错的，只是经济效益比较差，就在那年的端阳节，别的单

位发现金，效益不太好的单位也发皮蛋、盐蛋什么的，他们每人发了一张电影票，1角2分钱。经济效益不好，自然会影响职工的情绪，干起活儿来就没劲。市计委主任樊川庭，当年曾与华国锋同志一起南下的，老资格了，到吊桥理发店理发，据他老人家讲，只花了7分钟就理完了，在理他的络腮胡子的时候，还给划开了几道血口。朗爹听了，也去理，那时的电视还不怎么普及，哪像现在，一些领导的椅子还冒坐热，早就成电视明星了。理发店里的服务员不认得这是市委书记，照样是7分钟，而且也把朗爹的脸给拉了一道口子，朗爹急了，给理发店另起了个名儿，叫痛快理发店，说是又痛又快，大会小会上批评过好几回，弄得二商局夏局长很不好意思，表示回去后一定认真整改。也不知什么时候，这家理发店改换了门庭。

不久，那口子上开张了一家餐馆，叫人人菜馆。门面不大，生意却火爆得吓人。听朋友的介绍，我去过几回，开头两次，没吃到饭，看那阵势，桌上坐了人，旁边站满了人，有的还将脚踏在凳子横杠上，生怕待会儿不小心被别人抢了去，门外也有不少人在等着，闲得无聊就擦皮鞋，我数了数，一字儿排开有9个擦皮鞋的。我是个急性子，不愿久等，走了。第二次去，还是这样，第三回，吸取一点教训，提前个把钟头就派人去占了一张桌子，终于品尝到了，其实也就是一般的家常菜，红烧猪脚，韭菜炒河虾，油炸刁子鱼，清炖土鸡，等等，然后是瓦钵子饭。只是他们做得比较精致，很合大众口味。吃饭时，我请来了老板，边吃边与他聊了起来，老板姓周，原在天岳山彩印厂当会计。退休后就租房开了这家餐馆，周老板有个儿子是个厨师，烧得一手好菜，老板就汤下面，聘了儿子掌大厨。我问他给儿子多少钱一个月，老板笑了笑说，反正亏不了他。问起周老板的成功之道，他说，最重要的是两条，第一是保证质量，第二是不断出新。比如进菜，有的馆子里图便宜，进的不是新鲜菜，他这里决不这样做。买脚鱼，人家只看那脚鱼还能动就行，他不，他要将脚鱼翻过来四脚朝天，如果那脚鱼能很快又翻转来才要。另外，他还有一个特殊任务就是去别的餐馆里试菜，一旦发现有好的新式菜，马上就学回来做。我们没聊多久就让老板走了，一来见他太忙，二呢，站在我们身后的客人有点不耐烦了。

在南岳坡，曾一度十分红火的还有一家，不过，它不是餐馆，而是娱乐

城，名曰喀秋莎。

就在离喀秋莎不远，有一家单位，市水运公司。水运公司原来的大门是开在鱼巷子里的，后来为了进出便利，将原来的办公楼改成了旅社，对外营业，又建了新办公楼。

说起水运公司，话就长了。新中国成立初期，它叫岳阳县航船运输合作社。那时候，岳阳街上的物资集散，主要靠的是水路，往上走，湘资沅澧，往下走，达海通江，航船社的名气大得很。后来，铁路、公路运输不断扩大加强，水路就慢慢退化了。

水运公司曾经出过一位人物，名叫向献兴，岳阳人尊称他向爹。向爹曾在那里的医务室当过医生。他老家在新化，新中国成立初期，从长沙调到岳阳。新化人说话很难让人听得懂。听说有对热恋中的男女，男孩儿是新化的，一天，他买了一束玫瑰花献给女朋友，并充满激情地说，啊，你就是我心中的麻（玫）怪（瑰）。在湖南的一些地方，麻怪指的是泥蛙。向爹的话，也很不好懂，到岳阳半个世纪，乡音一点儿不改。前几年我在写《洞庭奇人》的时候采访过他，往往一句话得请他说两三遍，我才听清个大概。向爹的话难懂没关系，他有本领，他的本领是专治跌打损伤，他跟我说了这么一件事，这是一件发生在20世纪60年代的事。一日，君山农场一年轻女子，被一台装满了货物的拖拉机从身上碾轧过去，造成盆骨粉碎性骨折，下身血肉模糊，一连送了几家医院，均被拒之门外。经人指点，抬到向爹那里，向爹净了手，仔细检查一番，心里也犯了难，类似这样的伤，他还真的从没见过，难怪几家大医院都不肯收。正犹豫间，向爹又听到了伤者那十分微弱的呻吟，看到了伤者家属祈求的目光，他的心软了，将伤者收了下来。在给伤者治疗的时候，最让向爹头痛的，是那伤者的盆骨被轧碎了，这不像人的手和脚，手脚断了好固定，那地方怎么固定呢？向爹思来想去，想到了平时涮碗用的涮把，他试着将涮把的前面那截锯掉，留下后面一截，从伤者的下身放进去，让它撑着，这一招还真行。向爹后来跟我说，每天要去检查几遍，看那特制的圈圈是不是移位了，好麻烦的。几个月后，那女子高高兴兴地出院了。第二年，还生了个胖小子，她丈夫还来看望过向爹几回。

向爹行医几十年，到底接好了多少双手脚，治好了多少跌打损伤，他自己也数不清，记不来了。在岳阳的观音阁、竹荫街、鱼巷子、南岳坡、桃花井一带，凡是老街坊，没有人不知道向爹的。有人不慎从屋顶上摔下来，痛得在地上打滚，就会听到有人喊，快送向爹那里去。有人出了车祸，

原洗马池巷地址上建成的巴陵广场

趴在地上奄奄一息，马上也有人喊，快去找向爹。有人打牌手气背，身上带的钱输了个精光，"断腿"了，有人也会喊，快去请向爹来。

南岳坡的彻底改头换面是2009年。易炼红同志在岳阳主政期间，扩建岳阳楼，修建民本广场和商业步行街。接着又建巴陵广场。这都是大动作，而且受到了岳阳老百姓的支持与赞扬。

现在的巴陵广场，是在撤掉了原南岳坡两边不少房子后兴建的。总投资2.1亿，占地面积近5万平方米。气势恢宏，设计精美，已成为老百姓观光休闲、健身的好去处。有一年，市城建部门的同志把我们岳阳街上的几位老秀才找了去，要我们敲定岳阳市的最早起点，他们叫原点。我们一致同意，就定巴陵广场正中间。

凉透记忆的南正街冰棒

张峥嵘

冰棒这个叫法，"卖冰棒啊，五分钱一支"的叫声，40岁以上的人听起来都分外亲切，画面感极强，皆因他们的青少年时，冷饮还很正经，冰水就是碗甜沁的冰水，冰棒就是一根规规矩矩的冰棒。现在，能数得清楚冷饮品种说得出花样的只怕不是凡人。

近三十年，岳阳的经济飞跃般快速发展，不说购物天堂，那也是全世界的商品一应俱全，冷品千姿百态味道各异。奇怪的是，岳阳人念旧功夫好，无论外来的"客"多么鲜美，他们一说冰棒就是：南正街冰棒。这成了岳阳挥之不去的留甘。

20世纪80年代之前，岳阳还只是一个小小的城市，主街也就是T字形的洞庭路及解放路形成的南正街商业区。小小区域，各色手工制作的小吃琳琅满目，堪称市民物质与精神的源泉。时代在进步，岁月都会远去，城市扩大中这些各色慢慢消失在外来产品里。幸存的几家，或许已失真传，或许是偷工减料，或许是人们山珍海味吃刁了，总寻不到当时那刻一入口刺激兴奋的心情。很多岳阳人，遗憾时总在回味的沉浸中啧啧几下，脑海里全是记忆中响当当的金字招牌：汤包、清汤面、馄饨、百粒莲等。一切都成了回忆，却是好难走出人的回味，就如南正街冰棒。

当阿根达斯买到几十元一盒，冰棒品种成千上万，一年不分季节供应时，吃，似乎再没有了那种"嗦"一下，沁人心脾的感觉，也没有几支冰棒捣碎在杯子里的乐趣。一种物质的消失，不知是否为了永存。不完美的爱情是最好的爱情，想想，送给南正街冰棒也是恰当的。最起码，做工简单，厂房简陋，品种不多的南正街冰棒，早就退出了市场，一没因时间，二没有被更精良的冷制品消融于记忆，这不得不说情深意真。细说起来，就有理有据了。南正街冰棒，不止是消暑降温，在很多人心里更多是物质相对困乏的年代，相伴岁月的情感。从而证明了，那个年代走过的怀旧情结里，透着他们感情的质朴，那份眷恋更多是对自己一段生活的追忆，少而精的情感，才有更深的印迹与依恋。

我后来无数次走到南正街，无数回跑到已停产的冰厂旧址，站在破烂不堪的旧楼前，根本无法与从前坐在冰厂楼上，一碗冰绿豆稀喝着的惬意联系起来。但还是隔一段时间就想去看看，寻找熟悉的味道。

很多人记得，80年代，岳阳南正街冰厂的红火热闹，当之无愧是夏季最受居民关注和光顾最多的去处。老冰厂的职工，现在已经是老人了，他们回忆时还满面的风光："那时，每年生产冷饮产品达4000多吨，销售额1600多万元。这对刚放开经济市场，只有100多人的企业来说，是一个多么辉煌的业绩。"当年在冰厂工作的人，个个提起自己当年厂里的盛况，由衷地自豪。冰厂的职工走在外面，有人问起他是干吗的，都故意提高几分贝声音告之："我是南正街冰厂的。"满脸得意。

自豪是有资本的。说起来，南正街冰厂的产品，就那么几种。我当时最爱的是绿豆冰棒。绿豆冰棒不只是我最爱，是岳阳周边地区，包括武汉、南昌、沙市、长沙、益阳等地居民的最爱，年年供不应求。前来批发冰棒的络绎不绝，岳阳冰厂的产品销售额，连续6年在湖南省同行业稳占鳌头。在京广铁路的列车上，旅客只买岳阳南正街的绿豆冰棒，别的冰棒旅客不要，就知这大江南北的名气。这就有了南正街冰厂每天凌晨大队人马排成龙的气象。很多背着泡沫箱零卖冰棒的流动小贩，凌晨就得起来排长队，等待批发冰棒，不然，你就是空箱子来空箱子回了。不是吹牛，当时的景象跟现在长假抢车票有得一比。好多年后，跟这个排队抢货有得一比的就是九哥酱板鸭。九哥酱板鸭有那么一段时间，逢年过节，小小的店，排得炮台山巷子转几个弯。

给我印象最深的不是冰厂制作的繁忙，生产的地方我们进不去，当然根本看不到具体的样子，但我记得最有情怀的是冰厂对面二楼设的一个几十平方米的冷饮店。

每天市民吃完晚饭，散会步，便溜达到那里，叫上一碗绿豆或红豆沙，或叫上一杯冰水，或两根冰棒，悠哉悠哉。当年娱乐场所少，一般的地方也没有空调，都是几部吊扇吱吱呀呀地转悠，坐哪里都大汗淋漓。年轻人谈个爱，都没个地方安身。去天岳山看个电影，再去南正街喝个冷饮，称得上是奢侈享受。享用一回，回味几天。想想，这又怎么会不记忆深刻，又怎么会不吃出故事，不吃出感情。我同学的妈妈现在说得最多的一句话便是："好吃，害人哟。"刚开始我们不懂，一脸好奇想听故事。"唉，我就是当年好吃冰棒，天天吃，被你爸爸'骗'去了的。"站在一边的同学爸爸笑嘻嘻地揭开谜底："未必还后悔，当年为了你我可是花了血本的。一支冰棒，一碗绿豆沙，虽说都只要5分钱，当年我的工资才20元。你每次一口气吃个四、五支，你是吃得冰冰凉，我是心里常发凉，一点工资全交给冰厂了。"

原来，同学的妈妈当年爱吃冰棒，经常独自一个人去冷饮店。有次，没位子了，看到靠窗边上一个男的也是一个人，她便坐过去了。那天没交谈，只相互望了几眼，后来，男的走时帮她又买了一碗红豆沙放她桌上转身便走了，她吓一跳。慢慢熟了，这样一来二往，两人就相爱了。所以，二十几年后，每次吃冰棒时，他们全家拿当年的事当笑谈。女儿说妈妈真容易上当，几个冰棒便被老

南正街

爸骗了，老爸就说，还不是我与南正街冰棒的双重魅力。

后来，与在老城长大的一位企业老板王先生聊天，偶尔提到南正街，他接话就快啦："南正街最好的确实属冰棒，养活了我全家，也是我第一个生意的启蒙产品。"

说起当年的冰棒记忆，既是幸福又心酸。父母没工作，靠小贩养活他与两个妹妹。后来，父亲出事残疾，小小年纪的他便担当重任。人小单薄的他，做别的事不可能，只得卖冰棒养家。每天早晨5点多便去排队，再背着小箱子，满街跑，晒得全身脱层皮，黑得泥鳅样。好在南正街的冰棒销路好，他又跑得快，收入比一般人还高。除给妈妈用于全家的生活费外，居然还可以帮两个妹妹交学杂费。小小年纪的他在他们住的那条巷子，就是现在好多人眼中"别人家"的孩子，成为了隔壁左右妈妈打自家孩子时必提的榜样式人物。遗憾的是，这个事分季节，所以，他到冬天又找另外的事做。现在功成名就的他，提到当年的经历时说，真得感谢南正街的冰棒，让他从小学会了经商，学会了吃苦，懂得了责任，也懂得了在不同的时机寻找不同的商机。

我呢，上班族，每月拿着工资，吃冰棒就豪华而"讲究"多了。一到发了工资的那几日，就约几个同事一起，大摇大摆坐在冷饮店，每个人来几棒，再拿来一个碗，一一打碎用勺子吃。真正有那种，发财后，买一碗豆浆倒一碗豆浆的气派。想想那时美味，真的是幸福。

香蕉冰棒5分钱，绿豆冰棒七分钱，后来有了牛奶冰棒，人们叫它雪糕一毛钱。以至于那时候，小伢儿们看见几分钱的硬币，脑袋里浮现的立刻就是一根冰棒。七十年代各县区到岳阳就只有一趟客班。一到夏天的下午，只要看见岳阳南正街冰棒厂蓝色大木箱子，听到"香蕉冰棒！""绿豆冰棒！"叫卖声，就成了孩子们最欢快的时候。

说起来，那时候根本吃不到完整的冰棒的，因为那时候的箱子是木的，冰棒都是用棉被包着来保温的，不像现在，保温隔热效果好。买冰棒的时候，都拿着一个茶缸子或碗，接住的是冰渣了，再过会就冰水了。再后来又出现了冰淇淋，四方纸盒的，里面一个小木勺的冰淇淋，这就进入了高档时期，吃这个就不用带杯子了。我记得那时的冰淇淋是奶黄色的，好吃极了。

其实我们最好吃，还是冰棒和雪糕，直到舔得木棍都没了滋味才会丢掉。想起小时候的香蕉冰棒，还真是想再吃上一根，那味道刻骨铭心在记忆里，爽一辈子呀。

很多的记忆，很多的画面，不是虚构。很多的怀想，很多的期盼，也不是虚拟，都是曾经深刻的记忆，都是当年品牌效应的后续。我曾在不同地网站及媒体看过岳阳人写怀念岳阳南正街冰棒的文章，也听已定居外地的朋友提起冰棒的印象，那沁凉的甜味潜在记忆深处，挥之不去，化着一篇篇满怀深情的文字，引发集体的追忆。

此时，记者走遍岳阳城南，所有人提到当年的味道是这样深情，但提起冰厂的解散，却是说不出的悲凉，满怀感慨和无奈。曾经风光一时的冰厂，曾经无比自豪的职工，十几年前，因固守成规，因没有市场意识，没有及时捕捉顾客需求，没有跟上经济发展的潮流，品种单调，包装陈旧，加之设备老化等等原因，逐渐看冰厂从兴旺走向衰败。同期岳阳还有一非常火爆的产品龟苓膏，当年那可是让制药二厂红极一时。龟苓膏很多人说是没人吃，其实不然，现在吃这种东西的人反而多了，只是当年制药二厂一直包装未改，口味未改。现在各精品小吃店，都有龟苓膏卖，各种口味，大盒也改成了小果冻，方便快捷，所以，一个产品的淘汰，除开管理落后，还有便是固步自封，不求创新，以为一好百年好。

想想，到了20世纪90年代初期，冷饮业市场迅速发展扩张，市场供求更大，岳阳冰厂也准备搬迁，一直寻找重新崛起的机遇。经过无数争议，经过无数努力，终因各种原因，更因沉重的建设债务，兵败如山倒，最终被市场冲下坡，被改革大潮所淹没。

南正街冰厂，就这样走远。它不但揭示了市场的无情，竞争的激烈，揭示了时代进步产品更新与时俱进的重要，也似乎证明了任何的东西，不可能长长久久的得意。南正街冰棒最终走进了人们的记忆，化着了一种深深的怀想。

南正街冰棒，那段岁月的重情，是否还能真实地重来？我们充满期待！

岳阳城区街巷名称琐谈

邓建龙

街巷，是构成城市框架结构的主体，是城市的主要载体，没有街巷就不成其为城市。街巷的命名往往具有一定的含义，即根据城市的特色，及其历史、文化、地理环境等要素来命名。岳阳作为一座历史文化名城，其街巷的命名具有以下特征。

以官府衙门命名的街巷

岳阳自西汉马援建巴丘邸阁以来，一直是历代军事重镇。自西晋太康元年（280）建巴陵县后，又是历代郡、府、州、县治所在地，因此城内官府衙门等军政机构较多。居民也多以军政人员及其眷属为主，一些街道的命名也就以所在街道衙门命名。

岳阳城占称巴陵城，其范围即今岳阳楼街道办事处所辖之部分范围。南自吊桥至北门渡口，西自沿湖至东门九龙堤。周围筑有城墙，长4805丈，约2.7平方公里。吊桥以南地方，则是荒山野岭。宋元以后，岳州作为滨洞庭、临长江的水陆交通要冲，商贾云集，贸易繁忙，城区得以向南发展。内城仍以官府衙门为主，外城自南正街、竹荫街、梅溪桥街、天岳山街等地一直延伸至吕仙亭附近，为新兴商贸居住区。

据清《光绪巴陵县志》载：城区有大小军政衙门40多个，其中军事衙门

15个。以衙门命名的街16条，占当时59条街巷的27%，它们是：以岳州府衙命名的府西街、府前街，以巴陵县署命名的县东街、县前街、学前街、学道岭街、旧县前街（今竹荫街）、考棚街（今桃花井居民小区），兵马司巷、报马巷、驿马巷、宪司巷、火药局巷（在今3517工厂），以岳州卫守备署命名的守备巷，以上14条街巷均在内城区。外城区（吊桥以南）则有营盘街（今新建山）及长江水师游击署所在地游击巷等2条街巷。

民国初期，由于军阀混战，南北军阀争夺岳阳达7次之多。岳阳城垣被焚，一些街巷不复存在。至1934年，仅余府西街、府前坡、棚厂街（即考棚街）、守备巷、游击巷，新增了以长江水师提督署命名的提署街（今3517工厂内），共6条街巷。

1938年，日寇犯湘，日机大肆轰炸岳阳城达30多次，城区几成废墟。1945年光复后，虽经重建，但仅余棚厂街、守备巷、游击巷、翰林街等4条街巷，并一直保存至今。新中国成立后，城区虽经不断扩建，以上4条街巷仍得以保存。其中翰林街于20世纪50年代后期，为纪念在这条街上被捕牺牲的著名共产党人郭亮而改名为郭亮街，现又恢复为翰林街。守备巷现已被改建成居民住宅区，也不复存在。棚厂街改名为桃花井，成为居民小区，只有游击巷基本保持了原貌。

以宫观寺庙命名的街巷

岳阳自古就是个宗教盛行的城市。自晋代始，佛教、道教相继传入城区，儒、佛、道三教鼎立。千百年来，城区寺庙宫观祠庵甚多，香火不断。到清光绪十七年（1891），城内尚有佛、道、儒教场所60多处，尤以道教为多。

供佛教徒参拜的寺庙有乾明寺、观音阁、准提庵、白云庵等；供道众参拜的有玉清观、吕仙亭等；供奉各方神祇的庙宇如府城隍庙、县城隍庙、老君庙、洞庭庙、火神庙等；祭祀先贤或行帮诸神的宫庙如关帝庙、南岳庙、鲁班庙、药王宫等。人们出于顶礼膜拜与精神寄托的缘故，便以某些宫观寺庙作为所在地的街巷名称，如：观音阁街、竹荫街、乾明寺街、吕仙亭街、准提庵巷、文昌阁巷、洞旸宫巷、万寿宫巷、玉清观巷、白鹤寺巷、火神巷等。

1934年，原有的一些街巷不复存在，一些新的街巷开始出现，如药王街（在剪刀池旁）、文庙街、鲁班庙巷等。竹荫街在明朝初期已成为街道，原叫旧县前街，直到清光绪年间才改称竹荫街，因街南竹林茂密，浓荫中有寺名竹荫寺，遂称竹荫街，其距离为南正街路口向东至今竹荫街邮政局路口止。路东为县城隍庙街，因此处筑有县城隍庙，故以庙命名，路长仅20余米，到今新华书店止。20世纪60年代，竹荫街曾被改名为解放路。20世纪90年代，又恢复原有街名。近百年来，竹荫街也曾是岳阳最繁华的街道之一。

据现有地名资料统计，目前城区以宗教庙宇命名的街巷还有：上下观音阁街、南岳坡（庙）街、乾明寺街、吕仙亭街；准提庵巷、万寿宫巷、洞庭庙巷、玉清观巷、太子庙巷等十余条街巷。鲁班巷20世纪60年代初为当时的拖拉机修配厂征用，仅余20多米。2001年修居民住宅楼时全部拆除。

以山岭坡丘命名的街巷

岳阳城位于洞庭湖东岸，地势东高西低，呈阶梯状向洞庭湖倾斜，间与湖泊、平原犬牙交错，成狭长带状分布。因此，一些街巷便根据所在地的地势地貌命名。明清时期，还曾有"九岭十八坡"之说。以山岭坡丘命名的街巷，清《光绪巴陵县志》记载有：天岳山街、巴山巷、印山巷、君山巷；学道岭街、柴家岭街、油榨岭巷、金家岭巷；麻家坡巷、南岳坡巷。民国二十三年（1934），城区以山岭坡丘命名的街巷有：天岳山街、宝鸡山街、君山巷；柴家岭街、学道岭街、金家岭巷、油榨岭巷；府下坡巷、府前坡街、麻家坡巷、南岳坡巷。新中国成立后至20世纪60年代，随着城区向铁路以东扩展，一些以山岭坡丘命名的新街巷出现了，如炮台山路、新印山巷、九华山路、陶家山巷、柴家山巷、东茅岭路、东井岭巷、奇家岭路、菜园坡巷、枫树坡路等。20世纪90年代后，随着城市的东移北扩，城区面积不断扩大，又新筑了白石岭、高山坡、白杨坡、花园坡等路。

以"水"字命名的街巷

岳阳城滨洞庭、临长江，南湖、枫桥湖、东风湖、吉家湖等镶嵌城区周围。据1957年岳阳县建设科测绘的城区水井分布图记载：那时城区（铁路以西）有71口古井，7个大水池及众多水塘，是个名符其实的水城。因此，自古以来，有些街巷是以池、井、湾、河、湖、桥等带水或沾水的地名命名的。

据清《光绪巴陵县志》载：与水字有关的街巷有：街河口街、梅溪桥街、吊桥街、双井巷、鱼巷、茶巷、马家湾巷、河巷、剪刀池巷、洞庭庙巷等街巷。除吊桥街与剪刀池巷已不存在外，其余街巷一直保存至今。

民国后，又先后有红船厂、韩家湾、邓家湾、桃花井、丁家塘、南津港、娃娃塘、炮湾巷、南湖路、螺丝港、新桥巷、土桥巷、杨树塘等带水字的街巷相继建成，除丁家塘已被拆除作了市场外，其余仍均存在。

明清时期，岳阳曾有"三桥不见桥"之说。那时，护城河（汴河）绕城而过，城区内外溪水沟渠众多，故桥梁也。据《光绪巴陵县志》记载：老城区周围有滨阳桥、吊桥、孟家堤桥、迎晖桥、枫树桥、九龙桥，城内有花飞桥、勿剪桥，城外则有竹荫桥、梅溪桥、南津桥、紫来桥等十二座桥梁。随着环境的改变及城区的发展，一些溪流沟渠被填平，这些桥梁不复存在。所谓"三桥不见桥"应指竹荫桥、梅溪桥与吊桥，这三座桥全在老城区内外，是当时较为繁华的地段。

梅溪桥为明朝邑人杨梅溪捐建，故名梅溪桥。吊桥乃南门外进出之桥，日出放下，日落收起，以方便百姓出入城门，系官府所修。竹荫桥则为竹荫寺前溪流上之小桥，为竹荫寺所修。此三桥到清末民初，或因城墙拆毁，或因溪流被填平，均为繁华街衢及民房代替，哪能再见桥呢。

老城区的71口古井，现存的仅有邓家湾的观音井及玉清观巷的玉清井、桃花井小区的桃花井，余皆不复存在。

见证巴陵戏

张峥嵘

　　一座名城，一个剧目，一种创意，一场场盛会，无数的荣誉。

　　一幕戏，一群演员，一段段唱腔，为岳阳人们带来一场又一场精神盛宴。

　　艺术无止境，400年的巴陵戏，岳州之大戏，称得上是岳阳的门面。

　　20世纪80年代初，十几岁的我，揣着一张招工表被一艘小船载到了汨纺。在那里，我认识了一位岳阳巴陵剧团的子弟，因为闺蜜我与巴陵戏结缘。

　　当时，她比我先调回岳阳，我休探亲假时去她家小住。有天，她上班前，引我从汴河园走到茶巷子，把我往一个剧院一送就上班去了。宽敞的剧院，我独自一人坐在黑暗的台下，台上的灯光下，男男女女几位咿咿呀呀唱着。一会儿高亢，一会儿悲切，一会儿我侬你侬，一会儿刀棒相斗。并没有弄懂，台上所述何事，只记得我在台下坐着一动不敢动。这样连着看了好几天，知道了那是巴陵剧团，从而认得了巴陵戏。看过八个样板戏的京剧，看过无数县级花鼓戏，初识巴陵戏完全不知所云却被深深吸引。尽管后来在同样的地方看过无数精彩的电影，听过李谷一"乡恋"晚会，可在我心中那是属于巴陵戏的舞台，也只能是唱巴陵戏的地方。

　　中国人，爱听戏，因此，大多数戏剧便从生活中慢慢走向舞台并形成艺术的。五千年历史长河里，各地各民族五花八门戏剧名目眼花缭乱，精彩纷呈，体现了中国人乐观的生活情趣和深厚的华夏文化，记载了不同区域的人文风俗和精神生活。

岳阳，地处长江与洞庭湖交接处，是湖南省的北大门，自古以来就是著名的文化名城，更有着自己独特的文化质地。无论历史文化的蕴涵，还是地理位置的优越，处江湖之间，更处江湖之巅，也就诞生了地方特色浓郁的巴陵戏。岳阳是有资本骄傲的，一硬件，岳阳楼几毁几修一直在，一软件，巴陵戏几起几落一直传承与发扬。这种相辅相成，一直在，改革开放后，巴陵戏再掀浪潮，再赢地位，都因与岳阳楼有关的剧目《今上岳阳楼》《远在江湖》而成为新宠，就不得不将他们紧密相联了。

是的，它走了400多年，背负着岳阳文化艺术的重任，有着独有的历史价值和艺术价值。曾被胡耀邦誉为"岳阳三绝"（即岳阳楼、君山岛、巴陵戏）。而巴陵戏三字的称谓，更是大有来头，由田汉、梅兰芳先生确定。作为全国74个濒危剧种之一的湖南地方戏剧种，被文化部冠以"天下第一团"称号。传统经典剧目400多个。其中《九子鞭》《打差算粮》《何腾蛟》曾多次为党和国家领导人作专场汇报演出；新编历史剧《胡马啸》参加文化部举办的全国地方戏剧会演，荣获十项大奖；新编历史剧《弃花翎》晋京展演获"文华新剧目奖"。现代小戏《清明》获湖南省艺术节"三湘群星奖"金奖。一时间，"天下第一团"的巴陵戏名重三湘，红透了半边天。

巴陵戏不仅是岳阳的骄傲，也是湖南戏曲的奇葩，更是全国独具特色的地方大戏剧种。

可我站在剧团的排

圣安寺看巴陵戏

练场地中，看到他们几易其地，艰苦中的坚持，万分心酸也无比感动。艺术的发扬，靠的是这群艺术家的精神。巴陵戏，墙内开花墙外香，几年一搬几年一移的窘境，最后都到了"五冇"之地：冇办公场地；冇排演地场地；冇演出场地；冇创作经费；冇全额工资。几个"冇"挤到一起，大家越来越没信心。当时市民议论：这连草台班子都不如，估计不久都会消失。

它保存至今走过了一条怎样艰辛的路，一代代艺人付出了怎样的心血，直接诠释：执着、坚守。这得感谢老一辈巴陵戏人的奉献与挚爱。

据记载，巴陵戏最早起源于明末清初。因艺人多出自巴陵和湘阴（含今汨罗市）之故，最初称"巴湘戏"，后因它形成和流行于古岳州府，也有人沿用古代民间对戏剧团的叫法，称"岳州班"。

1953年，以岳阳古称巴陵，始定剧种名"巴陵戏"。清代中末叶是巴陵戏的鼎盛时期，唱红了岳州老城区。曾有"巴湘十八班""巴湘十三块牌"之称，湘北茶楼酒肆，"串堂""围鼓"演唱经年不辍。当时成书的《小五义》《华丽缘》都有关于"岳州班"的描述，足见当日流行之盛。辛亥革命后的1914年，岳阳商会为对抗咏霓戏园的京班，改乾明寺天王庙为戏园，戏班总名之"岳阳商办岳舞台"。1919年，岳阳商会将行头租予许升云，从此园班分开，戏园更名"岳阳大戏院"，岳舞台则成为巴陵戏班的专用名称。

1949年岳阳和平解放，有两人合股在茶巷子将一新茶园改为戏院，作为巴陵戏的演出场所。岳州巴陵戏创立百余年，一直没有固定演出场所，刚从外地回岳不久的岳舞台艺人，自此才有了落脚之地，终于在繁华的茶巷子有了一个正式演出舞台，结束了忐忑不安的流浪生涯。后来戏院几经改建，又称巴陵戏剧院。巴陵戏作为岳阳地方戏种，因其具有浓郁的地方特色而深受岳阳人民喜爱。

1949年后，在政府的关心下，艺人的经济收入得到保障，特别是1958年剧团转为地方国营后，政府都有专项拨款。演出与排练场地，政府也做了妥善安排，茶巷子的岳阳剧场后来还专门修建了排练场。特别是住宿方面，先是划拨公房解决青年演员的问题，后又拨款划地，在岳阳影剧院、吊桥、汴河园等处盖宿舍楼，巴陵戏艺人终于安居乐业。

他们在茶巷子阵阵茶香中开始潜心创作并培养新人。

巴陵戏在兴盛时期，兴办科班培养艺人，从清代道光年间到现在，为培养新人，更是不遗余力。前辈们带小辈更是全力以赴，倾其所有。现在活跃在岳阳巴陵戏舞台的一批国家一级演员，大都是从茶巷子的岳阳巴戏院舞台上，在老前辈们的传授下一步步走到今天的。

据现在仍然住在茶巷子里的剧院二胡演奏演员詹才顶老人回忆，他是1970年进入巴陵剧团的，那里已不再演传统的老戏目了，演得最多的是八个样板戏之类的现代剧。偶尔也演陈亚先几个人创作的小剧本。那时，陈亚先还年轻，写了剧本后，再通过作曲推上舞台。更多的是从外地引进的剧目，如《园丁之歌》之类。当时进剧团也没有现在的层次之分，什么公务员编制、事业编制、公正聘用编制、临时编制等等级别。那时，能招进来，便是正式工，便是革命的工作者。他就是当年下放在新开上文村后招工进了一个拖修厂，会拉二胡的他搞文艺会演时，师傅任舜根看他二胡拉得韵味十足，10月便调入了巴陵剧团。这在现在似乎不可能，因为，至少编制是不统一的。但那个年代，人才引进是真正人才的出路。

巴陵戏在茶巷子有了正式的舞台，其实也不是天天守着戏院的。一般都是一年365天有200多天在全省各县乡演出，其余时间练功，相当辛苦。很多人吵着调走。詹才顶当时孩子小没法照顾家里，要求调入了百香园任经理。

说起来，巴陵戏一直命运多舛。在后来的这60年中，同样走过了一条波浪起伏式的道路。这既与巴陵戏曾一度离开故土近30年有关，又与"文化大革命"的骤然中断传统戏的演出相关，更主要的是时代的飞速发展，电视、电影、网络、卡拉OK等现代娱乐形式的冲击，加之人们在文娱活动中自我参与意识的增强，巴陵戏有段时间的演出经常出现门可罗雀场面，令人扼腕叹息。

巴陵戏是老一代的精神寄托，在多少老岳阳人的记忆中久久挥之不去的老艺人也同样多，如李筱凤、周扬生、何其坚等著名表演艺术家那有声有色的表演，声正韵圆的唱腔，尊师重教的美德。还有一大批中坚力量，更有一批后起之秀在坚持，这样的传承，就怎么会让其消失？

无数坎坷波折中更名与换地，

几十代传人痴心坚守与创造。

新时期以来，社会转型，戏剧步入低谷。1996年后，巴陵戏人才凋零，艰难图存，一直未有新剧目产生。十年生聚，十年休息，他们在焦急中思考，在困境中求变。2006年，在随团培训的一批小演员逐步成长后，巴陵戏活力再现，举全团之力，推出《今上岳阳楼》。几年不鸣，一鸣惊人，新编剧目《今上岳阳楼》赢得无数奖项。在那一年，巴陵戏当之无愧被国务院列为首批国家级非物质文化遗产保护项目。

2011年11月29日，对于巴陵戏和花鼓戏来说，值得很多人记住。这是岳阳两大文化艺术项目划时代的也是成功翻页的一刻。在这一天，巴陵戏传承研究院成立。三团合一结大成，有了岳阳市巴陵戏传承研究院。

巴陵戏是岳阳传统风土人情的结晶，是中华传统文化一脉，是世界民族文化的经纬线。一切文化的传承与发展，都离不开一方水土的培植，离不开一个好平台。岳阳市巴陵戏传承研究院的应运而生，为巴陵戏创造了新天地。

2014年，魏传宝受命担任巴陵戏传承研究院院长，成就了巴陵戏成为省重点扶持的5个地方戏之一。400多年传承发展与发扬的起落，400多个精品剧目的留存与累积，改革开放巴陵戏迎来文艺大复兴时期，从这里启航，更推向世界大舞台。怎样才能不让文化瑰宝流失，怎样让更多的市民增加对巴陵戏的了解？巴陵戏传承研究院与岳阳电视台联合推出了"岳阳文化广场——巴陵戏"20多集专题片；在岳阳楼小学长年开办了"巴陵戏进校园"活动，培养了一大批院外小演员，赢得了全国奖；尤其在市委、市政府的大力支持下，创办的"幸福岳阳一元周末剧场"，所有演职人员，都将此当成了一项特殊的工作，坚持一年免费演出40场。为了历史留存，为了计无数巴陵戏老艺术家的艺术永存，随后，巴陵传承院全力以赴成立巴陵戏展览室。从巴陵戏的起源，到巴陵戏的发展，再到巴陵戏的成就，其资料的详尽与细致，让人看完对巴陵戏历史沿革一目了然。湖南省文化厅副厅长张帆看完"巴陵戏非遗展览室"后说："这是目前湖南艺术院团非遗陈列室最完整的、最规范的、做得最好的。"

"先天下之忧而忧，后天下之乐而乐"这句话不只是岳阳文化与精神的经典，也是巴陵戏传承与研究者一代代遵循的宗旨。

2015年，表现滕子京贬官岳州，修堤坝、建学堂、重修岳阳楼伟绩的新编历史剧《远在江湖》上台，引起震撼。其唱词、其灯光、其作曲、其演出堪称艺术精品。果然，当年，在湖南省艺术节上囊括编剧、导演、作曲、主演、舞美、灯光设计等全部单项"田汉大奖"，在全省14个地州市中排名第一。从这里，奠定了巴陵戏的新地位，树立了新的里程碑，翻开了岳阳文化艺术新篇章，谱写了2015年岳阳艺术界的精彩华章。

《远在江湖》阵容强大，剧本由创作过《曹操与杨修》的全国知名剧作家陈亚先撰写。无论是人物定位，故事情节，还是唱词，都在修改中趋于完美。上演后，大家评论，《远在江湖》的唱词堪称最有诗意、最流畅、最有韵律、最具画面感、最体现人物特点。导演由国家一级导演彭自兴担任，作曲由巴陵戏省级传承人、国家一级作曲刘茂林担任，舞美设计由国家一级舞美设计师谢惠钧担任，服装设计、人物造型由国家一级舞美设计（服装）师谢雨担任，灯光设计由国家二级主任舞台技师谌帅担任。参与创作的演员，经过层层研究筛选，都是巴陵传承院国家一级演员担大梁的。当时的市委常委、宣传部部长徐新启称："这部剧以忧乐精神告慰先人、激励后人。希望艺术家们继续千锤百炼，让这部巴陵戏带着忧乐文化走出湖南，走向全世界。"演职员们说，光环的背后，有许多感人的故事，充分体现了团队的力量，真的是一次锻炼，也得到一次提升。

2016年9月3日晚，我随团采访，坐在北京全国地方戏演出中心观看《远在江湖》的精彩上演，有幸在现场看巴陵戏重登阔别20年的国家级剧院时，无比自豪。

那是一场特别心情下观看的巴陵戏。我见证巴陵戏这一刻的登台，见证跨越历史，超越现实意义的延伸。短短两小时，江湖撼动人心，巴陵戏震惊江湖。这一天，对于岳阳，对于从岳舞台走出来，对于岳阳文化活化石巴陵戏，对于巴陵戏传承研究院来说，都是一个值得纪念的日子。因为，两年来100多人的付出，引起了中国戏剧界地对地方传统戏剧的关注，引发了中国传统文化研究专家的热议，也引起了全国各大媒体的追踪报道。

一座文化古城

一位千古贬官

一座天下名楼

一篇绝世美文

一个活化石剧种

一次集体创作

成就岳阳巴陵戏传承院，佐证岳州深厚的历史文化艺术，再一次体现"岳家军"之实力，再一次创巴陵戏巅峰。再深的历史，掩不住过往的功绩；再地方性的戏剧，掩不住其艺术价值。

400多年传承发展与发扬，

400多个精品剧目的留存与累积，

几十代传人痴心坚守与创造，

新中国70年扶持发展与壮大，

从舞台搬上银屏的重大突破。

最美南正街

梅　实

　　南正街在明代即已成街，算起来已有六七百年的历史了。清代乃至民国时期，曾经是岳阳最为繁荣的一条街。那里集中了多家百年老店，如严万顺启记老药号、谢天吉药店、戴豫康绸布店、毛华盛绸缎匹头号、永泰和布店、德馨酱园等。后来，或因战火，或经营不善，或政治需要，这些老店被烧毁的烧毁，倒闭的倒闭，更名的更名，到70年代的时候，一家也不留了，但南正街仍然是岳阳的商业中心。

　　我第一次去南正街，是1973年8月12日，其时，我高中毕业不久，正在大队里当小秘书，那天跟了大队党支部副书记李子胥，平时我叫他子胥哥的，到岳阳出差。到了吃饭的时候，子胥哥说，难得来岳阳一回，今天中午我们俩一定要吃好一点。我们从岳阳楼出来，沿洞庭路从北往南走，先到巴陵面馆，一打听，只卖面，不卖饭。又走，不远处一家工农兵饭店，进去一看，桌椅板凳跟我桃林街上的饭馆相差无几。子胥哥说，不行，再找一家看看。拐了个弯，到了岳阳饭店，经打听，人家说，这是岳阳最大的饭店了。于是就进去。先买票，子胥哥一咬牙，掏出一元钱，买两角钱的饭，八角钱的菜。取菜时发现，就一样菜，冬瓜炒肉，两角钱一份，一份有一大碗。服务员为我们盛了四碗，端到桌上，我用筷子拨弄了好一阵，才找到两片油渣子一般的肉片片。你想想，这四大碗冬瓜我俩哪里吃得完。子胥哥气得青了脸，要去退货。我费了好大劲才将他拉住。子胥哥气嘟嘟地说，X他娘，这一块钱等于打了水漂漂。

两年后，我到岳阳师专读书，才知道岳阳饭店的名气是挺大的。后来我们还发现，岳阳饭店有一样特色吃食，叫豆皮，一角二分钱一块。香香的糯米饭，用豆皮包着，用油煎，特别诱人。我们寝室里八位男生，都想吃这玩意，记不起是谁想出个损招，哪位来了女客（包括亲戚和同学），就得出钱请客，来一个出一块钱，来两个掏两块。同寝室有个叫周世昌的，平时喜欢往女孩堆里拱，找他的女生也就多。所以他经常掏腰包。有了两块三块，就派一个同学去岳阳饭店买豆皮，说是派，实际上大都是潘海滨自告奋勇担当重任。可怜潘海滨，平江山里伢，属于他的那一份他也不吃，我想他当时一定是极想吃的，可他从没吃过，而是全部用一张报纸包好，然后放进布袋里，先从解放路口搭车到四化建，然后一路小跑，回到学校，打开来，豆皮还是热热的。我们在欢笑中又过了一把瘾。

到了20世纪80年代，改革开放之风吹进了岳阳，自然也吹进了南正街，那些陈旧甚至破破烂烂的店面一个个被装饰一新，招牌也更换了，店名越取越时髦。不过，有的因一不小心，又弄出差错来。岳阳饭店斜对面有一家专卖妇女儿童用品的店子，门楣上曾挂出硕大一块牌子，叫"岳阳市妇女儿童专卖店"，还装了霓虹灯，到了晚上，五颜六色的灯光一闪一闪的，隔老远都看得见。没多久，被人发现，告诉了市委书记朗爹，朗爹找来商业局长，狠狠地刮了一顿胡子，朗爹说，你们是专卖妇女儿童的呀！第二天，牌子上在妇女儿童后面加了"用品"二字。

南正街还有一样东西曾挺有名的，那就是冰棒。20世纪70年代，冰棒才3分钱一支，到了夏季，每天不等天亮，就有几百名妇女儿童，背了泡沫箱子，到冰厂门口排队上冰棒，进价为2分4厘，每卖一支，可赚得6厘钱。因为南正街的冰棒质量好，名气越来越大，邻近几个县城也有一些人来上了冰棒拿回去卖。有一年我去湖北蒲圻出差，就听街上有人大声吆喝，冰棒，岳阳南正街冰棒。经打听，果然是南正街冰棒，5分钱一支，比当地生产的冰棒一支贵2分，还好销一些。后来，冰厂除了生产一般冰棒，还推进了雪糕、绿豆沙、蛋卷、冰激凌等，花样越来越多，价格也越来越高。再后来，什么花样也没有了，冰厂倒闭了。冰厂临街门面，开了一家餐馆，名曰傣家楼，不仅做出的菜有傣族特色，还从云南那边招来几个傣族女孩儿，客人用餐的时候，她们就穿着艳丽的傣装，且歌且舞，跳来跳去，离不开关牧村的《月光下的凤尾竹》，表演结束前，还向客人抛绣球，引起客人阵阵欢笑。有时候，干脆一人发一个，皆大欢喜。有一次，文选德同志来了，那时他还是省委常委、宣传部部长。饭后，我问他感觉怎么样，他一边把玩着绣球，一边笑答，味道不错，情调不错。不知什么原因，红火了一阵的傣家楼，突然间又熄火了，门面重新装修，新店开张，叫天然居，以吃鱼为主，尤以回头鱼为特色菜，我曾慕名去吃过几回，感觉的确不错。只是觉得这店名，天然居，本是过去的一家名店，还有一副挺有意思的对联，客上天然居，居然天上客。这是一副颠倒联，名传海内外。开这么一家有特色的店子，什么名字不好取，为什么偏要去重复别人呢？不得其解。

　　冰厂对面，那就是赫赫有名的南正街百货大楼了。在20世纪60、70、80年代，南正街百货大楼一直是岳阳商界的大哥大，排第二的是东茅岭商店，排第三的是先锋路商店。南正街百货商店名气大，一是它的经营面积大，二是它的品牌多，据说有一万八千多种，三是店里营业员的服务态度好。学北京百货大楼，微笑服务。东茅岭商店的名气也大，但那里主要是营业员中领导的夫人多，喜欢犯"摇头病"。那时岳阳流行两句话：平江的山岭华容的路，东茅岭的商店北门的渡。这都是令人头痛的地方。

　　紧挨冰厂的，是一家商场，叫新新商场。这新新商场是20世纪80年代

二十一世纪初的南正街

拆掉旧房后建的，当时还算不错。商场楼上，开了一家舞厅。在当时，岳阳对外营业的舞厅，这算第二家，最早的一家是铁路俱乐部。那时岳阳街上会跳舞的人很少，这么多人怀着好奇心理去看热闹，然后就跟着蹦，叫作旁边看，试试看，出身汗，使劲干。广兴州有两个农民兄弟，站在门外听楼上嘭嘭嚓、嘭嘭嚓，好热闹的，以为里面一定有好家伙看，于是急急地一人花2元钱买了票，待到里头一站，傻了眼，买了2元钱的票，还要自己跳。回到一楼硬要将票退了。

南正街百货商店大楼旁边，还有一家小店面，叫立新服装店，店里有位老师傅，人称华爹。华爹的衣服做得好，老岳阳人大都晓得。带着布料，1984年秋季的一天，我请他为我做一身深蓝色中山装。华爹单单瘦瘦，性情温和，他仔仔细细替我量了尺寸，一一写在本子上。衣服做出来，穿在身上，果然十分得体。后来，只怪我全身横向发展，那身衣服实在不能穿了，我将它挂在衣柜里，好久都舍不得送人。华爹后来的情况我也不得而知，真对不起，我只知道他老叫华爹，他到底是姓华，还是叫什么华还是华什么，我也说不清楚。

这里一定要说说巴陵面馆。岳阳街上的老人，哪一个不知道巴陵面馆的呀！我在岳阳读书和刚参加工作那几年，巴陵面馆仅仅去过一次，不怕您笑话，不是不想去，是因为囊中羞涩。那时候，巴陵面馆一碗肉丝面1角8分钱，一碗3鲜面3角2分钱，经济面，又叫光头面，1角钱，对了，我第一回去，是1977年的春上，吃了一碗三鲜面，还是我们班里的工宣队员李师傅付的钱。李师傅是桃林铅锌矿的老工人，文化水平不高，待人非常好，对我这个小老乡特别关照。那个三鲜面呀，里面有肉丸、黑木耳，还有墨鱼，味道真的不一般。后来，我在别的地方也曾多次吃过三鲜面，前几年我去湘阴，在湘江边的一家小餐馆里吃过40块钱一碗的牛肉面，都没找到巴陵面馆三鲜面的那种令人终生难忘的鲜味。令人遗憾的是，巴陵面馆在修岳阳商业大厦的时候给拆掉了。

20世纪80年代，南正街因街道整洁，绿树成荫，店铺漂亮，文明靓丽，被评为全省最美一条街之一。如今近四十年过去，那美好的一切，都成为历史了。

天岳山电影院，一个时代的标志

张峥嵘

　　岳阳老街天岳山，是一个岳阳老老少少都知道的地方，我记住它曾经得益于它的特别身份，现在得益于它的与时俱进的特色小馆子。不论何种原因，能让人一直记得就是一种值得的事。

　　要想追根溯源，也没什么深奥，一是名字未东变西改，二是曾在很久的岁月相当繁华，三是天岳山电影院曾经的风光。当然，吸引岳阳人，甚至外地人赶来的不是因为旧城的文化，是叫天宝的小店龙虾的引力。这么一说，关于天岳山，几千年来来去去，留名的不是玩便是吃了。

　　清光绪《巴陵县志》有记载："天岳山街自十字街南一百三十步，东为金家岭巷；又南百六十步，至羊叉街，北通油榨岭，南通塔前街。"近段，我从汴河街下车步行至天岳山街。在当地居民意见不一的指点中，总结出这条街的基本概况。街乃南北走向、长度仅百余米，在20世纪很长一段时间内，与旧时楼前街、南正街、塔前街等连接起来，成为我市最繁华的街道，成了这个地区经济、政治、文化生活的阵地，成为四里八乡的商贸金融中心。

　　天岳山街的北面直通南正街，西面就是油榨岭街，南面直指慈氏塔，东面有名震江湖的乾明寺，更有文化深厚的三中。就是这样一条小十字街，满眼都是大小商铺，光小学就有几所。20世纪80年代，我有一位同事便是天岳

山长大的，其大
胆、其气势、其优
越感让人惊叹。刚
刚改革开放，女孩
子们还胆小怕事，
什么也不懂，受到
某东西诱惑也只是
偷偷瞅几眼时，她
好像什么事都能出
头，仿佛见过大世
面。凭她当年的风
范，足见天岳山这

天岳山影院旧址

条街的人不一样，其街也一定是不一样的。

当然，这只是记忆中的样子，如今早已是随随便便地将就着，就显示出
了老而逼仄的寒酸来。天岳山的叹息是："唉，终究是老了啊。"

确实老了，就连天岳山街一度标志性建筑之一天岳山电影院，都已经成
了一栋破楼。

近段，我寻访了天岳山电影院。现在说起天岳山影剧院，很多人都不清
楚在哪了。其实就位于天岳山街与油榨岭街相交的街口，影院是一栋四层楼
房，楼房外墙已经剥落，外围的钢筋也已生锈。记忆是美丽的，现状是不堪
的，它旁边老居民强哥开的餐馆饭菜是一流的。

说起天岳山电影院，追溯得太清楚就会发现，其实刚开始它并不是作为
影院而建的。20世纪50年代，正是运动不断时，适应形势而建这个岳阳县政
府礼堂。礼堂为县、区、乡三级扩大会议及一些政府大型会议的地址。为何
后来成了影院，这也算阴差阳错的一个偶然事件。作为礼堂，再多的活动也
不可能天天有，因此，极多的时间，它是空闲着的。有一次，会议期间放映
了一部电影，1956年便正式改为了"建设电影院"。当然也还是会为会议服
务，但更多的时间就是用一部16毫米8.75的小机子放电影。

既然跟着时代步伐东用西用，那么名字，也包括中国民间及官方的文化

特色里的一项，名字的形势性。地名也好，人名也好，企业也好，其名随着政治风云不断更替，最后弄得原名不知所以，当然原故事便只得放弃。偶尔在史书里看到某些旧名旧址时，再发疯一样追根。几个称为史学家的人据理力争的确定，只有与先人重逢后再扯地皮官司了。天岳山"建设电影院"也一样，"文化大革命"时改成了"东方红电影院"。时间进入20世纪80年代，人们的思维在经济的浪潮中从纯感情又变得彻底的理性与现实起来。东方红电影院又实行实地命名制，改为了"天岳山电影院"。

当时岳阳有名的电影院也就"岳阳影剧院""天岳山电影院""军工俱乐部"等为数不多的几家，看电影不像现在电视机、投影、手机等等随时开映，那时可是一种时髦，一种消费，这样才得以见证了不少青年男女的爱情实况。现在，岳阳各重要小区的影院星罗棋布，却常常只有几人观看，是无法想象当年天岳山影剧院的盛况。那时的文化活动少之又少，看电影几乎成了唯一的大众化文化娱乐，也成了很多人了解历史、了解艺术、了解外部世界的唯一窗口。看过之后，电影的内容在相当长的一段时间内还会成为大家津津乐道的谈资。而看电影时，问得最多便是，哪个是好人，哪个是坏人？现在想想，那简单的思考，有时代的可笑也有一种轻松。

1979年调入天岳山电影院的跑片员，后担任副经理的任利平介绍：天岳山电影院比起长沙及北京、上海的电影院是很小了，也有容纳1200人的厅，足够吓得现代小微型厅一个倒翻。为了提高听觉效果，采取了最土的土办法吸音。他们用木屑子与泥浆调和将墙粉刷成不平整状，成了当时音响效果最好的影院。

当年任利平负责跑片。跑片这个词当然已经成为了生冷词，估计以后在历史长河里只会成为字典中的词语。当年可是一个非常光荣的职业。在胶片时代，一部电影几铁箱胶片。这家提前一点放，跑片员等着，等你放完两盘，跑片员再提着跑回自家影院倒片，放映。放完了，跑片员再跑回前面那家影院拿回刚放完的胶片。一部电影，最少来回得跑几个回合。想象一下便知，"跑"这个字无论是直译还是理解，都是一个十分火急的辛苦工作。一场电影最少一个半小时，全市才三家电影院，其距离少说也是十几公里，汽车是不可能有的，单车都是奢侈品，这样的跑，马拉松运动员都甘拜下风。

任利平回忆说，天岳山每天最少放映六七场。工作人员都是通宵达旦连轴转，上午一场，下午两场，晚上三场。最火爆的当数放《少林寺》时，一天放了12场。算算其跑片的路程是多少？任利平说，当时没觉得特别累，因为那个年代能为人民服务特别开心。这个说法一点不假，那时，是真心实意想为人民服务，以此为荣。报酬啥的，没想过。

天岳山电影院的火爆，当然也激发第三产业的兴旺。

一到放映时间，挑担的小商小贩便都来了。香香甜甜氤氲起满街的浓郁，挑担猪血肠子、猪血汤、米豆腐汤、包面等，热腾腾的货担上摆着十几个小佐料碗，调料都有二十几种。纸筒的炒瓜子、油炸的猫耳朵，应有尽有。而买得最多的是人手一捧纸筒卷起的炒瓜子。一边看着电影，一边嗑着瓜子，那是那个年代年轻人最为惬意的享受。只是苦了电影院工作人员，水泥的地板，瓜子壳非常难扫，每天要扫出十几箩筐。隔个星期便必须用高压龙头冲洗一回。别看这份工作辛苦，下班走到外面特别有面子。一说是天岳山电影院的让人眼睛一亮：同志，可以搞张好点的票吗？

正是这个优势，让公费医疗时期医生整天"卖牛肉"一样吊着脸骂病人，一切物质凭票供应服务员个个"爹"一样神时，他们倒免了好多白眼接下了很多的笑脸。与这些"特殊"人物关系处理得特别好。

到了20世纪90年代，天岳山电影院因墙体开裂，屋顶木结构枯损，安全成了重大隐患。每到年节时，家家鞭炮不断，人家过年，这里过关。为防止安全事故的发生，政府在原地改门换面重建了这栋现代新派建筑，才有这栋让我惊奇的新派旧楼。

楼换了，放映机更新了，城市却东移了，扩建让旧城冷了，人也走了，天岳山电影院遭遇了这个时代必然遇到的市场冲击。在经过了几年的亏损后，终于关门大吉。关得太久，一栋建了不久的气派新楼只剩一个壳，挺在风雨中，不知何去何从。

当然，这样的楼是不会拆的，旧城改造的城图上，它知道一定有它，只是不知道，它出演的是什么角色。

难忘的回忆

邓建龙

20世纪60年代初，岳阳仅是个五万余人的小县城。那时，刚经历过三年自然灾害的困难时期，国民经济尚未恢复，生活物质相当匮乏。但文化体育活动却开展得红红火火，是新中国成立以来岳阳文化体育活动开展得最好的时期之一，极大地满足了当时人们的精神文化生活。至今回想起来，令人难以忘怀。

一、阅报栏

20世纪50年代中期，为配合当时的各项政治运动，县邮电局在竹荫街十字路口南侧营业所外设立6个可转动的木制阅报栏，供市民阅报。

1962年，我入县二中读书，上学放学经常经过这儿，因此常在此阅报。那时，我人小个子矮，阅报时须昂着头，有时就干脆踩着栏杆看。每遇重大新闻，人多时就挤过人缝，钻到前面去看。我最喜欢看的是《人民日报》与《解放军报》，它们刊载的新闻多、信息量大。尤其是《人民日报》的国际版，是我首看之页。我酷爱历史地理，关心国际时事政治，《人民日报》恰好给我提供了这样的平台。其次是《解放军报》，因我从小就立志参军，保卫国防，故对军报反映的火热的军营生活特感兴趣。尤其是其刊登的老将老帅与老同志的回忆录，每期每篇必看。此外，《羊城晚报》因资料性多、趣味性强，也是必看的报纸。然后是《光明日报》《中国青年报》。《湖南日报》因版面不活，资料性与趣味性不强，且多反映地方与农村新闻，故放在最后。

因上学的原因，我只能利用早晨、中午上学或下午放学的时间阅报。可当天的报纸一般在9时30分新报来时才能替换，早晨只能看到昨天的旧报。因此，只能中午上学或下午放学时看报。有时，遇有重大新闻，即使烈日当空，也照看不误。下雨时，则擎着雨伞观看。人多时就先看其他报纸，待人少时再看主要报纸。

当时，正值国际上帝、修、反猖狂反华，国际风云变幻，许多重大事件与时事新闻报上都有刊载。如古巴导弹危机、蒋介石妄图反攻大陆、中印边界自卫反击战、国际共产主义运动大论战等。每当这些新闻见诸报端，我都一字不漏地看完。1962年，美国雇佣军武装登陆古巴，妄图颠覆新生的古巴革命政权，这就是有名的"猪湾事件"。当时，全党全军全国人民响应毛主席号召，上街游行示威，声援古巴人民。学校也教唱了许多支持古巴人民的歌曲，这些歌曲，至今我还会吟唱。

总之，通过读报，我开阔了眼界，增长了知识，也为我今后的人生观和人生道路奠定了基础。为革命学习，为革命工作，也成为我们那个时代广大青少年的理想和信念。今天回忆起来，这些街头阅报栏同样是我人生成长的良师益友。从那至今，我养成了看书读报的好习惯，先后订阅了30多种报刊杂志，看书读报已成为我每天生活中的一个重要内容。20世纪80年代后，随着现代传媒的出现，街头售报亭的增多，邮局的搬迁，这些阅报栏也随之消失。

二、图书馆

那时，我因喜欢看书读报，被同学们推为图书委员，每两周一次，代表班级去校图书馆借书，因此校图书馆的书籍被我翻了个遍。况且校阅览室的报刊杂志虽多，但以青少年读物为主，已无法满足我的求知欲望。于是，我便将目标瞄向县图书馆。

本来，从我家到学校有两条路径可走：一条从乾明寺街穿金家岭巷，走南正街、吊桥街、翰林街，路宽阔平坦；一条从乾明寺街经梅溪桥街，走下观音阁街，穿过汴河园，爬陡坡。但因县图书馆位于竹荫街十字路口不远，加上有邮电局的阅报栏，故我走后一条路径较多。

县图书馆当时位于下观音阁街西侧，因属县总工会代管，故与县总工会在同一院内。馆舍是栋红砖黑瓦的小平房，坐西朝东，正对大街。馆舍呈一字形，中间是走廊，南边是报刊阅览室，北边是图书外借处，面积各约25平方米。

我第一次走进图书馆，欲进阅览室时，被坐在门口的管理员拒绝。理由是年龄小，只接纳成年人。我不甘心，此后天天跑来，仍被拒之门外。有时趁管理员给读者拿杂志，趁机溜进去，又被赶出来。但我仍不死心，一放学便往那儿跑。久而久之，不知是管理员发了善心，还是我锲而不舍的精神感动了管理员，乃睁一只眼，闭一只眼，不再拒我于门外。

这位管理员姓彭，瘦高个，长条脸，身体不大好，经常在馆内煎中药吃，我称他为彭老师。经常主动帮他夹报收报、整理杂志、打扫卫生，赢得了他的信任。有时，彭老师上街吃早点或临时有事与看病，便对我说："小鬼，你来帮我照看一下。"我便担当了临时管理员的角色。后来，连外借处的老师临时有事，也喊我照看一下。

那时，阅览室正面墙上挂着马、恩、列、斯、毛五位革命导师画像。其他三面墙上则挂着十几位世界著名文豪的画像。室内呈品字形摆放着三个条形人字形阅报栏，上面摆放着一些报纸与各种期刊画报。三面靠墙处则摆放挂着全国各地报刊的报栏。进门左侧放着一玻璃柜，分层摆放着借阅量多的画报杂志，凭工作证借阅。我想拿学生证借阅，管理员不同意。后来，取得他的信任后，我可以任意翻阅各种期刊杂志。

在这里，我第一次阅读了《参考消息》。以后，每次进阅览室，它便成为我看的第一份报纸。然后依次是《人民日报》《解放军报》《羊城晚报》《体育报》等。这里还有《解放军画报》《人民画报》等各种国内出版的画报，以及各社会主义国家的画报，如《苏联画报》《民主朝鲜》等。当然，我最喜欢看的还是《解放军画报》。

外借处须凭借书证才能借阅，学生证不行，我便拿父亲的工会证办了个借书证。由此，我借阅了许多古今中外的名著与各种小说，也阅读了大量的人物传记、内部读物、革命回忆录等书。今天回想起来，正是图书馆这个平台，使我吸收了大量的知识，掌握了大量的史料，为我后来从事党史、文史、地方志研究工作提供了便利的条件。"好风凭借力，扶我上青云。"在某种程度上，图书馆也成为改变我人生道路的一个重要驿站。

20世纪70年代初，图书馆搬到翰林街口（云梦剧院所在地），我又成为那里的常客。后来，县馆变市馆，搬到乾明寺小学与今南湖大道。从1962年至今，我仍是他们是忠实的读者。近半个多世纪的阅读生涯，也使我亲眼见证了市图书馆的发展历程。

三、工人俱乐部

20世纪50年代至60年代初，城区设有县总工会、铁路、211（今3517）厂三个工人俱乐部。内设灯光球场、演出厅、阅览室、活动室，成为广大工人市民工余休息，开展文化体育活动的场所。60年代初，这三个俱乐部经常举办各种形式的文体活动，如篮球比赛、文艺演出、棋类比赛、拔河、灯会、猜谜语等。1963年，我曾在总工会工人俱乐部看过由岳阳一中红旗文工团演出的话剧《年轻的一代》。还曾在211工厂俱乐部观看过全县文艺汇演。有时，这些俱乐部也放映电影，哪个俱乐部有好片放映，我们便赶往哪里去看。当然，看得最多的还是篮球赛。那时，每年都要举办全县职工篮球赛，一打就是几个月。城区大大小小的单位，几乎许多都设有篮球场，并成立有篮球队。相比于足球因受场地限制，篮球与乒乓球成为当时市民最为普及的体育活动。

最令我难以忘怀的还是县总工会的工人俱乐部。该俱乐部设金家岭巷原乾明寺旧址上，在天岳山电影院的东北方。我家离俱

铁路工人俱乐部

乐部近，且上学放学都要经过其门前。俱乐部每天如有电影或球赛，就会贴出告示。放学回家后，我提前把作业做完，吃完晚饭便往俱乐部跑。等到球赛开始或电影放映时，我早就占好了位置。当时，电影是要买票的，球赛则是免票。俱乐部的灯光球场，没有球赛时，便改作露天电影场，放映电影。尤其是夏天的晚上，相比电影院内的闷热，自然是要感到凉爽舒适惬意。

我最喜欢看的还是篮球比赛，每看到有队员打出好球时，无不为之击节叫好。当时，岳阳有几支打得较好的球队，如商业、铁路、211厂等。后来，华北铁路局某处迁来岳阳，他们球队的队员都是北方大汉，身材高大，成为球场上的一支生力军，历届联赛的冠军就在这几支队中多次易手。而那些球打得好的队员，如商业队11号王平、铁路队7号陈友才，受到广大球迷与观众的称赞，更是我们这些篮球少年心中的明星。受他们影响，我也迷上了篮球。那时，为了打球，我将攒下的零花钱，托人去广州买了一个胶皮篮球。这在当时全校尚属首例。我用一个网袋提着球上学放学，一有空闲时间，便在学校或工人俱乐部打球。

最令人难以忘怀的是每次全运会后，湖南代表团依惯例要赴全省各地作汇报表演。来岳表演的场地就设在工人俱乐部灯光球场。1959年第二届全运会后省运动队来岳表演时，我仅10岁，人小个子矮，无法挤进人群。1963年第三届全运会后，我已14岁，当省运动队在灯光球场表演前，我与小伙伴们早早挤进场地。当时，球场的水泥看台上、周围的房顶上、树上、墙上站满了观看的人群，运动员的精湛表演，也赢得了岳阳人民的热烈掌声。"文革"后，这种惯例被打破，再也未见省队运动员来岳汇报表演。

总之，我在工人俱乐部度过了人生中最快乐的青少年时期。因此，工人俱乐部也是我成长的摇篮之一。可惜"文革"时，工人俱乐部被勒令关闭，其房产土地交给县印刷厂改建为职工宿舍。

四、电影院

20世纪60年代初，城区建有巴陵、群乐、百香园三所剧院，一所电影院及三所放映电影的俱乐部。尤其是建设电影院，更是广大市民娱乐休闲享受艺术盛宴的殿堂。

电影院建于1951年。当时的岳阳县人民政府因缺乏大型室内会议场所，乃于原乾明寺西面的县文庙旧址，修建一礼堂，取名"岳阳县人民政府大礼堂"，可容纳800余人。礼堂外则有一足球场大小平地，用作大型群众集会。1953年3月5日，革命导师斯大林逝世后，岳阳各界就在此举行隆重的追悼大会。后因县电影放映队缺乏放映场所，县政府便将礼堂作为专门的放映场，改名为"建设电影院"。"文革"时还曾改名为"东方红电影院"。平时放电影，需要时用作会场。20世纪70年代后，因其大门改对天岳山街，遂更名为"天岳山电影院"。但至今70岁以上的老人们仍习惯称其为"大礼堂"。相较而言，在一切艺术中，电影是最形象直观的艺术。它那恢宏的场面，真实的场景，立体的画面，浓郁的生活气息，更容易为广大人民群众所接受。那时，工余饭后能看一场电影，真是莫大的享受。当时，电影票不贵，首轮片一角五分，二轮片一角，三轮片五分，学生票仅三分。正因为如此，看电影的人远多于看戏剧的人，尤其是青少年更是喜欢观看。

那时，放映的影片既有国产片，也有外国片，如社会主义兄弟国家的影片，以苏联影片居多，也有美、英、法、印及其他国家的影片。类别则有故事片、戏曲片、歌剧片、纪录片等。总之，反映古今中外的都有，当然还是以反映工农兵生活及革命斗争主旋律的影片为主。一般下午放映一场，晚上放映两场。每逢节假日，则增加放映场次。尤其是春节期间，从初一至初十，自上午8时至晚上12时，每天放映七场，场场爆满。整个广场上，看电影的、游玩的、摆摊的，熙熙攘攘，人流不息。有时，外地来的马戏与杂技团也在此搭篷演出，更增添了节日的喜庆气氛。当时，电影开场散场都要播放音乐，只要音乐一响，即使坐在家里，我也知道上一场结束，下一场进场了。而播得最多的一首歌是《1959年是个跃进年》。至今回想起来，仍令我激动不已。

那时我最喜欢看反映革命战争题材的影片，电影《上甘岭》看了7次，《铁道游击队》看了4次。后来，我又迷上了反映重大历史事件的纪录片，如中印自卫反击战、古巴导弹危机，反映希特勒第三帝国的《条顿剑在行动》等。这样的纪录片，当时仅限于内部播放，只有干部才能观看，我们这些少年是根本不让观看的。于是我们便从门缝偷看，或想尽办法混进影院，才如愿以偿。

最开心的还是学校组织的集体看电影。为加强对学生的爱国主义教育，活跃学生的课余文化生活，每个学期，学校都要组织全校学生集体观看两次电影或戏剧。由学生自己出三分钱，学校统一购票，统一组织观看。当时，许多电影都配有插曲，如《上甘岭》《洪湖赤卫队》《蚕花姑娘》《红珊瑚》等，这些电影插曲优美、抒情且健康向上，影片播映后，立即传遍大江南北，深受广大人民群众喜爱。学校也立即教唱这些歌曲。至今，这些歌曲仍激励鼓舞着我们，将我们的思绪带回那火热的年代。

由于电视等现代传媒的普及，电影一度步入衰退时期。天岳山电影院也逐步退出了历史舞台。

街河口，惊涛骇浪中的历史演变

张峥嵘

街河口，只要你面湖一站，你就忘记了自己，就有了江湖侠义之气。

临湖而立，湖风吹拂，波涛汹涌，君山岛远山含黛，让人由衷生出大丈夫的豪迈与激情。一曲船工号子，就从心里不可抑制地甩向湖中，湖中漩涡翻滚。

甩向湖中的气势，非常吸引我，就经常去街河口，从南正街直走或鱼巷子左转，或从天岳山下来油榨岭右转都能到达，只是，我常常空无一物，不知该向湖甩出什么东西。我因为喜欢，我也常常带朋友去街河口，它的过去先不论，街河口的现在对于很多讲究的人，她们并不喜欢。一天到晚泥泞不堪，腥臭难闻。她们唯一中意的是，河岸边，渔民日复一日的交易时的鲜鱼活虾。

我喜欢，因为站在高处，洞庭湖全景可一览无遗。四季之风带来的泥腥，这让我安全。有次在外旅行，那里并没有什么东西吸引我，突然闻到熟悉的味道，有人掩鼻而跑时，我笑了，那样的腥臭，一下子对那个城市亲切起来，仿佛它是岳州城走失的兄弟。当然，我最爱的还是走下去，彷徨彷徨地走着，这样走着，似乎可以走到洞庭湖的心里，走向无限深处，直至大海。每当从走神中醒来，只要听到市场沸腾，看到老船停舶，一浪一浪中就自在了，因为，我们是洞庭湖的儿女，我们在湖的呼吸中，在风浪中，在气息中，感知扎实的存在。

　　我以为，街河口，应该就是一条通河的街而得名，这次错了，并不是通俗的叫法形成固定。据传，街河口三个字是由宋代古乾明寺的老和尚睦禅师依据"天河天街皆在口，即心即佛便为道"的意趣而特为此处冠名。这听起来完全不一样，即刻得到了民众和官方认可，便一直保留至今。是真是假不重要，重要的是，从宋代以来，僧侣信众修心拜佛、文人墨客登楼怀古、商贾渔夫牟利求生，皆从街河口上岸进入巴陵城，高人自是一批又一批的。更有无数岳州才子怀着满腔的理想、希望和追求从这里登船走向九州，走向世界。千百年来"一口吞下三江水，街在水中河在心"。街河口街以河作通道，河以街作依托，留下了"走江湖"的传奇，巴陵城辉煌的一页也留了下来。洞庭湖久远沧桑的船工号子，同样沉淀在街河口肥黑的泥沙里。我感知那条从泥泞到水泥修建的水道，穿过高高的岩石防护墙，默默诉说着从前。诉说它伸向八百里水泊，通向外面世界，激活岳阳曾经的繁华，也激活鱼巷子一片生机的荣耀。时代发展，很多东西会作出牺牲，才可吐故纳新。街河口千帆竞发的景象随着现代大型港口的建设，悄然退隐。退隐于老城居民的平凡生活中。

　　好汉不提当年勇，现在的街河口，走了几百年，什么没经历过，谁走得出岁月的侵蚀？低矮的房屋，风烛残年，拥挤的巷子里，一年200天湿湿地蹚在污水里。沿坡而下，左边破旧的厂房飘着几件衣服，右边新修的花园，茶花开得正艳。沿湖风光带建设，有了很大的变化。2021年，街河口为防水倒流修了一仿古建筑的闸，坡下老铁路保留着，一

1915年的街河口

辆绿皮火车成了大家争相拍照的打卡点，两边形成了独特景观，仿如两个时代以那条水道对接，正逐渐重组，吻合，合力向前。2022年的春节，这里已成为网红打卡地。

几年前我去时，入口处一对石狮子气势非凡，街沿上，手工修补钉鞋的工匠低头忙着。上街，街边的门市守着几个邻居的生意，过着悠闲的日子，祖传房子夫妻店，成本不大，倒也混得去。因油榨岭与鱼巷子热闹的媒介，让街河口这一小段如一个小舞台，展示出曾经的影像；下街，临巷的几栋房子，古老而寂静，少有人住。一家酿酒房，酒香随人流飘来飘去。37号房外，一个只剩半边的牌子，"门市部"三个字，显然是20世纪60年代的作品。人去楼空，墙面有些倾斜。左边有一条小巷，叫不出名字，陈旧却干净，阳台透出浓浓的生活气息。用完的塑料瓶子，晒的衣服，乱挂着的线。

我只有半年时间没去，没想到街河口已是今非昔比，随着鱼巷子改扩建二期工程的动工，旧貌换新颜，与新鱼巷子建的仿古建筑高大气派连成了一体。

历史不容忽视，厚重的历史，才是古街巷的价值所在，保留必须讲究规律，街河口再有气势，也得顺应时代。重提，只是让更多的人了解，它经历过怎样的演变，也延伸了多少故事。作为江西"开元寺"和南岳"南台寺"两大著名佛教道场的桥梁，街河口成就了佛家弟子们"走江湖"一词，这只是一个小小的作业，街河口的大作为远远不止于此。

岳阳城当时因受地理位置限制，主要货物的吞吐和人员的出入通道只能依靠舟船。北城坡度高，城南更是高坡山岭，而街河口一处与湖呈缓坡，人员、货物可直接上街，街河口理所当然地担当了洞庭湖连接岳州城的重大使命。自宋、元、明、清就成了整个巴陵地区人员、货物聚集、疏散的重要港口。到了清乾隆年间，巴陵县署从内城南迁至城南竹荫街后，街河口就变得日盛一日。

街河口真正意义上的繁华是从明弘治年间开始，最鼎盛时期是清乾隆到同治年间。街河口港口的两旁自然就建起了许多贸易商行。清嘉庆时，街河口已经有了上街和下街之分。上街两旁设置的商行开始分工明细，大部分是前店后作坊的经营模式。挂牌的商行有鱼行、猪行、粮行、油行、茶叶行、木作行（以小型家具和棺材为主）、干果行、木炭行等。主要经营的是巴陵、临湘、平江、湘阴、华容以及湖北监利、石首等湖区和山区生产的土特产品。尤其到了清代中期，上街还出现了"牙行"经营人。所谓"牙行"就像我们今天的经纪人，或"皮包公司"。1898年，岳州府开阜，在城陵矶正式设置中国内陆第一个海关后，一些外国的代理商开始进驻街河口。现在，在街河口上街两旁的古老房屋建筑中，还能依稀寻觅到那一丝丝当年的余韵。

街河口的下街就是另一番景色。原本是渔民和码头搬运工的临时歇脚之处。后来，许多渔民和码头搬运工因家境困苦，迫于生计，就在湖边临时搭盖了一些棚子房，有的则举家迁居在此。到了清中期，慢慢演变成了一条"茅棚街"。由于下街靠近大湖，离船登岸或等候上船的客人可在此小憩片刻。还有的渔民和苦力者，为了寻找一时的快乐，便在此寻花问柳，俗称"穷寻乐"。不少渔家的女孩子为了生活不得不走上妓女的生涯。下街的苦楚在物资和金钱上的贫乏能克服，最为恐惧的是湖水的浸泡。每当洞庭湖涨大水，下街大部分茅棚子便泡在水中，居住在下街的贫苦人只得以乞讨为生。茅棚街成了当时贫户的一个缩影。后来，被大火化为灰烬。

有段时间，走遍街河口，很难再寻觅到往日的繁华，所以也难以想象得出下街的苦难。街河口，虽从繁华中消逝，曾在千年的历史中给这个城市带来的无穷张力，留下了深深的烙印。

没有街河口的过去，就没有今天的岳阳，这句话不算夸张。

街河口，从远古到20世纪50年代，就一直是岳阳人趋之若鹜，集交通及商业为一体的街市。直到20世纪80年代，随着岳阳县迁移至荣家湾，新城大势东移，街河口才渐渐落入寂寥，走出它的重要位置。据1981年大批招工去汨罗纺织印染厂的人回忆，当年，他们几百人就是在街河口右边一栋三层楼里参加岳阳县组织的招工考试，通过后，由街河口坐一只小帆船去的屈原农场。那时，街河口还车水马龙，县一级很多政府部门办公处都在南正街、竹荫街、天岳山、鱼巷子等。

作为曾经的交通要道，街河口不仅仅演绎商业交易，也曾因迎来送往留下了难以诉说的民间悲欢离合故事，更留下了很多文人学者的佳作佳话。

明代著名才子马戴，当船泊街河口时，便写下《夜下湘中》："洞庭入夜别，孤棹下湘中；露洗寒山遍，波摇楚月空；密林飞暗狖，广泽发鸣鸿；行值扬帆者，江分又不同。"明朝正德甲戌年（1514）的进士薛蕙，官至吏部员外郎。本是春风得意之时，却风云

街河口

突变，得罪皇上，获罪下狱。虽不久复职，但他还是于嘉靖十二年（1533）罢官回家，乘船经岳州。傍晚，船靠街河口，听到岸上阵阵幽怨的丝竹之声，便留下了"巴陵西来沱水深，水边楼阁长阴阴"之感叹。面对此情此景，想到自己不知该何去何从，他抬头问天："卜居何日从公去？拟向桃花处处寻。"诗人远去，诗篇还在，街河口老去，记忆仍旧，给人以无穷的回味和念想。

街河口，从远古走到今天，这个曾经岳州城区唯一的大型港口，承载着巴陵古城千年的重托。虽因时代的进步，使命完成，退出了历史舞台，走出了人们的视线，但永远走不出记忆，更走不出史册。

有人说过，"怀化是火车拖来的城市"，"岳阳是街河口运来的城市"。运来的城市？果真是有水质的深度，有水质的透亮，有水质的清雅，有水质的灵性。

这里，街河口，是有着人文密码的一个水与城的永久连接点。

天岳山电影院琐记

张运雄

　　如果有人问：六七十年代岳阳人气最旺的地方在哪里？老岳阳人肯定会回答是天岳山电影院。

　　天岳山电影院的前身是岳阳县人民政府大礼堂，它于1951年在原县文庙原址修建而成。与此同时，大礼堂前还修建有一个很大的广场（记得广场南面有一口很深的老井，井水冬暖夏凉，附近居民用它来洗衣洗菜。）修建这些设施的初衷是用于群众集会和县里召开各种级别的会议。

　　记得文史专家邓建龙先生曾著文说过，1953年3月9日，中共岳阳县委会在大礼堂前的广场上隆重集会，悼念斯大林逝世；中共岳阳县委还多次在大礼堂召开三级干部大会，从农村来的干部挑着铺盖行李，锅盆碗盏，柴米油盐粮食参会。在大礼堂集中听报告，分散在广场食宿，传承着老八路作风。

　　后来，为适应人民群众的文化生活需求，将大礼堂稍作改造，用来放映电影，并命名为建设电影院。这也是岳阳第一家正式电影院。

　　记得我在天岳山小学读书的时候，每学期学校都会组织我们到建设电影院看几场电影。那时候看学生场电影收费五分钱，六一儿童节看电影只收三分钱。我对儿童节最深刻的记忆就是6月1日那天，同学们穿着白衬衫，蓝裤子，戴着红领巾，唱着：

　　六月的花儿香，

六月的好阳光，

六一儿童节，

歌儿到处唱。

歌儿唱我们的幸福，

歌儿唱祖国的富强，

也和国际的小朋友，

一起快乐地歌唱。

……

唱着这首属于我们的节日之歌，兴高采烈地排着整齐的队伍去电影院看电影。

学校平常组织我们看电影时，同学们也是格外高兴，在老师的带领下，蹦蹦跳跳地走进电影院里，依次在可坐五六个人的长条木椅上坐下来。这时候，先进场的班级会在老师的指挥下唱起歌来。只要有一个班级在唱，其他班级也会仿效，歌声此起彼伏，一浪高过一浪，震耳欲聋。电影就是在这种欢乐的气氛中开映的。

电影是我们心中的一颗红宝石，说我们怎么爱它都不过分。

《红孩子》《鸡毛信》《两个小八路》《白毛女》《卓娅和舒拉》《董存瑞》《聂耳》《祖国的花朵》《英雄虎胆》《羊城暗哨》《国庆十点钟》《五更寒》《南征北战》《铁道游击队》《平原游击队》《钢铁战士》《智取华山》《永不消逝的电波》《渡江侦察记》《上甘岭》等影片伴随着我们度过了快乐的童年时光。

特别有幸的是，我们班一个叫吕某文的同学是电影院的子弟，我和他是同桌。他学习成绩不好，好多作业做不出来，他让我帮他做作业，说帮他完成一次作业就给我一毛钱，或者请我看一场电影。

我选择了看电影。我们配合默契，互惠互利，他少挨了老师好多批评，我看了好多学校没有组织看过的电影：《两个巡逻兵》《列兵邓志高》《山间铃响马邦来》《羌笛颂》《洞箫横吹》《孟珑沙》《五朵金花》《万水千山》《青春之歌》《林则徐》……

吕同学手中不可能老有钱，没钱买票的时候，他会缠着守门的叔叔阿姨说好话，让他们放我们进去。刚开始几次他们看在吕同学爸爸的面子上让我们进去了，到后来这招就不灵了。于是，没有钱的时候吕同学就带着我去翻围墙看电影。一次翻墙时没有翻好，落地时崴了脚，痛了我几天好的。自此以后，只要看到吕同学手里没有票或者没有钱，我就不会同他一起去看电影了。我有切肤之痛呵，还敢去翻围墙看电影吗？

吕同学对电影院里的情况很熟悉，某排某号不能坐，那里有根大柱子挡着看不好电影，他都很清楚。

有一次，他买了两张楼上中间最后一排的票，等到银幕上快要出现"剧终"二字时，他拉着我的手赶紧站起来，将手举得高高的，在放映机射出的光柱前频频挥动，银幕上出现了我们两个人的硕大的黑手影。他导演的这一幕，令我感到莫名地高兴。

电影院前的广场也是孩子们的乐园。放学后我们有时候会在这里玩游戏：玩官兵捉强盗、跳房子、打玻璃珠子，滚铁环，打陀螺，玩骑马打仗……玩得气喘吁吁，黑汗水流，乐不思归。有好几次，我是被父亲拿着"条刷丫子"打回家去的。

及至后来，广场上还有一些杂技团在这里演出，我曾在广场上看过"空中飞车"演出。杂技团在广场上安装了一个很大的用钢条制作而成的球形铁笼，几个杂技演员骑着摩托车，开足马力，呼啸着在钢笼中上下翻飞，还不时地作出各种惊险动作，看得人眼花缭乱，心跳加速，惊叫连连。不过此时我是带着正在蹒跚学步的孩子一起观看的。

每到节假日或者放映首轮片的日子，电影院一天会放映好多场电影，下场接上场，黑夜接白天，广场上人群川流不息，热闹异常。

每到这时候，广场上会涌来许多小商小贩，有卖香烟火柴的，有卖瓜子花生的，有卖毛栗子结蚕豆的，有卖凉茶的。

那时候做生意很粗放，卖瓜子花生毛栗子结蚕豆也不称斤称两，用个竹筒子一量就完事。毛栗子五分钱一筒，葵花籽一角钱一筒。你要买瓜子，商贩拿出一张很粗糙的纸，卷成一个喇叭筒，挖一筒瓜子往喇叭筒里一倒，然后往你手中一递，你付钱走人。广场上到处可见一只手握着纸筒，一只手捏着瓜子在嗑的人，吃得满地都是瓜子壳。

卖毛栗子是不给包装的，你付过钱后，小贩将装着毛栗子的竹筒一拿，你得赶快捧着双手去接他倒出来的毛栗子，然后将捧着毛栗子的双手挨紧肚皮，再空出一只手将毛栗子慢慢抓放到衣袋里去。聪明些的人就会让小贩将毛栗子直接倒入自己的口袋里，这样就省去了那些乾坤大挪移的尴尬动作。

广场上还有摆凉茶的。凉茶是用一种叫做花红叶的大片茶叶泡出来的，茶叶不贵，泡出来的茶茶色茶味都不错，一分钱一杯，喝者甚众。别小瞧摆凉茶生意，在天热人多的日子里，摆一天凉茶的收入，足够应付一家人几天的生活开销。

头场电影散场了，广场上的人排队等待验票入场，小一阵，持票的人都进场入座了，广场上就只剩下稀稀拉拉一些人了。这些人基本上都是等退票而不得的人，留下来意在再碰一下运气，等下一场的退票。

那时候，想看一场好电影还真是一票难求，为买到一张电影票，还得求人托人找人"开后门"。同事XL，彼时有"开后门"帮人买到电影票的能耐。某日，厂里一权势人物让他帮忙买几张电影票。有要人相求，本是XL热情服务的好机会，不知他脑袋中哪根神经错了位，竟然没有帮人家买，最后XL落了个被"穿玻璃小鞋"的结局。

没过多久，看下一场电影的人又陆续在广场上汇集，广场上慢慢又恢复到了先前那种人员密集状态。

即使你不看电影，只要你从广场走过，看着广场上的热闹场景，听着散场和入场前广场上大喇叭里传出的或是欢快或是激昂或是悠扬的音乐声，以及电影放映时从大厅里飘出来的对白声、音响声、音乐声，你一定会在此驻足，在此流连忘返。是啊，彼时的电影院是一个对人极具吸引力的地方！

20世纪60年代，岳阳的电影院已发展至四家了，另外三家分别是三五一七工厂的军工俱乐部电影院，岳阳铁路俱乐部电影院和位于东茅岭的岳阳地区影剧院。这个时期，我国的电影事业还不发达，拍摄的影片很少，发行的拷贝也不多，不能满足人们对电影的旺盛需求。

记得小学语文课本一篇文章中有这么一句话："还是人有办法！"面对拷贝不够的问题，各影院采取将放映时间错开，派人骑车来回运送单卷拷贝的办法，实行"跑片放映"。于是，三百六十行中又新添了"跑片员"这一职业。

那时候我们常常可以在街上看到这样的情景：一个人骑着自行车，车后驮着一只扁圆的铁匣子，右手不停地按动车把上的铃铛，在"叮铃铃叮铃铃"的急促铃声中，在人群中快速地蛇形穿行。这就是跑片员在跑片。

那时候看电影，有时正看得津津有味的时候，银幕上的影像突然消失了，紧接着银幕上出现了"影片未到"四个大字，此时此刻全场会发出"哦"地一声叹息，接着就传来各种叽叽喳喳的议论声。不过用不着担心，大家谁也不会退场，过不了多久，影片一到就会继续放映。

影片迟到，要么是上家电影院的放映机出了故障，要么就是跑片员路上遇到了阻碍。发生拷贝迟到的几率还是不多的。

大约是1977年，眼见砖木结构的老电影院日见破败，内中设施也日显落后，院方于是将其拆除重建了。

新建的电影院比以前更为高大宽敞了，长条座椅换成了单个连排的，有扶手有弧形靠背，坐上十分舒适的翻板椅。场地的倾斜度加大了，加之两排座位间有错动，更利于观影了；那时空调尚未普及，建房时，院方就考虑将"备战备荒"时期所挖防空洞里的空气引出来，用于盛夏时节为影院降温。这套装置确实给观众们带来了福利，大热天也能凉爽爽地看电影了。

特别重要的是，新电影院开通了一条通往天岳山街道的通道，电影院也因此更名为天岳山电影院。住在天岳山街上的人们不用再绕道金家岭去看电影了。

广场南边有水井的地方，房产公司填埋了那口老井后，在上面建起了一栋四层的居民楼，天岳山街上因让道而被拆迁的居民户被安置在这里居住。

"文革"结束后第一部进入中国的外国电影是日本影片《追捕》。《追捕》上映的时候，正值新电影院落成后不久，我坐在舒适的座椅上，观看了这部脍炙人口的电影。杜丘的硬汉形象深印脑海，电影中繁华的日本都市镜头使我认识到，我们国家的经济建设与世界上先进国家相比，存在很大差距。

此时，我国已经从"以阶级斗争为纲"转移到"以经济建设为中心"的轨道上来了，开始贯彻落实"改革开放"的国策了。

新国策在电影战线逐步落实，慢慢地改变了八个样板戏一统天下的局面，各种题材的电影接二连三地制作出来了，香港影片也能到大陆上映了，外国影片也引进到国内来了，大陆与香港可以合拍电影了，中国与外国也可以合拍电影了，电影战线迎来了万紫千红的春天。

同样，天岳山电影院也理所当然地迎来了它的黄金时代。自20世纪70年代后期开始，上演的国产片越来越多，内容越来越客观真实，表现形式越来越轻松活泼，还有香港片、日本片和其他进口影片倍受观众们追捧。对于我这个成家后电影看得并不多的人来说，日本影片《追捕》《人证》《阿信》等曾经带给我不小震撼。令我感觉到我们的电影要向世界学习的地方还很多，我们还需多多努力，才能赶上和超过他们。

此时的电影院很注重电影的宣传工作，要放新影片了，将随同拷贝一起而来的电影海报张贴在街头显目的地方，用不了多久，小城里的人们都知道有好看的新片就要上演的消息。遇到有表现重大题材的电影上映，电影院还会安排美工绘制出大型海报，将其竖立在影院的门头上，为影片上映大造声势，起到了先声夺人之效果。这些夺目的广告画，大都出自同事廖兰芳女士的父亲廖中复老先生之手。

电影院还设有专人物色电影观众中有鉴赏能力和写作能力的人员，将他们聘为"影评员"，免费给他们提供电影票，请他们观影后写影评和观感，并将这些影评、观感在宣传栏中展示，引导观众更好地观看影片，培养和提升观众的艺术鉴赏能力。

"巴陵老街"群里的刘衍清老师和群主严小平彼时都是电影院聘请的"影评员"。我觉得，刘老师"诗文快手"之称谓，严群主对群里老师们所发布的各类文章的炉火纯青的评论，与他们曾有过的"影评员"的经历不无关系。

进入九十年代后，我国的经济遭遇了通胀和紧缩的双重考验，经济发展不尽人意。或许是人们面临着被划为富余人员，将被内退、被下岗的境遇，生活困难，举步维艰，没有闲钱看电影的原因；或许是电视机已经在家庭中大普及，电视剧风头强劲，强烈冲击电影市场的原因；或许是录像厅遍布街头巷尾，录像片内容比电影更为诱惑人的原因，使得昔日人们趋之若鹜的电影院"门前冷落车马稀"了。

21世纪之初，天岳山电影院难以为继了，只得实行对外租赁了。

租赁者也没捣鼓上几年，也不知收回投资没有，最后也是偃旗息鼓了。

电影院不放电影了，被人租去作仓库使用，至今已经有好多年了。

现在放映电影的地方不叫电影院，称为影城。我也去影城看过电影，里面有N个厅，分别放映不同的电影，一个厅里可坐百十人，座位、影像、音响、灯光、温度、装饰、服务都无可挑剔。但是我在里面看着看着电影，眼前常常会有天岳山电影院里那有着长长吊杆的吊扇在晃动，身上还能感受到它扇出的和煦的风。

天岳山电影院，我们永远不会忘记你！

沉重的乾明寺

张峥嵘

学者梁衡教授说："一般的可游之处，大约有两类，一是风景特殊的好，悦目赏心，怡人情怀；二是古迹名胜，可惊可叹，长人见识。"

沿南正街南坡走过重色调的老街，从天岳山老电影院破旧的大门进去，穿行于拥挤狭窄的民居，七拐八绕，突然别有洞天，恭喜你，遇到了有2000年历史的名刹乾明古寺。当然，随着惊喜后，肯定会些许的失落，我就猛然想到梁衡教授这一句话。

"可游"两字是没办法说服自己的，很多远道慕名而来的人，似乎怎么也无法解释到此一游是失落还是满足。看其表，很容易表示错愕与遗憾，有些东西是看的，有些东西是需要耐心去读的。我呢，读了乾明古寺多年，其实也没读出个一知半解。你想想，潜在的引力不评说，内质的宗教文化沉淀2000年后，对岳阳，对岳阳人，无形的影响与弥漫，这么漫长的历程，谁能真正读得出全部？

想想，2000年过去，在全国大多数宗教人士或信众心中，提到岳阳的寺院，他们一定说到乾明寺，还是能证明其宗教的历史渊源，现代人不知，证实了发展的无可更改，无论怎样一直坚持不毁，这也许就是称为文化的东西。

寺可毁，文化在，时间去，信仰在，庙再小，底蕴厚，乃容万千，这是我对乾明古寺的总结。

追溯起来，乾明寺的历史深厚一直不是靠江湖传说定位，其厚实而真实的记载，都有据可查，不说出过多少高僧，光皇帝就有三位亲自为乾明古寺赐名。

翻各种志书，寻找乾明古寺的记录，发现自东汉至明清达1500余年间，曾先后有唐·高宗、宋·太宗、元·惠宗亲自为巴陵乾明古寺亲书御匾，并颁发诏书。同时，巴陵乾明古寺在中国历史上不仅培养了大批高僧，成为国内佛教界一大批著名大德高僧的道场。正是因为此名气，历代名宦、文豪皆虔诚入寺拜谒或铭文立碑。自唐以来，乾明古寺一直与"潇湘六刹"闻名于中华大地，就有"皆有其寺及巴陵名重"之说。至宋庆历年间，郡守滕子京重修岳阳楼并嘱范仲淹撰《岳阳楼记》，巴陵城才具"北有名楼、南有古刹，遥相雄峙于洞庭"，故才使巴陵有"粤之荆湘，山水优长，惟岳之阳"之胜景与看望。

市委统战部原常务副部长、岳阳书法家协会原会长雷桂云有次跟我讲到乾明古寺，原来公元184—189东汉年间，开宗立寺，乾明寺就颇负盛名。到公元758年，高僧惠通，重修乾明寺后改名乾元寺。唐五代后，公元910—913年，再次重修乾元寺。乾明寺以不变的情怀接纳万千信徒，越积越重的宗教文化氛围，更让它名传四海，成为了佛教界真正享有盛名的名刹古胜，不但吸引了众多的香客，吸引了文人雅士，更是吸引了历代天朝天子。

说到天子，我曾听说过一个典故，不考究真假，当时听说后，深感其深度与智慧。

乾明古寺

话说某一年，岳州大雪纷飞。一个夜晚，乾明寺住持正在灯下做功课，突然叫出小沙弥："你现在准备半个冬瓜上面插三根灯芯点燃站在湖边，不可声张，去等待一行人的到来。"

小和尚不明就里啊，这大冬天的，让我站在湖边，还冬瓜上插三根灯芯，太奇怪了，不是翻着花样换冻受吗？就问住持为什么。

住持灯下轻轻说："不可细问，你只照着办，来人看见你后便会明了，到时，你只需带来便成了。"

小和尚当即乖巧准备就绪前往路口迎着北风独自站在黑暗的街河口。果然，一会儿工夫，听得船从水中划来的声音，随后泊船的声音，一会儿，一行人从黑地里走来。刚到小沙弥跟前，领头那个人将小沙弥从头到脚看了一遍后对随从说道："我们到站了！岳州果然有高人。"转身对着小和尚说道："带我们去吧。"

随行人员不解，加以阻拦，领头的人笑着说："此人乃高僧，小和尚的行为乃为一句话'三更真心留我过残冬！'盛意难违，我们去会会这位高人吧。"

于是，在小沙弥引领下他们一行便来到了乾明寺。住持静候，相迎相谈，并没有发现有什么特别。三日后，一行人启程远行，寺院方知，来人乃当朝的皇上，微服江南路过岳州时，正是寒冬深夜，乾明寺住持想诚邀避冬不便明讲故有此为。典故历来有民间戏说和想象，但这些美好而神秘的杜撰一定是有着基础的。

说到典故就不得不提流于千年的"走江湖"三字。全世界的都言走江湖走江湖，却不知与乾明寺有着很深的关联。宋太宗时期，全国佛学研究并寺院最深的地方为湖南、江西。想参佛，没有到过湖南、江西是没有身份的，所以都必须到这两大胜地学习深造。而当时的交通，除短暂的水路就是靠两只脚步行，就有行者之称。

当时，马祖道一大师住在江西，石头希迁大师守在湖南，唐朝学佛之事非常盛行，参佛自是以江西和湖南为首要二选。而香客及参佛之士便以两省的省名首字，即简略出"江湖"二字，从此，便有了"江湖"之说。作为江西至湖南南岳衡山水路必经之地，乾明寺担当了驿站的重任。每年来往大致半年多，车旅劳顿，所有参佛之人士，来来去去，中途都会在乾明寺中转挂单。住上七天半月休整，待到恢复体力，再前往。这也是乾明寺在江湖中有着不容忽视的地位的原因。而去江西与湖南两地参拜二位当年著名禅师学佛之人，就是真正意义上的走江湖。后来民间盛行走江湖的谚语，就已有了修行之程，浪迹意味，或侠客之为了。

那么乾明古寺名字几经改来改去，到底又有怎样的故事呢？

学者范致明注写的《岳阳风土记》中就有记载：乾明寺即永庆寺，就有了宋代时，改名为永庆寺的来历。唐代时，寺里有古柏，相传为大禹亲手所植。枝系叶茂，参天遮日。后来，日军占领岳阳时，大火焚烧而枯死。听很多老人说，二十几年后，旧址上还挖出来了很多古柏树根。公元980年，宋太宗赵匡胤不知是一时兴起，还是久闻其名想留下青史，为乾明寺题额，并将其名更为乾元寺，又名新开寺。他还倒是更专业一些，特别赐建了一个藏经阁。到清朝，尽管佛教没有前面几朝兴旺，乾明寺还是得到了很多人的重视。《巴陵县志》中记载，清朝也曾再次重修了乾明寺。

乾明寺能够在各朝各代这样不断大型修扩，这不多说，也足见其名气与影响力，更可见官方的肯定与推崇。经过几个朝代的修复与扩大，在1958年大火被毁之前，乾明寺总占地达到了十几亩。从前，乾明寺所在地的老城区，还只是岳州城的郊区，从天岳山电影院到印刷厂附近，方圆都是乾明寺的范围。湖北佛教研究中心著名的佛教研究大师昌明，对乾明寺的历史了如指掌，称那是岳阳最厚重的宗教文化圣地，并一直为所有佛教人士推崇。足以证见，乾明寺历史多远宗教文化就有多厚。只可惜岳阳自古乃兵家必争之地，一次次毁、一次次重建并不断扩建，后来，那场大火毁灭性的灾难，就算在人们心中有再重的分量，还是难以复往矣。

走了2000年，一路风尘，一身风霜，如今的沧桑无以言表，难道真应了一句浓缩才是精华？

随着时间的推移，我们现在所看到的乾明寺不到0.4亩。这所房子说起来，还是当年两个出家人李婆婆与杨婆婆在改革开放后落实宗教政策、开放宗教活动场所时，拿出几十年的私蓄买下的。二楼是后来因香客太多无法做法事违建加层的，根基根本不牢。条件很艰苦，吃饭都没地方。现任乾明寺住持明扬法师2002年出家来寺院后。第一件事就是将家里原准备给他结婚的8万元拿出来，买下了岳阳市老印刷厂的锅炉房及锅炉，建了一个食堂，总算是基本解决了僧人及居士们吃饭的问题。住宿问题一直未得到解决。环境的逼仄，成了管理部门的一块心病。一米不到的窄小巷深处，天天香火不断，如果，真有事发生，消防车都进不去，后果不堪设想。

乾明寺的困难是不容忽视的，乾明寺的文化是无法替代的，重建就理所当然了。

说到重修，不得不提原乾明寺的住持，释能勇法师。他曾是岳阳市佛教协会会长，于1994年7月21日以协会名义为重建乾明寺向政府打了一个申请土地的报告。当时政府批文同意乾明寺重建搬迁至郊区赶山。后来，在准备筹措资金重建时，由于很多原因，能勇法师突然离去，乾明寺重建之事搁置起来，一直未得到妥善解决，万分遗憾。好在圣安寺在十几年时间的修建下，已形成规模，耸入云天的万佛塔，让信徒们寻到了一个方向。可民间佛学人士心中的圣地乾明寺情结无法释放。

乾明寺作为改革开放后湖南省第一批开放登记的重点宗教活动场所之一，一句流传至今的话："先有乾明寺，后有岳阳城"，足可证明其深远的历史前提与影响力。通过乾明寺，我们穿越时空，透视千年社会、政治、经济、文化的演变，从乾明寺身上，我们也看到了穿越岁月，一路走来，有着怎样无法消失的沉淀。

沿着小巷而去，站在黄黄的围墙外，我遇到作为中国社会科学院人文研究所研究员的段福林先生时，他对乾明寺的历史满怀敬重，也提到了重建的必要性及建议。他说乾明寺目前的状况严重超负，重建是必然的。关于选址，他拿出一沓老岳州旧照片，虽陈旧发黄但上面清晰地看出乾明寺不同时代的盛况。站在老岳阳人怀旧的情怀及还原历史旧貌的愿望来看，他一直呼吁应以慈氏塔北面、鱼巷子以南沿湖重建最为理想。自东而西，岳阳楼、乾明寺、慈氏塔、吕仙观，沿湖相接，可谓珠联璧合。

如将岳阳古街喻为一条龙船，岳阳楼居岳阳古街龙头，吕仙观居龙尾，都重建完成，为岳阳旅游文化景点增色不少。作为桅杆的慈氏塔也已历时4年进行了大修，作为船舱的乾明寺，满目疮痍、狭窄逼仄，让人焦虑或疑惑。

这一组文化传承之地，组成了龙城的全意。看来，岳阳的文化昌盛，必须将桅杆修直，将船舱修缮完善，以形成和谐统一的景观，从而让龙脉通畅。

说起来，岳州古街曾像一根红线串珠链。全世界独一无二的一条沿湖而上只有一公里不到有佛教、道教、天主教、基督教、伊斯兰教齐全的古街。如果让这样一个得天独厚的宗教文化基地消失，那是历史的伤痛，要知道，乾明寺地位有多高沧桑就有多深。

当远道而来的客人，怀着幽幽思古之情，离开岳阳楼，踩着厚厚的青石板路，漫步在汴河街上，一定顿感岳阳——古之巴陵，今之龙城，这座历史文化名城的名副其实。

今天，名楼已然修葺一新，焕发出她往日的辉煌；

名街也初显出她古朴典雅的神韵；

名塔也已修整完工，一改饱经沧桑，岌岌可危，其形、其神不减当年；

名观（吕仙观）经多年整修已琉璃红墙，穹顶高耸，清玄幽妙。

"皆有其寺及巴陵名重"的名寺还在默默等待中。

当我们重新翻开历史的画卷，认真查阅古人留下的史志，中国历代禅宗祖师们留下的"语录"及佛家珍贵文献时，一座具有2000年历史，至今仍是我省乃至全国的著名古刹之一的佛教禅院胜地即刻跃然于纸上。

面对无数人抱怨"人文精神缺失"，在人们强烈呼唤重振中华传统文化时，作为历史文化名城的岳阳，我们这代岳阳人是不是有责任让子孙后代皆能"领会得到"，自古巴陵城"潴者、流者、峙者、镇者"之中，早已将诗耶、儒耶、佛耶、仙耶和谐于其间，孕育于后人之"真意"。

乾明寺街，消逝了的"文化硅谷"

刘衍清

有人把文化人比较集中的区域称作"文化硅谷"，岳阳老城区就有这样一条不到500米的街巷，虽然居住的大都是底层百姓，但在20世纪50年代到六十年代初，这里接连走出了几十位大学生，并且分别成为岳阳本地文化、教育等方面的佼佼者，这条街就是乾明寺街。

乾明寺街因紧傍始建于东汉的佛寺——乾明寺而得名。唐代岳州乾明寺曾与长沙开福寺、麓山寺、南岳南台寺、祝圣寺、上封寺并列"潇湘六刹"，可见其盛。乾明寺至清代后期已衰落，但是在寺的周围特别是东南面已形成一条比较热闹的街巷，称乾明寺街，全长不足500米，宽仅6米，比东西两头的梅溪桥街、羊叉街和北边的竹荫街要窄，因此又称乾明寺巷。抗日战争时期，岳阳城沦于敌手。侵华日军曾将占领的岳阳城区划分为军事区、日华区和难民区。从上观音阁街、梅溪桥街到乾明寺街被划为难民区，居住的大都是来不及逃难的底层百姓。日本投降后，乾明寺街又涌进大量靠做小生意和卖苦力谋生的乡下人，人口不断增多，低矮的砖木混搭房纵横交错，间有青瓦粉墙的双层楼房。除乾明寺街这条直街以外，两旁还紧紧连接着印山巷、玉清观巷、鲁班巷等20多条有名或无名的小巷，宛如一根藤上结的一个个小瓜。

20世纪50年代初乾明寺街的居民还是用蜡烛和煤油灯照明。1957年，从贵州邮电部门退休居住在乾明寺8号的居民刘朗轩懂得装电，经相关单位同意，利用自己的接线技术从梅溪桥街的路灯电杆上接了一根电线，率先在家里装了电灯，并帮几户邻居搭了火。整条街的居民照明直到1960年马壕建变电站后才解决。然而就是这样以底层百姓为主的"部落"却一度成为岳阳城里的"文化硅谷"。20世纪50年代至60年代中期短短10多年时间就走出了几十位大学生。那时的家庭子女较多，一家考起几人的比比皆是。如乾明寺街最东头的晏家就有晏彼得、晏犁、晏惠英三兄妹先后考起了华中工学院、武汉大学和湖南医学院。乾明寺街最西头的罗家就有罗颖华、罗永德、罗俊华、余泽松（随母姓）、罗钰华5兄弟姊妹先后考上了大学，当时的大学录取率极低。

从乾明寺街走出的大学生中，有一部分成为经济战线和管理部门的栋梁，而后来成为文学家、教育家、画家、音乐家、医生等方面人才的数量更多。如1964年分别考入湖南师大和北京化工大学的同班同学钟德华和刘醒福虽然一个是文科一个是理科，但都在文学上各有千秋。早在20世纪70年代初，钟德华就以一首《湖柳》驰誉湖湘文坛。钟才华横溢，尤以古文功底众口交誉，曾先后任岳阳市文化馆长、市文化局副局长、岳阳晚报（现岳阳日报）副总编，成为翁新华、赵立恒、王和声等一批本土文化精英的良师，可惜英年早逝。刘醒福1964年毕业后分配于天津化工部门工作。现年届七十有七，仍勤于写作，活跃在天津文坛和收藏界，仅记述岳阳古城轶事的散文就有数十篇。他的兄长刘醒明则致力戏剧创作，为"岳家军"戏剧创作的健将，多次斩获国家级戏剧创作金奖，成为从乾明寺街走出去的国家级戏剧作家。

还有在乾明寺街长大的砖厂子弟李欣也是20世纪60年代中期就走红的军旅诗人。他还在岳阳一中读高中，来不及参加高考便从学校招入部队，不久就在《解放军文艺》《湖南文学》等刊物发表了大量的优秀作品。转业到岳阳市文化馆不久就选调湖南歌舞团编创室从事专职创作。原住乾明寺街81号的彭伯勋从小爱好文学，1956年还是岳阳一中高一学生时就写了一首《渔网》，发表于《中国青年报》。后考上湖南师范大学，毕业后一直在母校执教，间或写作，但主要精力已转移到教书育人上。至今退休，80多岁犹在网络频频发文。

在接近建设电影院（先后改为东方红、天岳山电影院）的乾明寺地段则有一位亦教亦文的奇人李松寒。20世纪70年代初就以《渔家姑娘织网忙》的词作蜚声文坛。后来从教育部门调入市图书馆任馆长，著述数种。特别是凭着他渊博的岳阳历史文化知识和应对如流的口才，从20世纪80年代初到21世纪初30多年时间内，一直担任接待重要领导的兼职"高级向导"。直到年过古稀还曾披挂上阵。

乾明寺街被称为岳阳的"文化硅谷"与这里得天独厚的文化环境有关。清代末年，这里就建了私立"贞信女中"，从这里毕业的女生有的成为了乾明寺街上相夫教子的贤妻良母。民国时期这里先辟为县立中学，后改为县简易师范学校。20世纪50年代贞信女中校园辟为岳阳师范，面向全省招生，各地英才纷沓而至，师资力量也十分雄厚。乾明寺街还拥有岳师附小、乾明寺小学，弹丸之地，书声琅琅，使居民们生活在浓郁的文化氛围之中，求学上进的少年儿童自然胜于其他街区。如我小学就读的学校同年级两个班，1963年考初中，就有在乾明寺号118号（原号码）的凌姓女同学考上岳阳一中。乾明寺街称得上文脉绵绵，人才辈出。原住乾明寺90号（新号码）的彭端生是岳阳日报社创刊元老之一，一直主管美术直到退休，与岳阳"三彭"彭润生、彭世猛均属岳阳画坛前辈，而彭世猛也曾随母改嫁后在乾明寺街的小巷居住过。乾明寺街两条分岔——印山巷和玉清观

1938年贞信女中部分老师合影

巷也是人才荟萃。由乾明寺进老印山巷20多米处，有一拉板车的刘姓居民，他的儿子刘云后来成为拥有中国美术家协会理事、湖南省文联副主席、湖南省美术家协会常务副主席、湖南画院院长等一连串头衔的美术大伽。岳阳市摄影家协会原主席杨一九、副主席罗晓羽、岳阳市音乐家协会原主席郑冷横和享有怪才之称的羽毛球教练、老摄影家郑降霄兄弟俩均与刘云家近在咫尺，也是从一排低矮的岳师附小住宅区走出去的。在郑家隔壁还走出了当年岳阳歌舞团首席小提琴方诚之，至今年届75岁，拉起小提琴犹如天籁之音。与方家50米处有一栋二层楼房，当年一位姓邓的泥木匠自己操刀在这里筑了一个"窝"，文史专家邓建龙就在这个"窝"里长大。再往前走10多米，就是现任岳阳市楹联学会会长、诗联大家杨克辉的老屋了。而乾明寺街玉清观小巷的吕国梁早年在岳阳地区文工团扮过"洪常青"，如今年届古稀还青春焕发，以岳阳城里老班辈的音乐人为基础，组建了湘北地区第一家演奏高雅艺术的岳阳交响乐团。

乾明寺街到底出过多少文人墨客，恐怕谁也没有作过统计。乾明寺街有座岳阳县老城区的大礼堂，后来改为岳阳最早的电影院——建设电影院，后又改为东方红电影院，院里专门从事海报绘画的廖中复20世纪40年代就毕业于当时中国美术教育的最高学府——南京美专。大名鼎鼎的画家殷本崇也在这家电影院整整当了十年美工，也是大材小用了。

至于与大礼堂对面的原贞信女中，二十世纪五六十年代的岳阳师范，更是乾明寺街这块"文化硅谷"的制高点和辐射点，这里留下了文家驹、郑伯魁、秦振铎、冯治生、傅兴等一批文教老前辈授艺传学的脚印。而他们的子弟从这里走向大学成为社会栋梁的就数不胜数了。20世纪60年代中期，居住在羊叉街的我就经常下个坡到岳阳师范家属区找谭安国老师借书，他的儿子谭继廉是我二中同学，曾随着知青上山下乡的洪流到农村插队落户，后招入红船厂粮店。恢复高考后考入中国人民大学，毕业分配到《北京晚报》工作。

在历史的长河中，乾明寺街有过她的辉煌，也有过她的苦难。就是那些成为"天之骄子"的大学生也无不经历过人生的磨难。位于乾明寺街与羊叉街交界处的罗家遭遇的困难几乎满街皆知，但余泽中（随母姓）和妹妹罗钰华奋发图强，先后考上大学。乾明寺街东头的晏家也是生活清贫，三兄妹靠假期打零工补助家用直到考上大学。还有易顺清、梁自申、钟恺悌、刘玲等，都是20世纪50年代社会底层的子女通过努力考上大学。在乾明寺街，即使由于各种原因失去考大学的机会，但通过自学成才，成为社会精英的大有人在。当然，在乾明寺街的芸芸众生中，更多的是生活在社会底层，他们虽然没有上大学的机会，有的连高中、初中也无缘，甚至小学都没读完就辍学谋生。但他们也在自己的人生道路上活出了精彩。如20世纪80年代《工人日报》报道的一个"清洁工世家"就是乾明寺街老印山的一个普通人家，陈春生、陈菊英、李晓冬祖孙三代用辛勤的汗水换来了大街小巷的清洁。乾明寺街玉清观的清洁工任少煌还当上了省劳动模范和市政协委员。还有补鞋匠郭连升、扎篾匠潘师傅、做酒曲的丁婆婆、老中医黄医生、理发匠张师傅以及打豆腐的、卖劈柴的、炸爆米花的、卖碱的……正是这些平凡劳动者默默地坚守，才有了乾明寺街的一派生机。

白云苍狗，岁月不居。随着时间的流逝和历史的变迁，如今的乾明寺街早已今非昔比。街坊们走的走了，老的老了，虽然大规模的旧城改造尚未及此，但两旁的青瓦粉墙已所剩无几，连当年岳阳师范最具沧桑感的连片欧式建筑也消失了，校园改为一所普通中学。曾经的"文化硅谷"也许一去不复返了。不过让人刮目相看的是乾明寺街爆出一家"天宝龙虾"馆，每到傍晚等候"翻台"的顾客把车辆从乾明寺街一直排到了邻近的羊叉街，有时还延伸到了塔前街。这位名叫"天宝"的乾明寺街"土著"倒是把老街几代人凝注的"文气"变成了"财气"，也算是"与时俱进"吧。

就像滚滚滔滔的洞庭湖水不会倒流，乾明寺街也许再也不会出现类似"凿壁偷光""囊萤映雪"一类的故事。但是我还是祈愿在旧城改造的规划过程中，能尽量恢复乾明寺街的人间烟火气息，让曾经的"文化硅谷"留下一些难以复制的时代印记……

洞庭湖畔不倒的航标

张峥嵘

> 孤撑入混冥，影动万象白。
>
> 实相不坏身，历劫无千百。
>
> 可怜古禅寺，僧去余破壁。
>
> 惟有塔中仙，倦看湖上客。

读着清代枬湖文派领袖吴敏树《慈氏寺塔》诗，我能想象出往日慈氏塔与乾明寺最隆重的真实写照。

历史在不断的变化中走来，我们现在所见不可同日而论。历史翻篇，山水易变，人事易逝，每个城市因建筑的不可移，实施在新的扩张中弃旧，沧桑老街不可逆转地归于沉寂。这不为怀旧的情绪所左右，我们如此渴望她再迎朝气，重返青春，大家都在努力唤回曾经的风光。让我们一直念念不忘的到底是什么？每个人对某地的记忆，都会依仗某些特定的建筑而定位，我想，岳阳人应该与我一样，每每谈起古城的曾经，都会以风雨傲立的慈氏塔作为坐标，拼起记忆中零散的城图。慈氏塔很多时候就不是一座塔那么简单。

历经千年岁月浸润，洞庭湖上千帆过尽，渐近，岳州入眼第一物的是它；渐远，走不出视线的仍然是它。慈氏塔，既是城中地标，也是湖泊航灯。临湖而立，傲向天际，千年一叹，从此，与岳阳城共存。是的，慈氏塔有这个资格，当一切在岁月中磨砺、战火硝烟中消失，唯它默默坚守，诠释岳阳厚重的宗教文化，留证远古建筑的璀璨，见证岳阳的千年历程，撑起渔民永远不倒的精神支柱。

可惜的是，慈氏塔作为湖南乃至江南现存最早古塔之一，一直以来史学家们都不断考究它的出生年月日及何人所建，众说纷纭。争议最多的是它始建年代，历来有"晋创""唐建""宋造"之论；还有争议的就是，一说是压邪的风水塔，二说是礼佛的佛塔，有说800年，有说1300多年的，这引起了很多岳阳史学爱好者的广泛兴趣。翻开从官方到民间的相关记录，更是莫衷一是。隆庆《岳州府志》曰："慈氏寺塔，晋沙门妙吉祥造"；宋《岳阳风土记》载："《图经》：唐开元之间，有西域沙门妙吉祥来此谓父老：'西方白龙之孽今迁于此，久则为患，宜建塔镇之。'后数苦于水，土人思其言，遂置塔。"历代志史也说法不一。

好在它，作为实物一直存在，便提供了研究的实体。多年以来各执一词，难以统一，最后以各类志书中的记载为据，以当时的岳州城图为实，拼起了一个有理有据的说法。历史当然无法重现，记载又差之千里，宝塔之疑，在不断追究中终定论，查阅大量史书，再经专家实地考察，基本盖棺定论达成共识。慈氏塔不是风水塔，乃始于唐代，建于五代，南宋淳祐二年（1242）孟珙时方大成，距今已有700年历史。岳阳人文专家段福林在他的文章《八百年沧桑慈氏塔》里也有了详尽考证。

那么，这位孟珙何许人也？随州枣阳人，出身于武将世家，是一位虔诚的佛教信徒。你

1925年的慈氏塔

看，历史上任何事都是矛盾的，孟珙也是。来岳州之前，一直是位率领父亲留下的"忠义军"战斗于荆襄、洞庭湖一带，长期与金、蒙抗战的壮士，有谁想到他是佛教徒。你想不到，他做得到，一做就不是小事。

淳祐元年（1241），孟珙实施了边打仗，边建塔的行动。组织当地商贾豪绅开会，开会做什么？募捐，他要在乾明寺原"一字关"塔的基础上建座高塔。最后，一座全部采用青砖修建了39米高，八角七层楼阁式宝塔，喻"救人一命，胜造七级浮屠"的塔建成。塔的中心全部用砖石垒实，最古老的糯米砌砖，八方不留一点缝隙。底下用五级花岗岩奠基，表示九五之尊至高无上之意，从第二层起，八方每面向外建一佛龛，里面各用青铜铸造一尊弥勒佛像供奉其间。孟珙以弥勒佛之意（弥勒，梵音为"梅怛丽耶"，中文即"慈氏"）将此塔命名为"慈氏塔"，以此亦可教化后人"以善良为本，以慈悲为怀"。各层高翘的石质檐角上皆挂铜风铃。顶上置重约两吨的铁刹，由相轮、宝盖、圆光等组成。塔身次第低矮，层层收缩，层檐间用叠涩法，上以青瓦堆塑莲花图案，线条柔和优美，充分体现了古代工匠的高超建筑技艺。慈氏塔是佛塔，就有了坚实的证据。从佛学、建筑学、美学等等讲究来看，孟珙不是一介勇夫，乃是一位知识极为丰富的文化之人。很多人以为慈氏塔一直是原样，其实原本第一层有东西相通的塔门，清康熙大修时为加固塔身而封闭，所以现在看到的其实是经过了几次大修后的样子。

提到慈氏塔的来历，绕不过当年声震江南的乾明古寺。中国自古建塔只有三种用处：一为镇妖塔，二是文星塔，三是佛塔。慈氏塔伴建在乾明寺边，并在不远的现油榨岭口子附近还有一个小塔，就有了当年留下的双塔伴寺的奇观。

中国人是可爱的，你说你的官话，我说我的谚语，便产生了民间丰富多彩的传说故事。慈氏塔一样，人们最初的怀想与寄望，对生活的美化一直未变，他们对于民间官方式的还原记录一边非常肯定地接受，一边仍以另外更符合并接近自己生活的传说来一代代抒写着慈氏塔"以善良为本，以慈悲为怀"的情感与心愿。

我听到的传说几个，当然都是悲怆而美丽并善良伟大的，这足以给迎风闯浪为生的渔民们心灵的慰藉和寄托。

流传中最让人深信的是，古代洞庭湖里水妖作怪，经常出来危害百姓，老百姓们苦不堪言。于是大家决定集资修建一座宝塔镇妖。在建宝塔的附近，住着一户人家，全家人被水妖涌起的恶浪吞没，仅剩下一个寡妇，人称慈氏。她听闻要建塔，便把自己多年积蓄下来的一点钱全部捐献出来，还日夜不停地为造塔的人们烧茶送水，来回奔走。塔未建完，她就因劳累过度，不幸离开了人世。人们为了纪念她，就把这座塔叫慈氏塔。

前面的传说，体现了民间民众的勤劳朴实的劳模风采，仰视慈氏塔，我总情不自禁怀想起另一个传说。在建塔竣工之日，修建者根据风水之说要使塔显灵，就必须有一名童男或童女守塔作为塔之魂。大家都想塔显灵能保以后大家的平安，大家也更爱自己的孩子，矛盾中，哭声一片，这时，有位慈氏之女勇敢地站出来，为救大家献出了自己的生命。这个传说体现是民众大义的牺牲精神，我喜欢这些有血有肉而生活化的传说。因此我无数次站在塔下时，都会仰视其大，也悲悯其小。更感动中国女人的伟大与博爱。所有的传说，都传递着湖湘儿女的善良、勤劳与勇敢。是的，岳阳有了躺着的洞庭湖，就必须有站着的慈氏塔，才完整地诠释了千年湖湘文化，才立起了岳州古城的风范。

文笔伸天永不收，洞庭湖水绕巴丘。

君山笔架扁山砚，画尽江山日月图。

民间广为流传的这首佚名诗，真正完美诠释了慈氏塔的形象。当然，这也算是佐证了慈氏塔作为佛塔一直被民间当成风水塔的原因：默默给人们精神安抚，千年不倒地担当，唯满身疮痍刻录了承受的风雨。

对慈氏塔的情感，让我一直有寻根问究的情感，后来一直不断听起它的故事，也一直不断翻阅跟它相关的资料，为此走访了很多岳阳本土的居民与专家，美好背后，也同样有着痛心疾首的经历，慈氏塔与岳阳同在，就必须与岳阳共存。当年日军为打开中国南线的通道，作为湖南北门大府的岳州就是他们要占领的第一个战略要地。1937年到1938年间，日军飞机先后在小小的岳阳城区投弹30多次。无法想象当时的悲烈与惨状，城市内房屋大部分被毁，街道几乎变成了废墟。闻名全国的古刹乾明古寺没能幸免，让人百思不得其解的是唯独慈氏塔岿然不动，依然傲然屹立在洞庭湖畔。它这样的坚强挺立，是坚持，也是记载吧，更是岳阳人的风姿。

让岳阳人自豪的慈氏塔激起了日军强烈的贪婪之心。1940年，他们进入岳阳城。站在慈氏塔，他们想象着塔里有无尽宝藏。上下左右转来转去找不到塔身入口处，这更让他们深信其藏宝功能。他们推来小钢炮，对着慈氏塔就开始轰炸。炮声惊天动地，宝塔除第二层塔身上留下几个小洞外，完好无损，让他们大为惊讶。后又花了很多时间研究攻击，最后证实其为实心塔后才放弃破坏，慈氏塔得以幸存。

一波三折，慈氏塔一路经历重重考验。时间到了20世纪60年代末期。据老岳阳人回忆，1966年8月下旬，破四旧运动开始，慈氏塔这位古老的守卫者首当其冲列入了拆除范围。红卫兵在塔的四周搭起了密密的脚手架，拆除势在必行。正在关键时刻，即将身陷牢狱的岳阳县委书记毛致用站出来严加制止，坚决不同意拆除慈氏塔。僵持几天未果，恰巧周恩来发现全国破四旧拆除文物的现象十分严重，迅速全国下发通知，停止一切拆除文物古迹行动。命在旦夕的慈氏塔再次幸免于难。

我在当记者的十几年里，岳州老城区是我最喜欢去的地方，去老城区，慈氏塔是我必须要转一圈的地方。无数次穿过那条因塔而得名的塔前街，默然站在慈氏塔下，无数次艰难地绕过它身边，心中升起无限的敬畏与痛惜。论身份，慈氏塔是新中国成立后，1956年国家确定为湖南省"第一座最早的砖石阁楼式宝塔——省级重点文物单位"，听说，当时还确定了"宝塔东面15米，西、北、南三方向外延伸40米为宝塔的保护范围"。规定归规定，现实归现实，附近居民生育繁衍，一代又一代，住房紧张后，几十年间不断扩建自己的地盘，到后来，西边住宅离塔仅40厘米，一个人通过都得侧身。最宽的地方也不过80厘米。四周矮小的房屋将它紧紧地束缚。慈氏塔倒一如既往地沉默，包容着一方水土，抚慰着一方百姓，一个"慈"字，写满祥和。这种祥和是"慈"字的延伸，久住这里的居民常常说："慈氏塔是真正的宝塔，老化风残多年，上面一直掉碎石时，我们住得如此近，天天进进去去，从未有人被砸到受过伤。"

我对这样的故事，充满情感。对于我这样的后辈，高耸的慈氏塔从来是坚守者，也是引领者。引领我绕过它，穿过相伴百年的低矮屋群，沿它身后那条曲折的青石板巷一路走向湖泊，也引领渔民走上岸线。巷子的老居民是寂寞的，一见陌生人都会探究地伸出头，遇到我这种爱问的，自然是特别开心，滔滔不绝说着慈氏塔，也说着自己。这条岳阳古老的巷子，是岳阳最初的民间鱼市古巷，我每次走过，都觉得能听到留下的几百年潮起潮落时渔民的吆喝，居民们的讨价还价的买卖。现在，每寸混凝土，每块青石，都留下慈氏塔千年以来诉说的铺垫和情感的宣泄，每块青石块，那厚织的青苔，都浸透着历史烟火的滋养。

在塔往湖边的下坡，我走进了曹岳欣老人阴暗逼仄的房子里，听他老两口讲着自己的故事，几十年与慈氏塔相伴的经历。

父亲原来是岳阳县新开人，13岁进岳阳学艺便留在了岳阳。凭借自己学到的高超裁缝手艺，省吃俭用存了几块光洋，买下了这栋二层的木房子。这在当时的老岳州是相当气派了。曹岳欣老人1948年就出生在这间屋里，在这里长大，在这里结婚生子。宝塔的一砖一草，他特别熟悉。几十年过去，整个格局一直未变，房屋未变，宝塔未变，唯一变的是人。他也老了，老邻居也所剩无几了，儿女们也都搬到新区去住了。

沿坡而下，有一栋保存最好的二层木楼。主人陈汉初在1949年以前是一名屠户，早已过世。儿子陈其昌也70多岁了，退休后便留在制药厂居住，空着的房子，承受岁月，渐渐老去。进门一间很大的堂屋，地上铺着青石砖，转入里面有七八间后厢房，木梯、木楼保存很好，这样的格局应该算大富之家。我倒是挺喜欢。我走过后，也是寂寞的，但是充实的。

这样走着，没什么不好的，唯一的遗憾是，人未变，巷名却随着时代一直在改。我一直打听马家湾不知在何方时，这下聊天聊来了一个结果，原来塔的上坡是上马家湾，下坡是下马家湾。马家湾这个名字在老人的脑海还清晰保存，年轻一代那就是天书。一个地名的消失，塔是不是也会升起一些遗憾和迷茫。随着年代消失的还有坡下的鱼行。铁路没修之前，渔民都从那条石板巷上岸，天长日久自然形成了一个小鱼行，买卖交易多。有很多渔民想上岸的也在坡下买房住了下来，所以，坡下面还有几户是老渔民。铁路修通后，一条铁轨切断了塔与湖的直接通道，为了安全，巷口一个大大的铁门从此把守到现在。2021年，被整体修整，那栋最高的楼，也拆到了一层，为的是在湖上能看见塔，为老城旅游开发的整体景区，上下连成一片。

寻访当年的居民，经历几乎没什么不同，大多是些手艺人。1949年后便进了各种集体工厂，日子殷实而安泰。随着城市中心东移，旧城的企业也基本迁走，剩下的小企业也基本垮了。坚守老城区，一守便是几十年，虽然经济条件不大好，从小生长的地方，总不忍离去，日子过得平静而安逸，大家天天见面，聊聊天，打打牌，这样的烟火气息少了一份匆匆，倒是更适合老人们，但他们又是矛盾的。时时向往高楼大厦时，舍不掉深深扎根的地方，因此，心中是改也好，不改也好的泰然。

年轻人不一样，他们很期望政府旧城改造，因对塔的情感却又害怕宝塔陷入一片高楼大厦。那时，那湖上的渔民们是怎样的失落与孤独，那岳阳远行的游子归来，该以哪里为方向作为追寻岳阳的基点。老居民质朴的愿望充满真情，无论是要他们留下，还是让他们迁走，他们都愿意，尽管与相伴一生的慈氏塔分离，他们有诸多不舍。好在，无论他们走多远，宝塔都在，永远走不出它的视线，走不出它的情感，走不出它的记忆。

春雨还寒，我走在老街；

夏日风起，我走在老街；

华灯初上，我走在老街；

冬雪皑皑，我走在老街，都让我有追忆的沉静与安宁。

洞庭湖烟雾朦胧，船影幢幢，寺庙钟声隐约传来。从小巷子上坡，右边一排平房属水运公司的公房，几十年，单位分给谁，谁便住一段，单位散后，房子几易其主。右边的大部分是私房，不曾改造，子子孙孙住下来。同样的房子，一直延伸至老铁路边，大多百年以上历史。破旧的房屋上茅草茂盛，屋顶的青瓦写着旧时的痕迹，屋里是全木结构，"吱吱"声中，唱着远去的歌谣，也承载着现在的生活，与青石板的承载相比，它们似乎已无力远走。

与这里居住的老人们闲聊，一直是我乐衷的事。他们口中的慈氏塔，从来都是宝塔，这样听起来似乎与他们特别亲近，仿佛这样的陪伴成为了一家人，就像说着自己的一个宝贝。近年，终于愿望成真，政府全面启动旧城改造大项目。

慈氏塔也迎来了重大的修缮。

2014年，市博物馆经过层层申报，终于获得批准全面维修慈氏塔。为了保护文物，将塔里十几尊佛像取下，存放博物馆。市规划局规划塔四周居民房拆除50米以外。这次是百年不遇的大动作，2015年，塔全面封锁，塔下拆迁，与塔上修旧如旧同时进行。我更喜欢往那里跑了，当然，一直看到是一堵围墙下的一个塔尖和脚手架。四年后，2019年初，得知慈氏塔重现雄姿威风，各新闻宣传铺天盖地，我才知道，慈氏塔真不是属于我的，是属于全岳阳人的。我再站在塔下，抬头仰望，那些曾经顽强生长在塔顶塔缝上多年的杂草及小灌木全部被清除，塔身塔面所有风化严重的青砖、麻石重新更换，从而整体线条刚劲，颜色不再杂乱，七层宝塔全部挂好了风铃，叮叮咚咚清脆铃声随风飘荡，悦耳动听。镇守巴陵古城历经千年风雨的慈氏塔经过一番精心修复后，以崭新的姿态重现世人面前。

慈氏塔在洞庭湖波上、夕阳中熠熠生辉。

每个人，不同的时期站在慈氏塔下，从不同的角度，抬头望顶，每次的感觉不同。当很多人久年远道而来，当很多人坐船登岸前来，寻古索迹，站在它身下，不同的人，看到的是不同的塔。

> 空王古刹何年坏，欲觅残碑断垅横。
>
> 铃语似言唐代塔，金仙不去岳阳城。
>
> 乡担上市知停店，客舫拨津记泊程。
>
> 正是大雄无限力，胜他虚耸在蓬瀛。

一路向东

刘兆伯

　　我是妈妈的幺儿，妈是外婆的乖女。妈妈去看外公外婆，带我的时候多。岳华公路开通前，从广兴洲去外婆家只能走水路——坐洋船，岳阳是必经之地。因此，我早早地与岳阳结缘。

　　岳阳是建在岸上的城市。这并非第一记忆，只是我对岳阳的第一印象。将儿时的片段拼凑起来：下了船就是上坡，先是好长好长的跳板，铁的；后是好多好多级的台阶，石坎。大家拐着弯往上爬，抬头望，看不见城市，满眼尽是大人的臀部。好容易来到街上，街道也在爬坡。板车上落下的石子和我们作对，我们往上爬，它们向下滚。行人有意无意踢到的石子，我们要小心翼翼避让，既怕它碰伤，又怕不小心踩到。

　　船到岳阳，每次都是夕阳西下时，街上除了行人就是挑水的居民。自来水排队买，自己挑，是那时岳阳的一抹风景。挑水者非老即幼，晃晃悠悠，晃晃悠悠，把石板街弄得湿漉漉的。妈妈紧紧抓住我的手，也许是怕我摔倒，也许是怕我走丢。她小心翼翼，还时不时警告我：

　　"走路看路，别望天！"

　　冤枉！我看商铺，看行人，两只眼睛忙都忙不过来，根本没时间看天。我心里这么想，嘴上并没说。我打小就秉持"有则改之，无则加勉"的态度，对待长辈的训斥。再说天上也没有什么好看的，两边的房子与我们村的一般高，只是上面多开了几个窗，偶尔露出个人头来。妈妈说，那是楼房，楼上住人。我不解，我家的房子也有楼，为何尽放些有用的东西，不住人？心里想，没问。

入夜，妈妈拽着我到了亲戚家，具体地址已记不清了。只记得每次去的亲戚都一样，不是舅舅家，就是舅妈家，只是地方不一样。我还记得的就有好几处，似乎我家的舅舅遍岳阳。吃饭时舅妈说我们是客，住楼上。上楼才知道楼上并不客气，脚下一踩一软，嘎嘎响；屋顶矮矮的，靠窗的地方，大人直不起腰来。第二天离开时，舅妈笑眯眯地摸着我的头说，小河西佬，下次再来玩哟。她怎么说我是河西佬？我不明白，也没问，倒是迫不及待地谈了自己的感受：舅妈的堂屋这么小？妈妈说，在城里，自己的屋，这算大的。

再小，怎么住人？我心里疑惑，还是没有问。我习惯于自己找答案。

一转眼，时光到了1969年年初，我家来了个知青，男女老少都叫他小王。小王知道我常去岳阳，便邀请我妈去他家做客。妈妈答应得很爽快，但两次路过岳阳，两次都没去，说是事情有点急。小王爸妈更急，叮嘱小王，下次来，你陪着。次年秋，机会来了，小王向队长告假，陪着我妈一起启程，这次也没少了我这个拖油瓶。到小王家已是掌灯时分，小王妈妈热情得无以复加，边让座边敬茶，嘴里千恩万谢说不停，到头来还搓着双手致歉：听我家老二说，你们家房子大，不像我们，一间屋子住一大家子人。

至此，我才细看，一间房，三张床，留了个空，供开门用；房里无桌亦无椅，宾主一律床上坐。第二天发现饭桌还是一张，只是平时藏在两头沉的书桌下。桌子虽小，倒还精致，不用问，就知道是量身定制的。王妈快言快语，说明天是国庆节，隔壁主人走了，间房空着，正好借来安顿我们母子。

次日早上，我们起身告辞，王家集体挽留。王妈说，怎么的也得吃顿饭再走，昨晚只吃了一碗面。殊不知，让我妈印象最深的恰恰是那碗面，好久好久不能释怀。那年月，馆子的面只有两种，一种有码子，一种没码子。有码子的叫肉丝面，每份一角八分钱，二两粮；没码子的就是清水煮挂面，九分钱，钱可以少，粮票不能少，广兴洲叫光头面，岳阳叫得文雅些——经济面。头天晚上，小王说路上的没吃饱，他妈便不由分说，拉着我们上岳阳饭店，掏出一块钱，对售票员说："三碗三鲜面。"所谓三鲜面，正如我妈一再向邻里描述的一样，码子里有木耳、笋子，还有猪肝，一碗要三角钱。得意之情溢于言表，另一层意思是说，主人客气、大方。队里的其他知青不以为然：他爸是高干，每月工资八十多块钱。

盛情难却，妈妈答应留下来。小王全家立刻行动起来，爸爸和面，妹妹择菜、剁肉，小王站在旁边听使唤，毕竟只是个不到十八的懵懂男孩。王妈妈陪着妈妈聊天：我和老王也是农村的，随解放军一路南下，从山西到了岳阳，组织让停下来，我们才结婚生子。两儿一女，比你少一个崽。老王是一局之长，工资高点，要接济老家的亲戚，他家的，我家的，家里并没有多少余钱，也没有什么家产，不能和你们比，那么大的房子。我在楼下的书店上班，为了方便我，老王只好自己多跑路，一家五口住的这间房子还是公家的。偶尔做顿饭，只能在走廊上凑合，平时我们都吃食堂。昨晚过了饭点，家里又没有菜，只好请你们吃面。我们是北方人，不会做菜，中午只能吃饺子……王妈妈说话像放连珠炮，好像事先拟了提纲，话里话外围绕一个主题展开——消除隔阂，拉近距离。我妈听懂了，说你我都姓李，以后就以姊妹相称。"这话说到了我的心坎上。"王妈妈立马附和。就这样，我多了个姨妈。

离开姨妈家，我感觉最大的收获不是三鲜面，也不是饺子，而是解开了曾经的疑惑，原来房子再小也有办法住人。从此我知道了，办法总比困难多。

1982年，我大学毕业后分配到西安工作，原以为岳阳只是我往返家乡的驿站，没想到，过了四年，我竟然成了岳阳市民。三十多年，原来觉得很漫长，现在体会宛如弹指间。就在这弹指间，我老了，退休了，也可以以岳阳人自居了。年轻时习惯向前看，没兴趣回头看；现在正好相反，更喜欢回顾以往。

我到岳阳的第一个住所在市三中，一不小心以教师家属身份钻进了文化圈。房子不咋的，但朝向正，坐北朝南，这在老城里十分难得。闲来无事，一个人在家里发呆，我才突然弄明白，当年的舅妈为何叫我河西佬。并非儿时的我不辨东西，而是长江欺骗了我。大家都唱长江滚滚向东流，可长江在广兴洲偏偏向南流；门前去岳阳的汽车也向南跑，所以我印象中，岳阳应该在南边。人啦，遇事不必太较真。就像西安的朋友问及寒舍，我说三十多平方。他们说，城小房子大。很明显，其间有惋惜也有羡慕，但我不去细想。反正就是一个筒子间，从前到后，客厅、卧室、厨房依次排开。除卧室小点外，厨房前厅还过得去。一色的杉木家具，装饰板贴面，全是贮木场的真材实料和做工。前厅摆了大立柜、五斗柜、书桌和长沙发后，还能容得下一家人吃饭，比起当年的高干，我的婚房好上了天。虽说不是楼房，但红砖红瓦，遮风挡雨不成问题，只是内饰稍显简单，白纸糊壁，水泥抹地。三中最大的优点不是文艺范，而是地理位置上乘，生活方便。看电影，出门就是天岳山电影院；买米买油，跨过羊叉街就是油榨岭粮油店；买菜，往右就是梅溪桥市场，都只有二三百米远。从天岳山下坡就是岳阳最繁华的商业区，西边是下河街，东边是竹荫街（当时叫解放路），对面就是名噪多年的南正街。其实其时，南正街已经不如竹荫街繁华，除了南正街百货商店还算红火，巴陵面馆、南正街药店、冰厂等已经初显衰败的端倪，无法与商铺云集的竹荫街比。竹荫街上不仅有岳阳饭店、旭日照相馆、新华书店，还有好多分门别类的专门店家，店挨店，铺挨铺，鳞次栉比。晚饭后，我同夫人大多选择在竹荫街上蹓跶，不只是这边热闹，而是比南正街长许多。每每走到新华书店楼下，我都不由自主地抬头望望，努力回忆自己曾经从哪个窗口探出过脑袋。尽管我知道，曾经的主人已经搬到了东茅岭。

一年后，我搬到了比东茅岭更东边的迎宾路——杨树塘居民区。那时的迎宾路，堪称岳阳第一路，马路两边还没有商铺，只有被劈开的鸡窝山边坡，路上少有行人少有车，路灯却跟长安街的华灯一个模样。从马路上抄近道回家，只能深一脚浅一脚破荒而行，进门之前须先跺跺脚，抖落满身泥土的芬芳。彼时，岳阳人自嘲，光灰尘（光辉城）。吸引我搬家的当然不是环境，而是三室一厅一卫一厨的房子，面积比三中足足翻了一番。房子大了，妈妈也乐意每年跟我们一起住一段时间。隔了没几年，我问妈妈，是不是到小王家走一走？他家现在也迁到了迎宾路，上个坡，斜对面就是。妈妈说，想是想去看看，一来怕劳吵人家；二来怕影响人家的口粮。口粮，在计划经济年代、在城里确实是个大问题，即便没有客人，定量也不一定够吃。所以小王每次回家，除了鸡与蛋，只稀罕大米与糍粑。联想当年妈妈路过岳阳，她很少连续走同一家亲戚，原来她是担心人家的口粮。只是妈妈有所不知，当时的肉食已不再凭票供应，城里人的定量已经吃不完。

1988年冬，楼下突然来了个邮递员，大声叫："六楼姓刘的，电报。"当我念完电报的落款后，妈妈喜极而泣："舅舅，舅舅，是七舅舅！"她的七弟，几十年音讯全无，全家都以为不在人世了，没想到果真如红卫兵说，他随蒋介石去了台湾。在七舅眼里，岳阳这也不如台湾，那也不如台湾，唯独没有说我的住宅。20世纪80年代，标准三室一厅的房子，是真的稀罕。楼下的同事甚至发誓，这辈子再不搬家了！

同事的话音未落，传来单位腾出空房的消息，虽说旧点，但改造后的面积要多几个平方。经不住这几平方米的诱惑，我继续东迁，到了五里牌。我妈总结说，单位的院子，环境确实好很多。妈妈的话音未落，我的房子好得更多，三室两厅一厨两卫，面积一百三十平方。这是房改后的单位自建房，三百多个同事竞争两栋楼，若论资排辈，想在名册上找我，只能倒过来翻。幸好单位抬举，把我当知识分子待，还为我"量身定制"了一个规矩，高级工程师与局领导一起走绿色通道，不在工龄上与别人论短长。新房竣工那年，我的高级职称恰好与房子的建设同步搞定。

七舅第二次返乡，到我家后改了主意，不住宾馆。次日，他坚持要去梅溪桥走一走，说这也是妈妈的心愿。从竹荫街口子上往南，过了三教坊，舅舅熟门熟路，疾步向前，径直闯入一个老房子。房子里面带天井，舅舅和妈妈绕着天井转，姐弟俩人一唱一和，说这边是染房，那边是厨房；这边住家人，那边住工人。原来新中国成立前外公曾经在岳阳开过染坊，姐弟俩在这里度过少年时光，只是为了躲避日本飞机的轰炸，才举家西迁。至此我才明白，妈妈为何说到岳阳的大街小巷，能如数家珍。今年初夏，另一事让我了了另一个难。九十多岁的八舅过世后，吊唁的人流如潮。我问表弟，怎么这么多人？表弟说周边十几个屋场，共一个祖先，都是李家的后人。幼时的迷团——我家的舅妈数不清——终于有了答案。毕竟康王离岳阳说近不近；说远，也不远。

舅舅在岳阳逛了几天后发感慨，大陆的发展速度比台湾快；台独分子不可怕，大陆打几个飞弹（导弹），他们就会跑个精光。不知是什么让舅舅的态度发生了转变。第一次来，他反复向我们强调，只谈亲情，不议时政。临走时，七舅当着妈妈的面夸我进步神速。不知道他到底是指我的工作、职称，还是房子？我没好意思细问。

如果舅舅指的是房子，我得暗自庆幸没当着他的面显摆，否则，他该不好意思了。他在台北的住所，面积大约只是我下一个新宅的一半。正当我紧锣密鼓装修五里牌新宅的时候，单位的头头不知怎么的，居然叫我陪他谋划一个更大的院落。我们开着车绕着南湖转，天灯咀、游乐场？政府领导说想都别想。好容易看上了王家河西边的一块山地（现在的锦绣河山），市农校也愿意出让，到规划局一查，我们不满意——面积不够大。没过几月，他兴奋地告诉我，妥了，妥了！就在那片地的对岸，有一块地，两百好几十亩，紧临规划中的岳阳大道，前面办公，后面住人。敲定了，这便是现在的新电园。

当时领导兴致勃勃，我却异常冷静。刚刚装修的新房，夫人说要等气味散散，女儿不听，她一个人先住了进去，说是房子像宾馆，多住一晚等于多赚一天的钱。有了这么好的房子，再好，又能好到哪里去？我心里这么默神。最主要的原因还是囊中羞涩，买房装修，已把我耗得一干二净。新电园要建岳阳第一批小高层，我到底还是没有扛住电梯的诱惑，先报了个名，反正先不用交钱。

时间一晃六七年，房子建起来了，院内环境真的爱人。房子错落有致，高低层次分明，钟楼凌空而立，湖水潺潺喷泉，人车分流，桂花飘香，优点道不尽。我拖着广州来的亲戚到里面转了一圈，他啧啧称赞，说广东省委的院子也没有这么气派，一栋房子就一个单元，间距还这么远。他的话增添了我装修的信心，他是见过世面的人。请来装修人员量房，才发现房子除了面积大之外并没太多优点，二百多平方米的房子，只比我原来房子只多了个书房和卫生间。最让人烦的是，请装修工人吃顿饭，附近竟然没有餐馆，周围一片荒芜，经人指点，曲里拐弯才找到一家刚开张的小店。

入住后，偶尔打的回家，说去新电园，司机一脸茫然，好说歹说才明白，"哦，你要去八字门。"说者无心，听者有意。我打心底里自嘲，闹了半天，原来我由市民变成了八字门村的"村民"。不知是我木讷，还是工作使然，我分管农电多年，成天在县城乡下打转转，完全没有感知城市的变化。直到有一天领导找我谈话，说是上面有规定，年纪大了可以少管闲事，当个协理员，工资不少一分钱。此刻，我这个"歇里员"才有空闲，学着孔明站在楼上观风景，发现自己又变回了城里人。往东看，高楼林立望不到边；近处的王家河、珍珠山已建成公园；医院学校商铺已经把我包围……很可惜，这一切妈妈已不能作为鉴赏人。

年初，久居上海的妻妹突然造访，说是欲回岳阳养老，想要买个小户型。我们驱车一路向东跑了十几里，她一眼相中了恒大养生谷的楼盘。当姐妹俩兴致勃勃与售楼员洽谈之时，我站在旁边韵神：前后不过三十几年，岳阳东扩不止三十几里，未来的岳阳城到底有没有边？我老了，岳阳正当年；我不想劳这个神，这个问题还是留给下一代人。

老街换颜　油香飘远

张峥嵘

油榨岭，这三个字一出口，就泛着浓浓的香味伴着木头撞击的声音眼前流出清亮金黄的油。

这个地方岳阳人都不陌生，是岳阳老街里改建最早却仅存的几条没有更改名字的街巷之一。说起来，这好是讽刺，人家动都没动只名字洋气了，它改得面目全非了，完全是一条80年代改建后的新街，一个乡里乡气的名字不动。

好在当年改建，街的走向还是如清光绪《巴陵县志》中的记载一样。"油榨岭，北自鱼巷口南行一百四十步，西有上达巷出洞庭庙；又南一百六十步，北通天岳，南通塔前。"丝毫没变，由此可见，它曾经担当了相当的重任，从鱼巷了直通宝塔巷，连起了老岳阳人在局限区域里生活与文化两大板块。

据老人们说，油榨岭名称的来历，就证实中国的对命名的特别处，当地某个特色的简易叫法流传下来成为它永久的名字。

油榨岭是怎么来的呢？很早以前，沿坡而上满岭树木，后来被砍光，仅余一些树蔸。树蔸这种东西，木匠看到一堆废物，雕刻匠看到就是一堆宝贝，只是出乎人意料之外的是，慧眼识珠的还有一位经营榨油作坊的商人。某日来访，见岭上树蔸不少，看到了可利用之物。榨油需要木柴，为节省运输成本，于是便在靠近街河口的河坡下建了一间榨油作坊。中国人有个习惯，在告知别人方向时，习惯于以那个地方最有特色或人们最熟悉的东西定位。榨油坊出名后，久而久之这条巷子的曾用名便消失在榨油岭三个字里了。又经岁月，为顺口就叫成了油榨岭。自此，这条街巷便以油榨岭的名片开始见诸史志图册，流于市民口中。

油榨岭巷，近街河口，很早以前，为方便上岸的渔民及商人，最多的便是旅社和饭铺。据说最有名的一所叫群仙旅社，那里经常富商光临。靠近街河口处，有座清代建成的大型盐仓。说到盐仓，就让人想起中国几千年发展历史中，出现过的几起重大贪官案，都是跟盐有关。足见盐在很长的时代，都是紧需物品。当时，岳州及湖南全省的食盐，需用船舶运至街河口，再由盐政机关分发到全省各地。一克盐一克金，盐是相当珍贵的物质。暴利下，就有暴力争夺之战。各地盐政机关见利忘义，利用自己手中的权力以食盐盘剥居民，时间一久终激起百姓们的怨恨。

盐商与政府的勾结严重激起民愤时，杀鸡儆猴。据老人们回忆，岳阳县工农特别法庭就曾在东门操坪将一名不法盐商判处死刑。盐商的法办，让老百姓相信了政府的作为，信了真正有法在。只可惜，后来老百姓吃盐依旧是奢侈品，他们仍然过着缺盐的日子。1930年，红军攻占岳州后，当即打开油榨岭盐仓，将库内的食盐廉价售给了所有市民。听说当时城区和城郊的市民、商人、渔民、农民闻讯，如潮水般涌来，抢购盐者络绎不绝，将周围的几条街巷挤得水泄不通。

现在的油榨岭当然不再专门榨油，也没有了盐仓。民国时期，油榨岭巷在此建了一所岭南小学。1949年后改名为天岳山完全小学，"文化大革命"改名为红卫小学。现在不用去寻，学校已不存在了。下巷仍是热闹非凡，鱼鲜菜嫩，与上巷的安宁形成鲜明的对比，仿佛男主外，女主内，没有什么不恰当，一切很自然地过渡，一切合理地存在。

油榨岭尽管改建时间不久，不知是为了与古城区相吻合，还是不想鹤立鸡群，总之，巷子楼房两边很是陈旧，我每次走进去，都忘记它不是老巷。房子旧是旧，一看就知是现代作品，一色的砖建楼。询问这里住了几十年的李师傅，他摇头叹息。说这里的老房子不多了，仅存两栋还算久远也考究不出年份。他说，油榨岭在80年代末全面改建前，连接鱼巷子全是青石板路面，小木楼。后建楼房，修水泥路前，全部拆了，可惜啊。因此，很多人去油榨岭，感觉不到历史古街的韵味，只看到一条七八十年代的旧街，也许这些青石板的离去有很大的关系。改建后，倒是几十年再没有什么变化。张娱驰在这里住了三十几年了，除了

油榨岭巷民国时期的老建筑

住的人时常变动，其他一直都是老样子。

　　说起来，油榨岭还是有一样真正有纪念意义的古迹的。它位于岳阳市老城区天岳山的油榨岭五号，是一栋两层老房子。当你从它前面走过时，你丝毫不会觉得它有什么特别之处。从外表看，它与这一带残存的其他老房子相比也没有区别。麻石砌成的台阶上，用水泥铺上了一条可以推着自行车或者摩托车进出的十几厘米宽的坡道。进屋的大门是两扇在老城区现在都很少看到的红漆木质大门。左边大门上一块蓝铁皮标牌显示着此处是油榨岭街五号。屋内屋外斑驳的墙皮，风化很严重的墙砖，证实年份的久远。很多人不知道这房曾作何用，感觉像官衙的办公场地。石大门的门楣上方与一般的居民住房有明显的不同。房屋的进深不长，只有5、6米，而且一楼除了进门的堂屋外，两边的房屋一看就知道原先有门与堂屋相通，进深同堂屋一样长。通往二楼的木质楼道，与民居明显不同，是在室外的。走上二楼一看，房屋的格局也是并排的三间，不同于民居的建筑风格，有些办公区格局。

　　后来经多方确认了解到了油榨岭五号这栋现在看起来一点都不起眼的房子，就是半个世纪前在洞庭湖区迎风斗浪、拯人救物于排空浊浪中的救助机构——"岳州救生局"的办公旧址。2012年我再去时已拆除。风雨中存在百

年，就这样消失了，心中有一些可惜。

再往两边溜达，还有一些已锈迹斑斑的老厂，里面有几个中年男人似乎在车床上做事。这样的环境，看不懂，这是私事还是公事，这个厂是存在还是已倒闭。有机器在转动，有的锈得不成样子，人就三个，窗清一色破烂不堪，地上到处是尘土。

油榨岭只那么长，走几步从尾就串到了头。油榨岭也叫巷，也可称为老巷，但与老岳阳的茶巷子、鱼巷子、宝塔巷这些大型商业街巷不可同论。当茶巷子、宝塔巷都沧桑陷入危境时，油榨岭还是一直保持着活力。活力就是七八十年代重建中的重注血液支撑。更重要还得力于它占的地理位置优越。曾经岳阳人依水而生存时，它紧靠街河口，随着岁月远去，它又一直依仗鱼巷子的经久不衰喧闹，处次第从位也是生存的有利条件。

古街新样，没想到给人印象最深的还是记忆中的东西。油榨岭，很多人一直乐道的还是曾经的故事。例如入口那栋让人充满疑惑的漆黑大楼，破烂不堪，掩饰不住它的气派。只是，这样一栋气派而醒目的大楼，好像几十年无人问津在湖风中。后经打听才得知，这栋楼曾经是岳阳市最著名的米市交易市场。这样的市场建筑，就是站在今天，也没有落伍，足见当时的风光。

一场大火，烧毁了房屋，也烧掉了它的繁荣，就这样成了街河口的一道"风景"，似乎要竖成一块警示碑。只是疑惑，大火已过去几十年，这样有型的建筑一直这样伤痕累累存在，其原因就不得而知了。

我脑海中对古街的想象，就是宁静窄窄的巷子，居民坐在

油榨岭巷

自家街沿上，闲聊着做着手工活，安详悠闲，与世无争。油榨岭每次来时，巷子干净整洁，一如风韵犹存的女子，见识过大场面，再落尘埃，也保持着一份体面。淡定地细听着鱼巷子的叫卖，闻着鱼巷子的腥鲜。这几年（2012年开始），因鱼巷子改扩建工程动工，部分鱼摊鱼贩移至了油榨岭，让油榨岭一下湿润而喧嚣起来。

很多人寻古走过小巷，一直努力寻找一些痕迹，寻回当年的旧貌。除在进入李师傅家的窄巷里有几块青石板铺在入口，再在小巷54号看到一排青石板楼梯，便很难寻到旧时的踪影。不禁生出叹息，叹息很多有价值的东西毁于一旦。可深居其中的人们，他们更关注自己的生活。听着轰隆隆的声音，一眼望见鱼巷子二期改扩建工程正进入施工阶段，他们一味打听的是自己的房子会不会改建？改建征收自己能得多少钱？新城将会建成什么样？他们会住到哪里？这是一个国与民需求不同的概念。

这才是合理的，它不是叫油榨岭吗？这么现实的名字下，居民活得现实一些这才是理所当然的。

糖果厂的小伙伴们

易新民

1958年秋，我家搬到了梅溪桥县糖果糕点厂的对面，临街的南杂货商店的楼上。

那时候，父亲是政府的人，属于"革命战士是块砖，哪里需要哪里搬"的吃皇粮人。上月在这家公司，下月说不定到了那个局。工作一变动，家就得跟着搬，有一年年头年尾竟搬了三次家。幸亏那时候家业不多，没有大柜，没有沙发等大件家具，就是几口木箱，还有用箩筐装的东西，连床都是公家的。搬家最多两板车搞定。

母亲嗔怪于随父频繁搬家，向自己工作的糖果厂申请了一单间，没有厕所、没有厨房、没有自来水的仅20平方的木板间隔的旧房。上厕所要跑到好远的金家岭玉清观口子的那个公共厕所去，自来水则要到对面糖果厂去提，居家十分不方便。

糖果厂坐落在梅溪桥的上街的西边，临街占据六、七个门头，除一个门头留有进出大门外，其它门头都是全封闭的。厂大门进去后，前后并列二栋两层楼，中间均留了约3米的甬道。当时的糖果厂还是比较大的，出甬道，是个水泥篮球场，左边有几栋厂房，为饼干车间、糖果车间及油货车间，右边是饴糖作坊、职工食堂，周边还有其他住宿房、杂物房，最后面是公共简易厕所、杂物地坪。围墙留有双开合大门，玉清观巷与围墙平行。

糖果厂的业务一直很红火，除了本县城乡各商店及供销社外，甚至周边湖北的监利、洪湖、通城有的乡镇也到这里进货。工厂有近二百多号职工。那时的家庭普遍子女多，光与我年龄不相上下的小伙伴就有四、五十个，有张毛、（吴）岳生、（王）腊腊、（王）运生、（柯）丫头（男）……张毛长得鼓鼓，经常嘴角瘪着一翘，双臂夹着裤头一抖，一副滑稽的脸，属于那种很出头露面的孩子，因此他基本成了糖果厂小伙伴们的"孩子王"。

和蔼可亲的德爹是糖果厂的门卫，个子不高，长着络腮胡，但有腿疾，听说是中风落下的，他是张毛的父亲。虽说有门卫，制度也不严，主要防范拿物品的生人，我们小孩进出倒是自由得很。门卫养了一只大狗，红红的鼻子，棕黄缎子般的毛，双耳始终警觉地耸立，一条细细的竖着的蛇尾，人家说它是条赶山犬，大家都叫它"来宝"。

这来宝！我的小伙伴们可喜欢它了，远远地见着来宝，就亲切地唤它，抚摸着它的躯体，用手指梳理着它的毛发。在那个物资匮乏、吃肉凭票的年代，家里好不容易打牙祭吃点肉，剩下的骨头也舍不得丢弃，特意送到糖果厂给来宝吃。没事的时候，经常领着来宝到处跑。

有一个下雨天，小雨刚停，我们又领着它出发了。那时的梅溪桥晴日满天灰，雨天一地泥，黑黑的泥浆像酱一样。我们在前面猛跑，呼唤着来宝猛追。上街奔，下街窜，突然"呼"的一声，来宝追上了我，在我的屁股上叼了一口，把我吓个要死。经过这幕后，虽说它没有伤到我，但也吓着了我。从此之后，我对狗是敬而远之，不理不睬了，即便是宠物狗也是视而不见冷落它。

糖果厂的晚上是寂静的，没有了大型鼓风机的轰鸣，也没有了人声鼎沸的喧闹。篮球场更是空旷清净，但它成了小伙伴们嬉闹的乐园。晴朗的夜晚，晚饭过后，大家纷纷从乾明寺、梅溪桥下街、金家岭、三教坊齐聚在篮球场上玩耍。

小伙伴们做游戏，玩的花样可多了，最经常玩的跳绳、跳房子、牵羊羊、丢手帕，这些都是那时少儿们通玩的大路货。我们糖果厂的小伙伴，玩的花样，有些是略有不同的。

我们玩过驾车，而且是发明的新玩法。20世纪50年代末，城内汽车很少，搬运物资，大部分是肩扛手提板车拖；有人还能一根扁担走天下讨生活，就是俗称的"箩脚仔"。那时的板车是没有轴承的土车，木板、木把、木轱辘。轮子也是木头做成的，连车辐条都是木的，仅在轮子的圆盘上，钉上厚厚的一圈橡胶皮。车轴加的油也是那种黑乎乎粘稠稠的油膏。后来逐渐时兴充气橡胶轮胎，带钢丝车辐及轴承的板车，既轻便灵活，还运行无声，载货又多于土板车一倍多，减轻了使用者的劳动强度。糖果厂为了生产需要，也赶时髦买了两辆充气橡胶轮板车。我们就在篮球场上拖板车玩，小伙伴们爬满了车板，拉车人拉着板车在篮球场上打转转满跑，一边喊着"送猪啦！""送羊啦！"

后来不知是谁，发明了一种新的玩法。厂里不是有两辆新充气橡胶轮板车吗？将两辆车的车把，互相交叉连成一辆四轮二斗车，一人坐在中间当司机，抓住向后的两根车把当方向盘。一般前斗（车板上）不坐人，方便司机瞭望行走。通常张毛是司机，因为他的胆子特别大，人也很灵活，鬼怪招数也多。后斗（车板上）则坐上一些不怕死的娃，没有轮上坐车的伙伴，则充当推车手。推着两辆板车搭建的四轮车，在偌大的篮球场上疯跑，还有多余的人，就跟着板车追。车子一会儿跑直线，一会儿转大圈，玩到高潮时，要起了转"S"8字圈，全靠司机操控。那一刻，小伙伴们的高兴劲，呼喊，嗨歌，互相追逐，简直要将天上的星星震落下来。

我记忆最深的是那次"工兵捉强盗"。糖果厂的房子比较多，自然角落也很多。那次"工兵"翻遍了糖果厂，只差掘地三尺了，硬是没有抓到我们这些"强盗"。

原来，大白天时，我和张毛几个人，看到厂里从渭洞林区购进了很多柴火，都是鸡蛋粗的二、三尺长的杂木棒棒，将厂里挨玉清观围墙的大坪堆满，成了一座丈把多高的小山。我们几个人发现后，顺着墙根，先掏出一块空地，然后像喜鹊搭窝一样，用木棒棒，互相搭头压尾交叉，垒成一个圆圈，一层一层堆砌成一个圆井，像抗日战争时期鬼子修的炮楼一样，然后用其它柴火将"炮楼"外的缝隙坑填满。并在离地处，留了一个洞，方便人爬进爬出。"炮楼"没有封顶，便于人踩着木架的间隙，站上去探头瞭望。

"工兵捉强盗"游戏是要分边的，分清"敌我双方"阵线。小伙伴们有的争做"强盗"，有的要当"工兵"。人多嘴杂，怎么办呢？要不互邀请入伙。如果再搞不适合，只好梭哩隆冬梭。所谓梭哩隆冬梭，就是民间的一种抽签方法，即所有参与人在统一口令下，同时亮出自己的手掌，有手背面或手掌面两种出法。结果人太多，心与动作不一致，分在一起的人，又互不称心，半天都争不清。没办法，"孩子王"只好出马了，强行将人群分成了二个组。自然白天参与垒炮楼的人，分到了"强盗"组。

游戏开始后，我们"强盗"一边的人首先一哄而散，我们顺着柴洞爬进了"炮楼"，屏住呼吸藏了起来。只听见工兵们呼喊着"缴枪不杀！"，到每个角落搜索"强盗"。在柴堆前经过了几次，也没有发现我们。鬼知道我们白天做了手脚，现在藏身在柴火堆中。最后，实在没办法了，只好高呼着我们的名字认输才结束游戏。发现这个秘密后，再玩"工兵捉强盗"，藏身柴火堆的花招就不灵光不奏效了。

大约1961年，糖果厂来了个漂亮的女会计，还兼厂团支部书记。她是大学毕业分配来的，圆圆的脸庞，齐耳根的短发，她叫刘小莲，我们亲切地称她为"莲姨"。那年暑假，她看到糖果厂的小朋友那么多，无所事事的在厂里跑进跑出，决定将大家组织起来，搞军事化操练活动。每天早上六点多，自愿报名的小伙伴在糖果厂门前的梅溪桥马路上集合，排成二列，沿梅溪桥路，前出京广铁路洞口，步行或变换小跑步，一直行军到东井岭酱厂附近返回。刘姨喊着口令，小伙伴们精神抖擞，也跟着呼应"一、二、三、四"的口令。别看大家年纪小，步调一致军事化，还是像那么回事。晨练活动持续了二十多天，开学后才终止。

已经过去五六十年了，当年的具糖果厂，后来改名为华康食品厂。因为改制及技术老旧的原因，岳阳华康食品厂前些年也已不复存在。儿时的伙伴们，也为各自的学业，生活所计而各奔东西，几乎完全失联了，但儿时交往的情景仍历历在目。

2018年有一天，我在巴陵大桥下朋友的作坊里闲坐。这时走进一位妇人，我俩在双目对眸的那一刻，一种似曾相识的感觉一怔。这时她先发问了："你认得我吗？"我略加思索，飙出"王丽荣！"要知道那个年代的我，男女界限是分得很清的，一般不主动与女伙伴们交谈，天晓得五十多年后，我居然一下子叫出了她的名字。

现在，我们已经是古稀之人了，青涩的岁月，难忘的时光，过去所经历的一切，也不可能复返。但每当静下心来，回味儿时的经历，回忆儿时的伙伴，还是那么滋滋有味，那么刻骨铭心，难以忘怀。尽管年代久远，大家为生计所致而天南海北各奔东西，我们的父辈们也几乎全部退出了人生舞台，伙伴们的名字也难以一一叫出，有的人也仅只记得小名、浑名，但终归回忆过去是美的，是甜的！

曾经的糖果厂，已不复存在！曾经的伙伴们，你们在何方？你们可安好？

慈氏塔与宝塔巷

孙颂保

大凡在岳阳老城区土生土长的人，没有人不知道岳阳有两处闻名遐迩的地理坐标——岳阳楼和慈氏塔。对于岳阳楼，前人备述多矣。然而，对始于晋创于唐穿越千年风云的慈氏塔，知其源者却少之又少。

慈氏塔又名慈氏寺塔，位于岳阳楼区洞庭南路塔前街西侧，洞庭湖东岸。始建于唐，北宋治平、建炎年间两经修葺，后毁于火灾。现存砖塔系宋淳祐三年（1242）重修。经历宋、元、明、清、民国五个朝代，是我省目前最为古老，保存最为完整的古塔。1956年被湖南省政府公布为省级文物保护单位，2013年被国务院公布为全国重点文物保护单位。

慈氏塔外观高拔秀挺，建筑风格与技法都具有浓郁的湖南传统特色，并融合了楼阁、塔寺、祠堂、庙宇的特点。塔身神龛内供奉弥勒，石质佛像精雕细琢，青砖堆塑的莲花图案线条优美柔和，充分体现了佛教文化的内涵和特征，凝聚了佛教文化的思想和精髓，具有很高的历史价值、科学价值和艺术价值，是研究我国古塔和湖南地区佛教文化发展演变历史的重要实物资料。

慈氏塔历代以宗教形式保留下来，塔身供奉佛像，塔顶立铁刹，檐口装饰的莲花图案，无一不显示其佛塔本质。北宋末年范致明所著："慈氏塔，日出之初，影射重湖，镇洞庭水孽"，明确指出慈氏塔兼赋有镇水压胜的风水塔内涵，使得本为佛塔的慈氏塔有了道教的含义。慈氏塔以兼收并蓄的态度对待多元文化，意义更为深远。

岳阳洞庭湖畔的岳阳楼与慈氏塔，是一首传颂至今的诗歌，是一幅千年未变的画卷，也是一个轻盈律动的音符。一南一北，遥相呼应，相得益彰，与洞庭湖的风光相生相依，和谐相处，充分体现了中国人自古以来"天人合一"的思想理念。千百年来，慈氏塔一直为洞庭湖上往来的船只导航引渡，关于慈氏塔优美的传说更是为这人文景观增添了几分温情。

我二十世纪五十年代初出生在岳阳老城内的南岳坡，四岁时随父母举家从吊桥迁至韩家湾，距慈氏塔仅数百米之遥，每天开门即见塔。自记事时起，常听大人们讲述宝塔镇河妖的神话故事，心底自然而然地产生了对慈氏塔敬畏和顶礼膜拜的情结。

自八岁发蒙起，我每天上学放学必须经过塔前街，放学回家的途中，只要不刮风下雨，我总要和几个发小相约，背着书包，蹦蹦跳跳地穿过狭窄幽长的宝塔巷，来到高大雄伟的慈氏塔前尽兴地玩耍。

那时宝塔周边的居民随意搭建的情况尚不严重，塔下四周还有一定空档。我们放下书包，在空坪上跳房子，打陀螺，玩弹珠，玩得满头大汗不亦乐乎，直玩到夕阳西下，天色渐暗才不舍地离开。

千年的慈氏塔旁留下了我们童年活泼的情影，坚实的塔基座上镶嵌着我们稚嫩的足迹，狭窄幽深的宝塔巷中，回荡着我们爽

宝塔巷西巷口

朗的笑声……

1966年夏，"破四旧"运动风靡全国。本来就风雨飘摇的慈氏塔，遭受了千年难遇的劫难，险些被某运动派扣上"四旧"的帽子予以拆除。慈氏塔从底座到顶端被圆木搭成的脚手架所包裹，塔下台基青砖多处被凿除，塔顶青砖被撬动缺损，各层佛龛内佛像遭到严重破坏，20多尊佛像仅存7尊，其余佛像及须弥座均被拆除，8根浪风索仅存西北两根，其余6根全部拆除。塔顶上的铁尖顶也被搁置一边。总之，整个慈氏塔被糟蹋得千疮百孔，目不忍睹。要不是后来中央专门下达了保护国家历史文物的文件，千年古塔将毁于一旦荡然无存！

趁着当时尚未来得及拆除脚手架之机，我和几个胆子大的发小借助脚手架，攀登了慈氏塔。我们麻着胆子小心翼翼地沿着脚手架一层一层爬上了慈氏塔的顶端。

这是我有生以来第一次站在城内的最高处鸟瞰岳阳城，真有"会当凌绝顶，一览众山小"的感慨！

站在高耸入云的宝塔顶上，有着2500多年历史文化名城的旖旎风光尽收眼底。举目远眺，烟波浩淼的洞庭湖上白帆点点，百舸争流，南来北往的船只在金光灿灿的湖面上随波徜徉。贯穿南北的洞庭路，宛如一根纤细的草绳蜿蜒伸展，行走在街上的行人像蚂蚁般大小在马路上缓缓蠕动，低矮破旧的房屋像团湖中的鸭子，黑压压的一片连着一片，蔚为壮观。塔顶上凉风嗖嗖，吹得人周身发冷，双腿发抖，催人产生一种既激动又豪迈的情愫。

许多年以后，每当我路过塔前街时，便自然而然地回想起当年登临塔顶俯视全城的情景，莫名地产生了欲再登一次塔顶饱览古城胜景的冲动。

再后来，我与慈氏塔无了交集，千年古塔也渐渐淡出了我的视野仅存在记忆中。

1992年至1994年期间，我有幸任职于市房屋经营管理处，因为工作的关系，我与慈氏塔又有了亲密的接触。

慈氏塔周边，有不少的国家直管公房，大多数系新中国成立前修建的老房子，还有新中国成立初期没收的国民党要员的私人官邸。因建造年载久，需要经常维修保养，有些还需要大修以确保住房租赁户的生命财产安全。特

宝塔巷东口

别是风灾、水灾来临之前，我们到慈氏塔周边检查房屋安全的机会就越多。

目睹现在的慈氏塔和我二十多年前看到的慈氏塔相比较，显得更加苍老，更加破败，周边环境更加杂乱无章了。由于自然、人为原因及年久失修，慈氏塔现存状态极差。

塔的周边被居民随意搭建的各类平房和棚户层层包裹，最近的离塔身不足半米，整个塔身墙体及青砖砌体等风化剥蚀严重，塔顶和塔檐树木杂草丛生，受灰浆失效的影响，造成塔体松动开裂，遇上风雨和其他恶劣天气，就会有砖石坠落，给周边居民正常生活和生命财产安全造成很大的影响。

千百年栉风沐雨的慈氏塔，犹如一位尘满面，鬓如霜的垂暮老者，在苟延残喘，亟待新的生机。

慈氏塔令人堪忧的现状受到了国家和省市文物主管部门的高度重视。2011年，在市委、市政府和各部门支持配合下，岳阳市文物管理处主动开展了慈氏塔修缮工程方案的编制申报工作。2013年9月，慈氏塔修缮工程方案获得国家文物局审批通过，并下拨了专项维修资金。

为了做好慈氏塔保护修缮，彻底整治慈氏塔周边环境，2014年冬，由市政府牵头，岳阳楼区政府和洞庭新城公司联合组织，拆除安置了22户生活在慈氏塔保护范围且严重影响慈氏塔观瞻和维修施工的居民房屋1000多平方米。

2015年1月，通过严格招投标，选定浙江临海市古建筑工程公司和上海建为历保工程股份公司承担慈氏塔的主体修缮工程。

慈氏塔主体修缮工程从2015年6月正式开工，到2016年5月基本结束，再到2017年6月通过省、市文物主管部门的竣工验收，历时三年，使这座历经千年岁月变迁，屡遭天灾人祸危害，现状岌岌可危的古塔建筑又恢复了生机和活力。

慈氏塔以其秀丽挺拔刺破青天傲视苍穹雄风依旧风韵清新的崭新面貌，吸引着国内外文人墨客纷至沓来，五湖四海的游客驻足观光，流连忘返。

修葺一新的慈氏塔，已成为岳阳历史文化名城的重要组成部分，也是与岳阳楼、君山岛齐名的"巴陵胜状"之一。

千年古塔，欣逢盛世，通过整装换容，又焕发出蓬勃生机，昂首屹立在洞庭湖滨。

梅溪桥的故事

梅　实

　　据邓建龙先生文载，在明代以前，梅溪桥叫穆家塘街，地处竹荫街与观音阁街之南。其时，在街的东南边，有条小溪，宽有丈余，流入太子庙外的南湖。溪上无桥，给两边过往行人带来不便。明初的时候，街上有位叫杨梅溪的老人，拿出自己的积蓄，捐资在溪上修建了一座石桥。人们为了纪念这位老人，便将这桥命名为梅溪桥，慢慢地，穆家塘街也被人们改称为梅溪桥街了。岳阳老班辈人讲话，"溪"与"师"同音，这样一来，听的人就以为是梅师桥了。明代编的《弘治岳州府志》与《隆庆岳州府志》都将梅溪桥街写成了梅师桥街。直到清代编的《嘉庆巴陵县志》才改梅溪桥。

　　我同岳阳晚报社资深记者孙移生谈及此事，孙移生在梅溪桥生，梅溪桥长，说起他在梅溪桥的陈年往事，如数家珍。他听后说，此类说法版本不一，这也是一家之言。回到家里，我又查了一下，从明孝宗弘治元年往上推，到惠帝建文元年才90年，就是到明开国元勋朱元璋的洪武元年，也只有121年。如前所述，杨梅溪老人捐资修桥在明代初期，那么总也应过去几十年了吧，剩下几十年时间，修志官竟然就将"溪"写成"师"字了，这个事实如果成立，那人的工作态度恐怕就与现在的一些"公仆"们不相上下了。民国时期直至新中国成立初期，梅溪桥是岳阳最热闹最繁华的商业街道之一。据许多老人回忆，当时的南正街也十分繁华热闹，但南正街那里摆的是大店、名店，像有名的戴豫康绸布店、毛华盛绸缎匹头号、永泰和布店、宝成银楼、严万顺启记老药号、谢天吉药店以及周德馨酱园、味腴酒家等，都集中在那里。而梅溪桥这边汇集的则以副食、餐馆、客栈等为主，大老板不多，更多的是那些小作坊、小店铺、小业主，贩夫走卒，三教九流。如果有

人想画岳阳的"清明上河图"，那他必定得选梅溪桥临摩的。在很多年以前，我曾听到这么一则故事，说五六十年代的时候，湖北监利那边的农民喜欢将母猪赶到梅溪桥这里来卖。梅溪桥街边，有个卖粥的老头儿，喜欢下象棋。一日，他又在与另一老头在棋盘上杀得难解难分。监利一农民牵着母猪来了，这人也是爱下象棋的，就立于一旁观战。再说那粥，是装在木桶里的，上边盖了一条毛巾，那母猪也不客气，一嘴将毛巾掀了，大快朵颐起来，旁边有人急喊："猪吃粥了，猪吃粥了！"卖粥老头把眼一瞪："你喊死，车吃什么卒，你冒看见我这里有马罩着。"

二十世纪七十年代的上梅溪桥街

二十世纪七十年代的下梅溪桥街

据我的朋友张华和孙移生回忆，在他们小的时候，梅溪桥可谓既热闹，又平静。那时家里都没有卫生间，大清早，家家户户倒马桶，打扫庭院，里里外外弄得干干净净，街坊邻里间也很和睦，有什么事，大家照应着。说起梅溪桥街上的人物，张华、孙移生更是眉飞色舞，津津乐道，让人听起来与介绍《水浒》里的一百单八将相差无几。

何爹，只有一只脚，另一只脚是怎么丢掉的，无从考究。此人生得豹头豹脑，一脸络腮胡子，说话声音洪亮，细伢子见了唯恐躲避不及。他有一手绝活，会杀黄鳝。人家杀鳝，先将黄鳝打晕，然后下刀。他的手劲极大，抓起黄鳝就往钉上钉，半天可以破几十斤。除此之外，他还会打渔，河坡上有他一条划子，还有渔网之类，常去洞庭湖下网。他与孙移生的爷爷孙茂爹关系极好，两人常在一起海侃。有年冬天，湖里寒风刺骨，人家都关着门在家里烤火，独有何爹去了洞庭湖，一网下去，捞起13条窍嘴白，喜不自禁，逢人便说，说了一七日子。

丁爹爹，他本不属梅溪桥的人，而是家住洗马池那里的，但他几乎每天都到梅溪桥来，肩挑一货郎担，一边走一边哼：你怕这生意，是那么好做的呀——！到了人多的地方，他就放下担子，抄起工具，给人吹糖菩萨，《三国演义》《水浒传》《西游记》里的人物，还有南瓜、金瓜、蚱蜢、十二生肖，等等，他都能吹，你要什么给吹什么。当然，梅溪桥的细伢子都知道，他老人家吹的最神的，还是那孙悟空。

救娭毑，一个"救"字，便道出了她的身世。据说她老家在江西，娘生下她后，因家贫，子女太多，做父母的一狠心，将她丢入马桶内，婴儿的啼哭惊动了好心的邻居，邻居动了佛念，将她救了下来。苦命的救娭毑直至新中国成立，也没过上好日子。她没有工作，整天整天地背着个竹篓子，手持一把大火钳，满街满巷收捡着破烂，换得三毛两毛，养家糊口。

曾家大婶，家住梅溪桥旁三教坊宋爹家后面。曾家大伯公私合营后在百货公司上班，曾家大婶则是一名家庭妇女，白白胖胖，一副富态，受人敬重。曾家婶子热心待人也是街坊邻里中出了名的。那年头，上海越剧团每年都要到群乐剧院来演出，团长姓马，著名旦角，演祝英台等。有一年又来岳阳，适逢生了小孩，演出时，就将小孩交给曾家大婶照看。岳阳街上的一些公子哥儿见马团长人长得好，戏也唱得好，于是就动了花花肠子，马团长每天都要收几十封情书。情书放到曾家大婶家里，曾家大婶有个儿子，跟孙移生是同学，于是将信偷了出来，在男同学中传阅，孙移生说，时隔几年，现在想起那内容，还感到肉麻。

说起梅溪桥有特点有个性的人物，还有很多。这些人物，只要你一提及，梅溪桥的老街坊个个都是晓得的。他们中，有修皮鞋的郭连生；像救娭毑一样捡渣货的刘胡子；晚上打更还热心给人抹尸的万大爹；花生炒得满街飘香的张聋爹；还有杀猪剁肉的江爹，细伢子无聊，喜欢围着看他如何剁肉，江爹故意拿刀一晃，装作要砍人的样子，吓起小把戏们打起飞脚跑。

除了上面已经点到的，还有两个人物，值得一提：

一位叫李香爹，长得单单瘦瘦，白白净净；举止儒儒雅雅，斯斯文文。此公来历不凡，早年毕业于安徽大学法律系，因家庭出身豪富，得不到重用，最大的官是做了一届梅溪桥居委会主任。许多知情人都为他的用非所学、为他的不得志而惋惜，他自己却似乎心态平和，无怨无悔，看来也算得上是个大彻大悟之人了。

另一位姓周，是位女同志，曾任梅溪桥居委会副主任。周主任工作负责，办事认真，待人也十分热心与真诚，老百姓有了困难喜欢去找她。只可惜周主任因小时候家境贫寒，没读多少书，参加工作后，言辞就不多。每次开会，免不了就那么几句现话：四类分子（指地主、富农、反革命、坏分子）是火烧冬茅心不死，我们要拧成一股绳，团结一条心，与他们斗争到底！

前面说的这些人物，有的早已作古了，有的尚还健在，健在的也不住在梅溪桥了，梅溪桥的整条街道都被重建了。我曾由张华兄领着，从下梅溪桥转到上梅溪桥，转来转去，他当年住的家，也只能说个大概了。这里说到上梅溪桥与下梅溪桥，也许一些朋友还不清楚，自明清时期开始，从上观音阁街口至乾明寺街口这一段，称为上梅溪桥，乾明寺街口至如今的芋头田街口这一段，叫下梅溪桥。这一说法梅溪桥的老街坊都清楚。

我曾请张华兄指认当年群乐剧院的遗址，张华兄也只说了个大概，也难怪他，当年那一度热闹非凡的地方，如今一点痕迹也寻不见了。

　　说群乐剧院，得先说陈小平，因为群乐剧院就建在他家的后花园里。

　　陈小平曾经是岳阳街上一位响当当的人物，1917年和1920年，他先后出任岳阳商会副会长和会长。1917年，他从武汉购的30辆人力车，在岳阳街上跑出租，因此可以说，他是我们岳阳开出租车的祖师爷。陈小平与北洋军阀吴佩孚是至交，相传吴佩孚50大寿时，曾在陈小平的后花园里举行过盛大宴会。有了这座靠山，陈小平成了岳阳的"南北通"，为保一方平安，做了许多有益的事儿，他坚持数十年如一日的义举，岳阳街上妇孺尽知，有口皆碑。在旧社会，有给人送宝塔诗的习惯，所谓宝塔诗，就是第一行为一字，第二行为两字，以此类推。如有人写了一首宝塔诗，专门形容脸上有麻点者：

筛

天牌

丁鞋踩

雨洒尘埃

后园虫吃菜

满天星斗徘徊

石榴皮子翻转来

　　岳阳也有人写了一首宝塔诗送给陈小平，不过，诗里没有讥讽而句句都是赞美之词：

行

正绅

陈小平

京省驰名

南北最相信

专为排难解纷

出酒席不取分文

文书不善可谓达人

群而不党面面可通音

岳阳无此人地方不太平

据有关资料证实，陈小平又是不幸的。自从日本侵华，岳阳沦陷后，陈小平的日子也不好过了，他只得躲到乡下，岳阳的家产，绝大多数为倭寇和汉奸所夺。新中国成立后，他原来的宅地才被人民政府收回。

二十世纪五六十年代，岳阳街上主要有三个演出场所，一个在茶巷子，叫巴陵剧院，新中国成立前叫大戏院，又称岳舞台，巴陵剧团常年在那里演出。至20世纪90年代初，巴陵戏市场越来越不景气，那里改成了夜总会，专干跳交谊舞唱卡拉OK的营生，也曾火爆过一阵，后来全部拆除了。另一个在先锋路，叫百香园剧院，主要是唱岳阳花鼓戏，德保师的班子在那里，打锣腔一唱就是几十年。1984年，百香园维修，还曾通过原市财委副主任蒋以德老人的夫人出面，找到毛致用书记给批了10万元。毛致用和蒋以德两位老人，20世纪50年代在新墙区，一个任区委书记，一个当区长，两家关系甚密。再一个就是群乐剧院了，群乐剧院在新中国成立前就有，叫京戏院，以接待外地剧团为主，上海越剧团、湖北汉剧团、湖南湘剧团的艺术家们都曾是这里的常客，故而这里显得特别活跃，看戏、看热闹的人常常挤破门槛。

张华就是那专炒花生的张聋爹的孙子，可张华自小对花生并不那么感兴趣，他最感兴趣的是去群乐剧院看戏。看戏当然要票，张华的父母一年到头还在为温饱问题发愁呢，哪有什么钱让他去买戏票，为了解决这戏票的问题。他在实践中摸出了四条措施：一是提前躲进剧院的厕所里。据张华后来回忆，这条措施一般只在冬天启用，夏天天气太热，厕所里气味实在让人受不了；二是跟人进去。入场的时候，他站在旁边察言观色，见有慈眉善目者，忙跟上去，喊一声爷爷或奶奶或叔叔或伯伯，您带我进去吧！如对方点下头或不吱声，忙扯了他或她的衣角跟了进去，也有对方把眼一瞪或正言拒绝者，这时就只有找下一个了；三是爬围墙进去。剧院隔壁是竹器社，那里的围墙不太高，可以翻越过去，但那样容易被人发现捉住又遣送出来；四是提前溜进去躲凳子下面。张华说，这要有一点功夫，因为观众坐的凳子不高，你不能坐或蹲在下面，只能头和脚靠在凳子下面的横杠上躺着，工作人员清场的时候，别说动一下，连大气也不敢出，不然又得扫地出门，前功尽弃。张华也真是个戏迷，有一回，上海越剧团在群乐剧院演出《半把剪刀》，连演半个多月，张华一场也没拉下，看得把里面的台词全背下来了，老师布置的家庭作业却丢了不少。那一晚，正看得津津有味，有人揪住了他的耳朵直往外提，张华一看，执法者不是别个，正是他的父亲。

比起张华来，孙移生想不花钱去看戏就顺畅多了。

群乐剧院的经理姓谢，名赞东，与曾家婶子家打对门住着。谢经理有个宝贝女儿，叫谢杜梅，谢杜梅年龄比孙移生小不了多少，也喜爱看戏。他们有七八个年龄不相上下的玩伴，开始进场的时候，小伙伴们就在剧院旁边玩耍，等戏开锣唱了一阵，谢杜梅就牵了孙移生的手，大大方方地进去，然后她走出戏院，又牵一个，如此这般，往返多次，守门人见是谢经理的千金，自然是绿灯大开。

有时候，谢杜梅没来，他们就采用另一套手法，这手法的发明者是救娭毑的儿子，他要比孙移生这一伙玩伴大几岁，经验自然更丰富些。剧院的门票不是分红、绿、蓝、黄几种颜色吗，平时，他们将那各色用过了的废票收拢到一起，如果今晚用蓝票，他们就拿蓝票出来，将日期改过，然后趁人多拥挤的时候混进去。

"文化大革命"的时候，群乐剧院也更名了，叫红卫剧院，不过，岳阳街上的老百姓仍习惯叫它群乐剧院。1971年夏季的一天晚上，群乐剧院上演了一场由岳阳地区歌舞团奉献的样板戏《白毛女》，观众离去不久，剧院突然燃起熊熊大火，将梅溪桥上空的半边天都烧红了。

如今，梅溪桥的老街坊，谈起当年的梅溪桥，无一不是深深的怀念与长长的叹息，他们不但怀念着曾给他们带来无穷欢乐的群乐剧院，也怀念那长长的石板街道和街边口诱人的夜宵小摊点。卖夜宵的人姓许，家住鲁班巷，但他也将他的生意做到了梅溪桥，每晚八九点钟，他就挑着他的夜宵担子来了，手持一个竹梆，走几步，敲几下，然后停在乾明寺口子上，那担子的一头摆口铁锅，下面烧着劈柴，另一头放着碗筷、猪血、猪肠以及油盐酱醋等一应佐料，客人来了，递给他一毛钱，他会麻利地切下一截早已煮熟了的猪肠子，然后将这肠子匀匀称称地切成一圈圈，放入猪血汤中一烫，再撒一点胡椒、辣椒粉、葱花等，那味儿，你吃上一碗，保准第二天、第三天又想吃，且一辈子也忘不了。

让梅溪桥的老街坊们念念不忘的，还有那古朴而淳厚的民风。后来已做了三五一七工厂厂长助理的王旦生，说起小时候去张聋爹家里捡花生吃的事就不胜感慨。张聋爹叫张春和，人是极和善的，以炒花生为业，尤其是到了过大年的时候，花生炒得更多。这炒花生必有一道环节的，花生炒熟后，用簸箕将那些颗粒不饱满的以及一些杂质簸掉，簸的时候，自然也会有一些好的花生掉到地下，这样就引来了一群捡花生吃的小把戏，像王旦生、王小根、王大根，还有毛筛子等都是这里的常客，张聋爹待他们可好了，从不呵斥他们，让这些小把戏们玩得很开心。

时光走进21世纪，岳阳街上老人们熟悉的梅溪桥已完全变样了。我曾几次去那里探访，留在记忆中的街道、店铺荡然无存。代之而起的是新街道、新楼房、新铺面。店铺里大多是批发经营烟酒、茶叶、粗粮、细粮、工具、渔需、日用百货，应有尽有。不仅我熟悉的街道找不到，我曾经熟悉的人也找不到了。

孙移生早就搬离了梅溪桥，几经乔迁，现在住到了岳阳大道边上，每天喝点儿小酒，与老朋旧友拉拉家常，悠哉游哉。有几次，在散步的路上相遇，他还是那么豁达快乐，哈哈打得极响。

还有张华。张华是个优点很多的人。既有男人缘，又有女人缘。但他跟女人好也就是做个朋友而已，从来没见他在情感上出过轨。1999年的某一天，我们在土桥新大新酒店吃饭，我曾当场为张华兄撰联：张亦能弛千古事；华而又实一完人。张华兄真的是一个很难从他身上找到缺点的人。可他也应了我们的一句老话，好人命不长。2009年，他因脑溢血去世，走时才57岁。

还有一位，谭文瑞先生，岳阳有名的指书书法家，岳州八怪之一。他住在原岳阳新华书店的宿舍里。我记得我几次去他家，就是从梅溪桥街旁边的三教坊进去的。老人家个头不高，敦敦实实，说话语气平和，他教我怎么用手指画兰花，边说边示范，可惜我悟性不行，没有坚持下来。老人也已作古多年了。我忆忆中的梅溪桥，一去不复返了。

街河口码头印记

李水生

街河口因街口与洞庭湖相连而称为街名，过去岳州人习惯将洞庭湖称为河，"到河里挑水""河里洗衣、洗菜"，夏天说到河里洗澡，河的称呼也就成了习惯。

街河口街分上街河口与下街河口，上街河口连接南正街、竹荫街、天岳山。下街河口以南岳坡到油炸岭往下通湖边，南边百米处有条小巷连通万寿宫、洞庭庙。北边再往下走三十多米有小巷连接南岳坡。

街河口靠湖边的房屋多为木柱排山式两层楼，部分临街面砌有砖墙。由于常年水淹，风大浪急，易被水推倒的原因，砖墙建筑的房屋就很少。街咀靠北地势高二米多，原是一个小山包，这里的房屋呈穿斗式结构，三面通开两层楼，冬天做仓库储货，夏天开茶馆。由于地处高阜既临街口又面对洞庭湖，船运老板商贾杂役往往来此处纳凉喝茶，俨然门庭若市。一排排竹靠椅，几张竹桌，粗大的茶碗，二斗土烟是茶馆的常态。嘈杂的人声中亦有四川腔、湖北话和夹生的岳阳方言，交谈的主题无非是船上生意和一些家常生活乃至男女秘闻。谈到兴奋时无不唾沫飞扬，眉开眼笑。茶客们透过无窗的门庭，望着湖上赭红色风帆与撒网打鱼船，在鱼鳞状的风浪漫飘。时不时吹来潮湿而又有点甜味的腥风。身着不同服饰，操着南腔北调的茶客，成为街河口的一道彰显岳阳市井繁华的风景。

街河口南边的巷口连着万寿宫、长沙会馆。靠河一边坡底下形似锅状一直弯到洞庭庙旁八仙台边。废弃了的瓦片砖石，经千百年湖水风浪冲刷，推衍成为湖湾黑色的瓦石滩。在瓦石层的外围铺陈着圆形、长条腰子形、卵石形的石砾，任凭一圈圈，一波波湖浪的冲刷，记录着岳州古城千年的峥嵘。

街河口因地势平坦而形成天然码头，码头两边除了停泊船只外，还是城区挑水，洗衣的埠头。每到傍晚浣衣妇的嬉笑声，捶衣声成为一支美妙的交响曲。小伙子们，老头们在船缝中钓鱼，不紧不慢看着浮标。炎夏夕阳映红了码头，湖周边男人们大多都下湖洗澡。小屁孩也跟着过来了，一个木桶子一条毛巾，带点肥皂，洗澡后顺便也把衣服洗了。少女们也在湖边洗头发，浪花溅到眼睛里不时发出一声声尖叫。大胆的小青年游到大船的舵下呼叫同伴。

小时的我就经常在街河口的湖水中游泳，看惯了热闹的码头与湖中渐渐淤积的小洲。街河口码头是水陆货物转运装卸码头，20世纪60年代前街河口码头是岳阳最大的货运码头，日吞吐量很大，各种木船货物与转运达三百多艘货船。南京汉口江船百来吨的货轮，重庆、江陵、川船五十余吨的货轮，多到街河口码头转运。湘江四水内河小木船也都要到岳阳街河口将大船货物转小船然后运往上湖南。湖北公安、石首、监利、洪湖、华容的生活物质多在街河口码头转运，而煤炭钢铁、油料等则多由红船厂码头转运。街河口码头上岸便是商业街，店铺林立，不再要二次运输，另外油榨岭下巷也有四个千平方米的大仓库（原油榨岭粮店后），街河口码头上也有两个大仓库可随时存放。

街河口码头是小湖咀伸出湖滩呈三角形，只能用木跳板搭建码头，因洞庭湖水升降值达十多米，最低水位23米多，最高水位36米多。因此只能由高三米不等的跳凳一个一个搭建跳板便道，跳凳高矮有不同，因地势放置，便道伸出湖面百米，由一来一去两条组成。各种船只停靠两边，再由各船搭小跳板到大跳板上。搬运工人以挑、抬、背各行其道上下装运，岸上船上货物如山，搬运工大多穿麻织草鞋，有的光着脚在跳板上行走，不打滑不溜，担着、抬着、扛着百十多斤的货物一呀一声的号子，跳板一晃一晃地摇着，汗水在黝黑的脊背上流淌，稳步而轻快地走在跳板上。街河口码头搭跳主要由工人骆朋清、彭岳初二人搭建，骆朋清年方二十五六、一米八三的大个子，五大三粗、板骨四围、体壮力大，能将三百多斤重的跳板一手提起。彭岳初个子也不小，一米七八、为他打下手。在码头上一干就是三十多个春秋，双鬓云发再也无人代替，直到八十年代后才退休。跳板有船上跳板与码头运输用的跳板，码头跳板是由五根12粗的圆木，长六到七米用钢筋罗丝固定，两面刨平。跳凳四个脚趴开三米多宽，高三米多，几百斤重，再因高矮不同十几个跳凳伸出湖面，跳板分两行放在上面而成的跳板码头。春后发水洞庭湖水位一天比一天高，一个晚上由于风暴将跳板码头打翻、漂流到岳阳楼下，骆朋清二人在晚上十二点后硬是将一块块跳板与跳凳在水中拖回后连夜在街河口搭建，赶上早晨搬运工可上码头，两人为此受到表彰。

洞庭湖冬天是湖南地区的风口子，温度常年要低几度，历史上都有洞庭湖全冰冻的纪录，可是搭跳人不畏严寒也要下水搭跳，大部分都是下午到晚上要做好，那年代没有下水胶裤，把酒一呷，热气腾腾就下水搭跳凳，一个呵嗬就把跳板拉上了跳凳，一字铺开。洞庭湖码头湖边停满了各种大大小小船只，长沙、湘潭、衡阳、永州、益阳、常德的货船，帆樯林立，船型千姿百态，有尾部高翘的宝古子船，细长的宝庆船，单帆的湘潭乌江子，益阳的长船，岳阳头大的铲子船，涟源的毛板子船，长江汉口的驳船，三五一组，各为一帮。装卸货物都要临靠码头，排不进挡，抢挡不顺，常发生械斗，最后只能到水运公司解决。

街河口码头1956年由于日益发展需要改造修建码头，把湖滩咀用片石修建宽十多米，长一百五十多米到街口，片石砌的斜坡到湖咀，停船

1958年大跃进时修建的街河口机械化码头

处水位要挖深，在挖的时候，水下挖出了不少日本侵华占领岳阳时丢下的炸弹，恐有危险所以就没有继续深挖了。在码头斜坡的南边安装小窄铁轨平板车，由钢丝绳纤引到街口仓库边，因要上下两次搬运，一年后就淘汰了，马上改用挂钩在牵引钢丝绳上拉板车，这样拖板车上坡就省力多了，这样的落后工具到20世纪80年代才消失。

由于当时的运输主要靠水运，街河口码头日夜繁忙，有时候连续几天通宵达旦，夜间几个大探照灯把码头照得亮如白昼。天刚放亮，薄纱般的雾气伴和着湿润的湖风弥漫在码头上空，这时已是人来车往，一片繁忙。扛包的、抬包的哼着嗨哟嗨哟的号子，板车轮子的碾压声，推车爬坡时使尽全力的脚蹬声，岳阳东乡与上湖南口音交织的吆喝声，汽车喇叭和靠岸轮船与湖中汽船的鸣笛声，汇成了又一天铿锵的码头交响曲，回想起来就在昨天。

最爱我的羊叉街

刘衍清

　　初夏时节，我来到正准备实施旧城改造的羊叉街，徜徉在这条略显萧条冷清的老街，朝老宅投去无限眷恋的一瞥，刹那间，老街昔日的市井繁华和老街坊们一张张熟悉的面孔宛如一个个电影镜头在脑海中闪回……

　　羊叉街，全长仅三百米，名气比不上南正街、竹荫街，然而，它在岳阳城里算得上一条历史悠久的老街。清代《巴陵县志》就将其列为岳阳城"二十三街、三十六巷"之一。羊叉街名称得来于地形——沿天岳山街而上，侧边有条叫油榨岭的小街，两条街宛如向两边分叉的羊角，而连接叉口的一条直街，人们叫它"羊叉街"。

　　我的老家在羊叉街的最南端，门牌号码原是98号。距慈氏塔不到百米，每到夜里，塔檐上叮叮当当的风铃声听得十分真切。羊叉街一带的老房子大都建于民国时期，也有清末的建筑，如1901年美国传教士海维礼、海光中修建的基督教堂，又称福音堂，它是一座四方形的两层青砖楼房，四面的墙上缀满了爬山虎。小时候我经常去幽静的教堂玩耍。记得有一年预告有八级大风，我家木结构的房子恐不安全，曾被疏散到教堂二楼的木地板上睡了几晚。可惜20世纪90年代初教堂被拆除重建，现在的已不是原来的模样。

　　羊叉街两边更多的民房大都是木架青瓦悬山式结构的平房，也有两层楼房的骑马墙采用"五花朝天"式墙垛，显现了湘北民居的特色。羊叉街中段有座青砖四合院十分醒眼，是20世纪50年代在俄式建筑基础上改良的办公场所，院内门头上塑有一颗五角星，为岳阳港务局最早的办公场地。

羊叉街的房屋形形色色，但更有特色的还是街中有巷。河巷子、游击巷、君山巷三条青石板小巷分别从街的西边蜿蜒而下，一直延伸到洞庭湖边，巷子两边也是鳞次栉比、高低错落的青瓦民房。在没有自来水的时代，每天都有挑水工沿着磨光的石阶下河挑水，也有三三两两挽着木桶去湖边浣洗的妇女穿巷而过。

羊叉街独特的地理位置，使她在岳阳城市演变过程中曾经演绎了一个不可或缺的角色。早在粤汉铁路开通之前，羊叉街就是一条比较繁华的街道了。清光绪十七年（1891），岳阳人汪继真就在羊叉街开了岳阳城里的第一家照相馆——"汪记照相馆"。民国六年（1917），粤汉铁路武昌段至岳州段通车后，羊叉街成为旅客在火车站出站后去岳阳楼的必经之道，沿街店铺林立。来岳经商的长沙同乡还在羊叉街与塔前街之间的长郡巷设立了一家长沙会馆。岳阳最早的牙科医院由一位姓钟的南京人在羊叉街建立，成为岳阳牙科鼻祖。

20世纪50年代，饮食、白铁、棕绳、洗染、搬运等一批集体企业在羊叉街开办。1965年7月，岳阳城区开辟的第一条公共汽车运营线路为火车站至北门渡口——经先锋路、塔前街、羊叉街、天岳山、南正街、吊桥、洞庭路、岳阳楼到北门渡口。直到1969年10月建设路修建以后，才改变了岳阳城区只有一条直肠路的状况，车辆和行人始可绕道建设路前往岳阳楼方向。但羊叉街仍然是人来车往，热闹无比。改市前的县百货公司、饮食服务公司、药材公司等单位都在羊叉街办公。直到二十世纪八九十年代老火车站停止客运以后，羊叉街才沉寂下来。

羊叉街原是一条麻石街，锃亮发光的街面印下岁月的痕迹。石板街上经常听到独轮车滚动的吱呀声和木屐清脆而又有节奏的叩响声，还有小孩们滚铁环的哐当声，这是老街一道四季可见的风景。可惜在20世纪60年代城区道路改造过程中，羊叉街和其它老街的麻石板被一股脑儿撬走，改成了清一色的沥青路。

我在羊叉街度过了童年、少年和青年时代，对羊叉街厚重的历史文化情有独钟，同时也对我家的老宅和老街坊怀有挥之不去的怀恋。20世纪30年代初，祖父在韩家湾码头上当挑夫，三十六岁的祖父因劳累过度病故。年仅十四岁的父亲带着年幼的叔父和姑妈在码头上以叫卖油条、捡烟蒂卷纸烟为生。

1938年11月11日，岳阳城被日军占领，父亲带着弟妹出城逃难，辗转异乡达七年之久。他在衡山乡下与簹口老乡董氏结为夫妇。日军投降后，父母回到岳阳城，先是在羊叉街临时租地做小生意，后在福音堂临街对面置地建房。因资金紧张，房子仅南北两面砌了砖，东边临街是一排木门，临湖的西面则用草席子做成，房子前高后低成一斜坡。前头临街超过5米，用木板隔了一层阁楼。后头居家的地方不足两米。我家左右邻居大都是抗战胜利后从外地逃难回来的岳阳人。他们和我的父母一样，在废墟上建起房屋，前面经商，后头居家。我的父母开了"民生小百货店"，公私合营后他们被安排到商业、工业单位工作，后因儿女多负担重，父亲辞职从事个体五金修理。

我家南边有两家邻居，一户姓易，一户姓彭。彭家炸麻花，男主人早逝，遗孀彭娭驰为人善良，女婿在铁路工作。易爹写得一手好字，在门口摆了一个为路人代写书信的桌子。他的女儿很有出息，20世纪60年代初就考上长沙的大学，每次暑假回家，我便向易大学生请教写作文。北边隔壁周家开了裁缝店。再过去的廖爹开理发店，那时还没有电扇，热天天花板上悬一布扇，用绳子通过轳辘来回扯动取风，我也常义务扯扇，图个好玩。还有"油漆世家"张碧华、张大鹏父子，20世纪60年代中期岳阳楼主楼悬挂郭沫若书写的"岳阳楼"匾

二十世纪八十年代的羊叉街副食店

额时，就是请张师傅采用传统技法油漆贴金的。再过去一家姓何，何家的临街门面曾租给一喻姓老人开书店，我从小没少到店里白看书。何家隔壁房子住两户人家，前头住户张娭毑是居民小组长，后屋住的则是大名鼎鼎的晚清秀才彭德基，彭秀才民国初年当过湖滨大学教授，新中国成立后任县政协委员……

那个年代，家家几乎都有四五个子女，多的七八个，羊叉街一带叫"七伢""八伢"的就有好几个。我家兄妹5人，隔壁周家有4个子女，我和周家的长子财烩年龄相仿，又都是"穷人的孩子早当家"。十一二岁起我们每天比试挑水，看谁从河里挑水跑得快，看谁先把家里的水缸挑满。周家大妈曾当面夸我：这样勤快，将来肯定娶个好媳妇。羞得我满面通红。

二十世纪五六十年代，羊叉街与塔前街和宝塔巷、游击巷都属于羊叉街居委会。1968年我被安排到环卫所当了清洁工。这样，使我在次年父母双双因病去世后，能够挑起父母丢下的担子。那些年，左邻右舍都同情我们几姊妹。我和妻子结婚时，隔壁彭娭毑主动提出在她家的堂屋办了一桌饭。妻子没工作，邻居们也帮着想办法。后院碧娭毑在家里弄了些芦花加工枕头，叫我妻子过去帮忙做事。何家长女仙兰在天岳山扣子厂工作，她主动联系我的妻子买到一批廉价扣子拿到乡下卖。这点点滴滴，我们永生难忘。

四十多年前，我搬出了羊叉街，但大弟衍斌一直坚守到今年春节前，因旧城改造需要，他才搬出了老宅。前不久，我们兄妹五人到即将拆除的老宅前拍了一张合影，作为留念。这些年，随着城市建设和生活品质的提高，羊叉街的原住居民一户户搬出了简陋破旧的老宅，就像一幕到了该闭幕的大戏，幕布逐渐合拢。

那天，我站在暮色苍茫的羊叉街口，往事历历像决闸的水流一样涌上心头。是的，我们注定了要告别羊叉街，但这片故土、这片家园的历史还会在我们的下一代手中续写……

龟蛇美酒醉洞庭

张峥嵘

巴陵有好酒，是真是假？

传闻汉武帝刚闻就垂涎，李白一喝诗百篇，盛赞"巴陵无限酒，醉杀洞庭秋"。吕洞宾三醉不归："朝闻北海暮苍梧，袖里青蛇胆气粗。三醉岳阳人不识，朗吟飞过洞庭湖。"因此，岳阳酒好的证明，自有传说加故事一箩筐。

据记载，唐宪宗元和年间，洞庭湖边就有一家以酿酒为生的作坊，所酿造的美酒味正甘烈，在当地家喻户晓。

附近有一农户久被痹病、血瘀症困扰，久治不愈，灰心丧气。有天，破罐子破摔的他跑到隔壁酿酒作坊，决定吊得二两酒来，一醉方休。谁知，想死死不成，阴差阳错，喝了他家酿制的酒后，突然疼痛缓解、不药而治。农户非常高兴，连连去酬谢酒作坊老板。老板仔细观察后来发现，原来卖给此人的那坛酒，不知何时掉入了一只洞庭湖的金龟和几条蛇。于是老板大胆推测，正是因此，龟蛇泡酒才治愈了乡亲的疾病。当时，正是大风、挛踠、瘘、疬等疾病盛行，老板于是将这一发现告诉了当地府尹。府尹召集了众多名医，历经百余次配制，大胆采用洞庭湖的金龟和当地特产的三种毒蛇，并用数十种中药材配制泡酒，给人试服。随后，治愈了很多人，造福了一方百姓。后民间中医专家评价，巴陵县四面环水，又因洞庭湖水域辽阔，常年雾重，居民大多受湿气侵蚀，寒湿较重，而此酒刚好能舒筋活血、补气通络、健脾温肾，刚好对症寒湿痹症、脾胃虚寒、肾虚腰酸、气血亏虚等症状，才有了这神奇的功效。

好东西很容易一传十十传百，最后这一方子传入朝廷，被太医视为延年益寿、祛病强身的奇方，推荐给了当时的皇帝唐宪宗。世上皇帝各不同，也有相同的地方，都重色重命。皇帝只想长命百岁是可以理解的，这样位高权贵，当然不想放手。唐宪宗一样，一听，马上就下令大量捕捉洞庭龟蛇入酒。皇帝都说这个好，那肯定是好，于是，民间也纷纷效仿，家家捉龟捉蛇浸入酒中。渐渐的，以龟入酒、以蛇入酒逐步演变成酿制药酒的基础配方，也算是开创了植物药、动物药同时入酒的先河，衍生了数百种药酒。龟蛇酒也成了湖南岳阳的千年本土文化，代代相传，保留下来了。奇怪是，岳阳后来在各朝各代都有不同的品牌产品，唯这样好的方子，不知为何在市场消失，倒是在民间尤其男人泡酒那是必备方。

1973年，岳阳人开始有想法，重产龟蛇酒。多方努力，最后在国家相关领导人的批示下，定在岳阳市原中药厂重新整理龟蛇酒千年古方，启动研制工作。千年过去，人的身体在变，人的口味也在变，所以，照搬原单子肯定是不行的。于是，岳阳著名的酿酒大师、国家评酒委员李祝凡老先生依据南唐醉仙谭峭真人自制龟蛇酒的古配方，结合塞上周公百岁酒的药理精华，历时几年反复临床试验，研制成功湖南乐邦龟蛇酒。开始了不断的试制过程，终于根据古法成功恢复"龟蛇酒"制法，获得国家二级中药

1985年岳阳市酒厂生产的龟蛇酒

保护。

这"龟蛇相和"的千年古方终于走上了阳光大道，重放异彩，在现代科技的辅佐下，总算是重新焕发出新的活力。名声在外，一经上市，常常是靠抢购。包装也有讲究，像金龟一样外形的陶罐瓶，泥黄色，简朴大方还气派。据曾经酒厂工作的罗先生介绍，龟蛇酒的销量到了什么样，一年的产量不记得具体数据了，只记得，蛇骨都堆成了山。

龟蛇酒之所以被称为"药酒方鼻祖"，有民间高人称，不仅是因为其原料中率先采用洞庭湖的金龟和当地特产的眼镜蛇、银环蛇、乌梢蛇三种毒蛇入酒，其本身的功效就有，相互相承，还有就是因为其配方中君山产的金龟唯一暗合"一君三臣九佐使"，这看起来玄乎，其实有其道，更有其理。

"国不能有二君"，在中药，来自中国第一本中医理论专著《黄帝内经》中就指出中医组方最基础的原则就是"君臣佐使"。意思是药并非越多越好，不是说几十味中药，名贵药放在一起，就能发挥最大的功效。如同"国不能有二君"：名贵药太多，主次不分，药效杂乱相互抵消，药性难以调配，不仅不能起到治疗作用，反而对身体有伤害。因此中医药必须讲究君药，臣药相辅相成。

《素问·至真要大论》中提到"君一臣三佐九，制之大也"，意思是说：如果合理配制的一味君药，三味臣药，九味佐药，则基本可以消除重大疾病。龟蛇酒中正是采用了"一君三臣九佐使"的黄金组合。一味君药：金龟；三味臣药：眼镜蛇、银环蛇、乌梢蛇；九味佐药：党参、杜仲、当归、锁阳、黄芪、枸

二址世纪八十年代岳阳酒厂酒窖

杞、肉桂、牛膝、川芎，还有几味使药。"君臣佐使"的科学配伍，就像是行兵作战，君药为帅，发号施令，充分汲取各种动物和植物药之所长，调动每一味臣药、佐药、使药的作用，起到同治三种大病的效果。

其中的动物，金龟更是大有来头。

说到金龟，它属八百里洞庭湖上有着"白银盘里一青螺"的君山岛独有。它还有一名叫蹑龟。这个"蹑"字太有画面感，一听就知它谨慎胆怯甚至羞涩的特点。据清嘉庆《巴陵县志·物产篇》记载："君山产蹑龟，其板中断摺之如蚌。"这种龟，平时藏身于岩石之中，每到黎明或傍晚，它们才像畏惧生人的小孩一样蹑足而出，因此，被称为"蹑龟"。因它常常守护着君山的灵芝草，又有"灵芝龟"之称，因其两三年不进食物和水也不会饿死，也有"千年金龟"的美称。

金龟，在动物分类学上属爬行类动物。这种龟的龟板与一般的乌龟不同，在接近腹部的甲板有条裂缝，将龟板从中间分为两段，由皮连接两端，活动自如。爬行时龟板张开，头足伸在外面。遇上敌害时，迅速施展"乌龟法"，龟板一关，头足全部缩藏于甲内，敌害奈何它不得，人们给它起了个绰号"活坦克"。

金龟的生活习性与一般的乌龟既有相同之处，也有不同之点。金龟生活在陆地上，觅食虫蚁、蚊蝇，穿行在茂密的竹林之中。每当山雨欲来，天气闷热，它们悄悄地爬到路上，或潮湿的山沟里歇凉。还有就是它美丽又清洁卫生，没有一般乌龟身上的那股臊气。因此有人将捉来的小金龟放入衣箱内，可以起到防蛀的作用，且没有排泄物。

凭这金龟，也提示了君山岛的不同凡响。

说到龟蛇酒，还有一段传奇不得不提。

相传远古时期，洞庭湖盛产龟蛇。故《山海经》有"巴蛇吞象，三岁而出其骨"的记载；大文豪吴敏树有《君山芝龟记》的美文。

君山的金龟，洞庭湖的大蛇，经常栖歇在君山上的山塘水函内，沐浴嬉戏。有的龟、蛇，死在水函里，就浸泡于其中。有一年，从山东蓬莱岛飞来一群鹏鸟，衔来数颗珍珠似的种子，撒落在现在称为"酒香山"的山峰上。第二年发芽长叶，铺满了整个山头。肥大的叶面绿茵茵，叶底却又红得像火焰一样，藤蔓上长出黄黄的花儿，芬芳的鲜花随着雨水流入浸泡着龟、蛇的水函中，散发出一股浓浓的酒香，香飘山外。

汉朝时，有个身患绝症的老翁，一跛一拐地来到君山，在山上刚刚坐下，忽然甜沁沁的酒香扑鼻而来。他觉得奇怪，这荒山野岭哪来的酒香？于是循着酒香，寻到水函边，忽见龟、蛇横卧水底，面目狰狞，令人恶心。他转念一想，反正我已病入膏肓，不如品尝下这看起来恶心却泛着香甜美味的山泉水，死活就听天由命吧。于是，他坐在水函边用手捧着山泉水喝起来。谁知刚喝了几捧，便觉得神清气爽，精神倍增。他试着站起身来，走了两步，跛脚居然好了。再往水函中一看，枯黄瘦弱的面容，竟然红润光泽。老翁乐不可支，兴冲冲地回到家中。此后，到处逢人便说：君山仙酒，包治百病，返老还童……

消息传开，此时，在京城未央宫正为衰老而忧愁的汉武帝，听到了这个讯息，立即令大臣栾巴率五百士卒到岳阳君山取仙酒。谁知四乡八里的百姓，听说君山仙酒能治百病，已经将水函中的仙酒舀干了。栾巴到此，好不容易在泥浆中挤了半坛，带回京城敬献给汉武帝。谁知汉武帝还没来得及品尝，就被大臣东方朔偷饮了。汉武帝大怒，要将东方朔问斩。东方朔说："臣要是喝的仙酒，你就杀我不死；若不是仙酒，你杀我又有什么意义？"汉武帝一想，他说的也有道理，于是便将他释放了。皇帝喝没喝不重要，重要是洞庭湖区湿毒较重，勤劳智慧的老百姓从君山仙酒得到启示，千百年来，将这一酿酒法在民间发挥得淋漓尽致。

有人称，如果洞庭湖上有三颗星星，那么一颗是爱情之圣，一颗是忧乐之心，还有一颗就是蕴含玄武之道的"龟蛇酒"。

这橙红色的液体晶莹别透，清澈，微辣，热心肠，令人痴迷。它是有情感的，蕴涵丰足的，落进了八百里洞庭，唤醒熟睡的自然种子，历经春华秋实，在洞庭湖畔岳阳楼下，吸洞庭湖的性灵，凝君山柳毅的泉水，采天地百草的精华，蕴灵兽的气，与天地融合，焕出一抹春天的绿意，孕育蕴自然生机的液体。不但是爽口的酒品，足以刺激兴奋神经，像那巴蛇一样在血、肾、经三脉里窜动，修复滋养五脏六腑。国人的嘴里，酒、龟、蛇都算得上是美食，那些慢性病喝那龟蛇酒治好了，与其说是疗效，倒不如说是食效。

正宗的岳阳龟蛇酒，制作是有特别配方及秘笈的。原料米，必须是以洞庭香糯米和柳毅井清泉水为原料，采取古代石甑蒸馏法酿酒。然后把洞庭金龟、金环蛇、银环蛇浸泡于酒缸中，并配以党参、当归、杜仲、枸杞、蜂王浆等二十多味中药，密封陈放于地下贮存，一至两年后取出。

　　泡了两年后的龟蛇酒，汤色琥珀，浓香扑鼻，滴酒成丝。

　　龟蛇酒的酒精度不高，才三十八度，乃珍贵的补品酒，而深得大家追捧。1984年，在轻工业部酒类质量大赛中，荣获银杯奖。现在，岳阳龟蛇酒仍在以"卫字"号生产，行销国内外市场。凡是来岳阳的中外游客，都以一尝龟蛇酒为乐事。与君山银针、岳州扇并列为岳阳三大特产礼品，足可见岳阳龟蛇酒的魅力。

　　酒好不怕巷子深，好酒不怕时代变。

　　岳阳龟蛇酒经过上千年的演变，几起几落，几易其主，一直深得大家的认可，其药效与功力可见一斑。

和父亲扳罾捕鱼的日子

刘衍清

　　在洞庭湖边漫步，每每看到三三两两的钓客在月光如银的湖边垂钓，我的眼前总会浮现出一个面容清癯而又略显疲惫的渔夫的身影。他没有钓客的悠闲，总是吃力地拉着系在竹竿上的棕绳，把沉在水底的扳罾拉出水面，他接过身旁十一二岁的男孩赶紧递过来的舀子，把网兜里活蹦乱跳的鱼虾捞起来，倒到鱼篓里。

　　这位渔夫就是我的父亲，那个掌管舀子的男孩就是我。20世纪60年代初，父亲从单位上辞职，在紧靠慈氏塔的羊叉街老屋门前摆了个修理摊，专门修理钢笔、电筒、门锁一类小五金。那时我下面还有三个弟弟，一家六口仅靠父亲微薄的工资度日，捉襟见肘。摆修理摊挣钱虽然比拿月工资"活泛"一点，但生意不稳定，且大都是几分钱毛把钱一笔的小生意，还有一天冇一天的。为家计操碎了心的父亲恨不得一天做两天的事，一人干两人的活，于是想"靠山吃山，靠水吃水"，利用家住洞庭湖边的优势，弄个捕鱼的副业，他想到了用扳罾扳鱼。运气好的话，一网能捕好几条，又不用鱼饵，只是费点力气。父亲有一双巧手，他买来几根楠竹，自己动手做了一副扳罾。父亲做的扳罾是用四根相等的小楠竹绑成十字架，然后挂在一根长约一丈五尺的主竿上，主竿顶部绑了一根用来升降的棕绳，然后把网固定在四根支竿的顶端，打开就是一张方形的扳罾了。

每天傍晚，吃过饭后我就随父亲一道从后门左侧的君山巷下河，然后由父亲选择一个合适的位置下罾。那时岳阳沿湖只有红船厂和街河口两个主要码头，车船来往繁忙，不好捕鱼。君山巷是个简易码头，吃水不深，也不好下罾。于是父亲选择湖滩上稍有高度的岩石站脚，然后把扳罾向前沉到离岸一丈多远的水底，每间隔几分钟拉一次扳罾，网里有鱼就由我用舀子捞到鱼篓里。

　　静静的湖边有时只有我和父亲，有时旁边也有几个扳鱼和钓鱼的伙伴，但子夜后就常常只剩下我们父子俩了。收工迟的原因往往是因为收获不尽人意，父亲想延长点时间，等鱼入罾。

　　生活的压力使父亲沉默寡言，我也像父亲一样不苟言笑，父子俩重复着起罾、舀鱼的动作，几乎一晚上都默不作声，有的只是看到空网后一声"哎"的叹息。

　　夏夜的月光皎洁，微风吹拂，湖面上一层层细浪由远而近徐徐而来，快到岸边时突然往后退却，然后又被后边的浪花推着朝前。水里的细沙螺壳会跟着水波后退，反冲的时候又跟着荡回岸边，这样一遍又一遍地重复着浪花与细沙螺壳的呓语。有时湖面上驶过夜航的船只，船舱内的灯光映在湖面，宛如一条条不断扭动的银链。看腻了湖景，我便扭过头来，望望夜色深沉的城郭。北边远处的岳阳楼朦朦胧胧，只有慈氏塔如同隋唐十八好汉尉迟恭黝黝的钢鞭，直指苍穹。看着看着，双眼被黏住了，跌入了短暂的梦乡。"哗啦"一声扳罾出水了，听到响声，睡意跑了，我赶紧揉揉眼伸出舀子。

　　那时洞庭湖里的鱼儿比现在多多了，但扳罾只能沉放在距岸边两丈左右的浅水区。大鱼都在深水中，浅水边大都是小鱼小虾，一个晚上捞上百多条顶多也就五六斤，少的时候只有两三斤，大都是个头小的鲫鱼、银鱼、白鲢、游刁子、鳊鲅鱼、毛花鱼等等，更多的是河虾。偶尔也有误入的草鱼、鳊鱼、翘白鱼等稍微"高级"一点的鱼，就能让很少开心的父亲脸上掠过一丝惬意……

　　深夜或更晚一些的时候，父亲终于扛着湿漉漉的扳罾收工了，我跟在父亲沉重的脚步后面，跟跟跄跄走完三四百米长的上坡，回到羊叉街的家中。第二天清早，父亲用报纸把小鱼小虾分成一包一包，然后由我提到鱼巷子，摊到地上，不用称秤，与买主估价成交。那年头正是"三年自然灾害"，物资匮乏，提到市场的鱼虾很容易脱手。篮子卖空后，我掏出两分钱买一个糯米坨，然后去上学。

我为父亲当过多久的捕鱼"助手"，已记得不是十分清楚了，只记得1969年5月19日仅仅47岁的父亲病故后，我曾扛着扳罾下河扳鱼，鱼没有扳起来，扳罾的网却破了几处。有一天，邻居说把扳罾借去用，但一借就无还了。

六十年多年过去，我还记得父子两个"木头人"夜晚在湖边默然无语地捕鱼的情景，也记得每个晚上扳罾起出水面时，有时是空网，但父亲没有半点焦躁，总是不声不响地拉着网绳把扳罾平平稳稳沉到水底。扳罾就是这样，很考验渔者的耐心，需要不断地扳罾出水才能捕获到鱼。如果懒，鱼已游进来，你不及时起罾，鱼就跑了。就如生活一样，机遇是随时有的，但稍一懈怠，收获和机会就会与你擦肩而过。自然父亲当年没有用言语给我说过这个道理，但我从父亲执着的神情里，从他负重前行的坚毅的脚步里，领悟了这个道理。

千年义渡南津古渡

张峥嵘

古时，没有天上飞的、地上跑的、铁轨上奔的，人出个门，运个东西，几千年全靠船在大江大河小溪小港穿流，水决定经济命脉，这也许就是古代凡在水边的城市都富裕，凡富裕的小地方都自修河道的原因。

经济基础决定上层建筑，这样人出行方便，货运更畅通。

岳州，是一座真正意义上的水城，四面环水的大环境下，水运的发展超过所有行业的发展势头，让旧时的城陵矶非常繁华，其港口发展名扬四海，成就了国际海航地图点一席之位。大处，成就港口，小处，诞生无数的渡口。环岳州城四面水缓地带，大大小小渡口密布。而其中最让人津津乐道的就是南津古渡，因为承接了从小渡到大港的转运。

历史中的大型古渡南津港，带动了古巴陵人头攒动，带动了巴陵的经济繁盛，更带来了巴陵对外流通，完成了很多人登陆的梦，完成了从此岸到彼岸的行程。在这座被水环绕的城市，"渡"字是一切开源的引子与杠杆。渡的过程，以义字当前，一渡千年，成就了岳阳人的品格：有"水"流质的聪灵，有"渡"融汇的沟通，有"义"担当的责任。随着历史的远去，时代的发展，很多物质的东西都会消失，有些精神风骨才是影响一代代人的。南津古渡的义举一直被岳阳人传承，当美丽宜人的南津古渡休闲广场建成，成为民众免费游玩的公园，那是今日岳阳政府惠民政策将"义"字的延续。

漫步"南津古渡"广场，引发多少人记忆中久远的画面，也翻开了南津古渡曾经繁盛、辉煌的历史。

有着岳阳史学家之称的邓建龙先生说，古时，岳阳，濒洞庭，临长江，城区周围湖泊环绕，岳阳与外界的主要交通工具都是木船。城区周围自东至西先后设有羊角山渡、大桥湖渡、花板铺官渡、枫桥湖官渡、岳阳（今北门）官渡、南津港义渡6个中型渡口，以方便人们进出城区。南津港义渡是当时较为繁华的渡口。因渡口位于城南，古人称渡口为津，故称南津港。

南津古渡形成何时，有人说始于宋。其实，早在唐代即已形成渡口。唐李白、张说等人就曾从此过渡至对岸龟山一带游山观湖，诞下了南湖千年名篇。

唐宰相杨炎还专程至南岸龟山圣安寺拜访过法劫和尚。只是到宋代，此处才变成更为繁华热闹的街市。宋诗人王十朋游览岳州时，就曾从城陵矶入洞庭湖口，因"岳阳城下风波恶，过客舟船不容泊"，只好泊船于南津港这一天然避风港。阴差阳错，倒成全了他的恣意豪情，成全了他看到最美的景色："遥从湖口入南津，看尽湖山与城廓"。

至明朝中时，南津港渡口变得更加热闹。繁华衍生的产业也迅速发展，岳阳的特色小吃，当时应该是与后来的洞庭湖渡口一样，吆喝声此起彼伏的吧。"岸列市肆"，这句的记载，对南津古渡是写实，对岳阳经济也算重彩着墨的写下了一笔。明朝后期，历史都是一幅循环的卷轴，起起落落，战乱，古渡一度也成了废墟。到清代，岳州贸易又开始活跃，南津港理所当然恢复了繁华景象，茶楼、饭铺、烟花青楼应

停泊在南京港的木排

运而生。尽管这样的深得人心，尽管有这样重要的价值，南津古渡自设渡以来，一直未入官渡之列，终是未上官府厅堂，只是由百姓民间自发组织的义渡，反而成全了它的丰富与纳入，发展与扩张。

据清光绪《巴陵县志》载："南津港义渡，地滨洞庭，旧有堤，数圮。乾隆五十七年（1792），里人任起龙捐船一只。以后，又有张兴廉等十六人捐田十三石五斗，船两只；以后，思豫团、钟谦钧各捐船一只，共五只。"船多了，生意又到了必须招揽了的地步，这就是商海，一波刚平一波又起。为吸引过往游人，一些摆渡的小船想起最实用有效的办法，由年轻的船家女撑桨。清同治年间，湘阴人周谔枝曾作《南津港眺望》诗曰："津头人唤渡，小艇绕前横。红粉扶双桨，风飘一叶轻。"甚是风月无边。以上义渡船只，当时也只是为方便南北两岸往来的行人与游人的。南津港北岸至南岸龟山一带的这些摆渡小木划船，与远航于洞庭湖区各县的大帆船是绝难相提并论的。

居住在南津港附近50多年的易普选老人介绍回忆：往昔的南津古渡，可是当时最大的商贸港口。岳阳县陆地的货物都是从郭镇小船小码头运入南津港，再经由南津港口转运大帆船至外地。

作为商贸码头，无疑在很长时间里，它都为巴陵的经济发展，为岳阳对外贸易起到了很大的促进作用。内外对接，促进岳阳走向世界，世界了解岳阳，搭起了文化传播与交流的桥梁。当然，作为兵家必争之地，渡，在长久的岁月里，是不可忽略的是非之地，在所有重大事件中都有着重要的作用。史料记载中更是大笔墨渲染了兵家进入岳州城后的描述。

太平天国的岳州之战，曾在武昌、岳州两地就聚集了很多跑长汀、过洞庭的大型商船。这些商船都被太平军编进了水师。知己知彼，方能百战不殆。这是兵家第一要领。可惜，太平军编入商船入战队，却不知对方早已满盘棋子已摆。湘军水师一分为五：苏胜、夏銮各率一队进驻岳州城南面南湖的南津港外围待命。当时，太平军水师全部集结于岳州城南面南湖边上的南津港。湘军为了将太平军水师主力引出南湖，再派出载炮4门的舢板船佯攻南津港。太平军水师看到湘军前来的都是小船，自然觉得信心满满没看在眼里，倾巢而出攻击湘军小船。湘军大喜，却不动声色驾驶舢板船边打边退。

太平军水师不知是计，还在自以为是地追击，一追，齐齐被诱出了南湖，进入一览无遗宽阔的洞庭湖之中。更让太平军没想到的是，他们刚追不远，离岳州城几分钟，湘军水师就从背后进驻岳州城南的南津港，得以顺利进入了岳州城。

千年古渡，毕竟历经岁月漫长，除了战事，其中从官方到民间故事纷呈，所渡名人也无数。古时，诗人如果诵南湖，总是不会放过南津古渡的烟花璀璨，也都会从义渡坐船漂于湖中览胜的。

想李白那斯在岳阳南湖荡来荡去，留诗"南湖秋水夜无烟，耐可乘流直上天。且就洞庭赊月色，将船买酒白云边"，算是南津古渡的常客吧。

还有那张说，不胜浪漫之人，岂肯放过如此美景，也是动不动划着船南湖逛一圈，得佳句：

> 空山寂历道心生，虚谷迢遥野鸟声。
>
> 禅室从来尘外赏，香台岂是世中情。
>
> 云间东岭千寻出，树里南湖一片明。
>
> 若使巢由知此意，不将萝薜易簪缨。

远古人来人往，论载甚广，反而具体的少，现代来访的两人行踪可是有笔墨留迹的。1921年4月底，青年毛泽东与同学易礼容、陈书农三人来岳阳考察教育，就曾从南津港乘船到对面山上美国教会办的湖滨大学。后又由此乘船经君山至华容、南县等地考察。

1932年9月28日正午，时任国民政府军事委员会委员长的蒋介石偕夫人宋美龄到岳阳。因想游览君山，从岳阳楼乘轿至南津港。南津古渡与君山遥遥相对，此处航程短，故选于此换乘大点儿的轮船。

南津古渡千年来就这样渡来渡往。渡过千万人与物，也渡千万人与事。直到1914年7月，连接武昌至广州的粤汉铁路开工建设。南津港半空，一桥飞虹架铁轨。南湖与洞庭湖被铁路桥隔开，古渡口的航行诗一样曲曲弯弯。

水能载舟，也能覆舟。洞庭湖给予岳州多少丰富就给予了岳州多少灾难。历史上的水患、虫害让百姓深受其害。此后，加上中国经过成立初期，迅速进入建设发展期，人们对方便快捷的需求提高。1964年冬季，为根治洞庭湖水倒灌，防止血吸虫直流入南湖，每年汛期沿湖耕地不被淹没，也为解决岳阳往南的通道，解决水运的局限，中共岳阳县委发出重大号令，高筑大堤，围垦南湖，接通南北大通道。南津港迎来了修筑大堤的宏伟工程。

中国人民解放军开国中将文年生加入行列，激起了民众更大的斗志，不修通大堤，开通南北主线，誓不回家。当年，文年生遵照中央指示，到岳阳地区的湘阴县躲风亭公社参加农村社会主义教育运动，回岳阳县探亲的他看到，当时的县委书记毛致用正在为修建大堤日夜组织讨论、研究。文年生见他疲惫的样子，便问："你是在为南津港的事件伤脑筋吗？""是啊，一个大问题。""那有何难，可以把南津港拦起来，做一个大水库，用来养鱼、灌田、防洪……"毛致用听后说："我们正是这样考虑的，一定按您的指示，尽一切力量把南津港大堤修起来。"当年上半年，县委抽调几万名机关干部、工人、学生、公社社员在南津港掀起了一场声势浩大的修堤战斗。密密麻麻的人，挖、挑、推、抬、填，一片热火朝天。经过3个多月的艰苦战斗，一条全长1857米的金腰带载在南湖上。南津港一条大堤自此彻底结束渡船时代。

堤的伫立，不但让南湖水位能常年保持稳定的状态，起到防洪、灭螺、灌溉作用，更连接水陆，成了岳阳南北要道，也成了旅游观光休闲的重要场所。如今，更是洞庭湖南湖旅游三圈的重要环线。

一地得宠，另一地沉寂，这是事物之必然。

南津古渡就这样慢慢变成了废墟。垃圾成堆，蚊蝇乱飞，臭味翻腾，后来，杂草丛生，真的荒无人烟起来。

怎样将古渡之古迹再次变成人们

今天的南津古渡

在原生态环境中享受生活的景区？2012年，岳阳市委、市政府决定兴建南津古渡广场及6个快艇旅客码头，将集健身、水上观光、娱乐、休闲于一体。一经公开，得到了市民的响应。我在采访沿线市民时，他们对南津古渡休闲广场的修建万分高兴，对政府的惠民政策表示由衷的感谢。

在附近居住了几十年的张天佑老人说："南津古渡随着发展淘汰，但这个古迹建成人们休闲广场，也是一大义举啊！你看千年古渡今天重建广场与旅游码头，古迹重塑，与整个南湖风景归为一线，形成了整体的旅游线路，这创造性的举措也同样载入史册。"

一直饱受古渡边氮肥厂化学气味熏染，生活工作都不舒畅的退休工人毛选国老人感叹：以前住在这里，厂里味道浓，湖水腥臭，杂草丛生，不但无法接近南湖，甚至不敢开门。现在厂搬迁了，千亩湖治理了，西环线全线通车了，水也清了，空气也清新了，站在家里感觉整个南湖景色像一幅国画，广场建得更是人间仙境。退休在家，每天没事约几个老友在广场园林里散散步，生活特别知足。

千年义渡随着岁月的脚步而去，沉寂了多年的南津古渡再度登上历史舞台，这就是水的流质，顺时而变吧。

湖街琐忆

刘衍清

> 人生，俨如一颗穿透云层的流星尾巴，有的黯然无光，有的晶莹剔透，光彩照人……
>
> ——作者

我从小生活在洞庭湖边。但说起来奇怪，在岳阳城区老居民的口中，总把洞庭湖称作河，湖边的巷子叫河巷子，由老街延伸到湖边的街道叫街河口。

至于到河里挑水、洗衣、钓鱼、游泳都离不开一个河字。直到我长大后才发现这个"河"就是大名鼎鼎的洞庭湖，心里充满自豪。

我的老家在城南一条叫羊叉街的老街上，街的南面距"宝塔镇河妖"的慈氏古塔不到200米。北面沿湖经天岳山、南正街、洞庭路到雄踞洞庭湖边的岳阳楼大约1500多米。

沿湖的街道都有延伸到湖边的小巷。短短的羊叉街有三条巷——君山巷、游击巷和河巷子。没有自来水前，沿街居民用水都要经过巷子下到湖边的码头去挑。

我们家靠君山巷，下到湖边有一条又长又陡的石板小路。我父亲身体素来不好，挑水有困难，只能买水。挑水工每送一担水就用粉笔在墙上划一笔，一个"正"字表示送了5担水。为了给家里省钱，我10多岁就开始自己挑水。首先用小桶，一担约三四十斤，每天要沿麻石砌成的台阶来回挑几担，这是我天天放学后不用布置的"家庭作业"。

君山巷码头是个吃水不深的小码头，枯水季节，水退得很远，码头的前端尽是淤泥和泥浆水，挑水就只能去远处的街河口大码头。这里的大船停靠在离岸较远的水中，有木跳板从岸上搭到船上，离岸越远，跳板越长。挑水时我总是尽量往跳板的前端走，因跳板越远水越深，水质也好一些，但危险性也就大一些。

我天生视力不好。有一次，跳板晃悠将我连人带桶甩到河里。幸亏被正在船上作业的搬运工发现，人被扯了上来，但耳朵里灌了水又未及时医治，听力从此受到很大影响。

那些年，生活在湖边的我几乎从未有过欣赏波光鉴影、锦鳞游泳的心情。很小的时候，我就听邻居讲，母亲原来生育过几个女儿，但都出生不久就夭折。最后一个夭折的女儿就葬在湖边，水一涨就随水冲走了。

因此，我为这位未曾谋面的姐姐悲哀，无情的湖水一度成为我心头挥之不去的阴影。其后我又频频目睹湖上发生的溺亡事故，其中一位很熟悉的邻居小孩也因下湖洗澡遭遇不幸。那时城里没有游泳池之类的洗浴设施，每年因下湖洗澡溺亡的事故时有发生，使我对那片在阳光下闪烁银白色毫光的湖水平添了一层恐惧。

不过，有利有弊，洞庭湖给沿湖居民带来的还是更多的好处。我的父亲从单位辞职后，在临街的家门口摆摊修理钢笔电筒。白天忙碌了一天，晚上又拿起扳罾到湖边捕鱼。

作为长子的我给父亲当助手，扳罾出水，网里出现白花花的鱼。我就赶紧用舀子把鱼舀到桶里。第二天清早，父亲把鱼分成一包一包，让我赶在上学前用篮子提到鱼巷子卖掉。那时，洞庭湖的鱼虾比现在多，沿湖居民只要勤快总有所获。

卖茶水也是沿湖居民小小的生计。那时没有自来水，南来北往的过往行人口渴了无处喝水，有些居民便在街头摆起了茶水摊子，一来方便口渴的过路客，二来挣点零钱补贴家用。我们家临街，也在门口摆上一张桌子，桌子上摆着一个个茶杯，有玻璃的，也有陶瓷的，沏好茶用玻璃片盖在杯口上防灰。

20世纪50年代末60年代初的"三年困难"时期，火车站流动人口特别

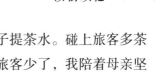

多，母亲把茶摊子摆到火车站出口处，我帮着搬桌子提茶水。碰上旅客多茶水销得快，母亲便吩咐我回家补充茶水。夜深了，旅客少了，我陪着母亲坚持等到最后一趟班车、最后一拨旅客过后才收摊子打道回府。有一次列车晚点时间太长，瞌睡来了撑不住，我拐到车站进站口左侧斜坡的水泥地上，铺了几张纸倒头就睡。不料睡过了头，差点让母亲到处找人。

一方水土养一方人，城里人没有田，没有地，人口多收入低的家庭比乡下人还难过日子，但住在湖边上的居民就有些不同，除了打鱼、捞虾、卖茶水，还能到湖边干些靠力气挣钱的活。如到运粮船上给米厂仓库挑粮谷，到运芦苇的船上帮纸厂扛造纸的芦材，到南津港贮木场的木簰上割竹缆绳……，尽管大多数零活以一分钱为计算单位，但只有十多岁的我也抢着干，哪怕收工时累得全身瘫软。

在湖边上度过的童年、少年是我一生中最值得回忆也感到最幸福的岁月。虽然日子过得十分清苦，但那时候身边有朝夕相处的父母。有父母的日子真好，这是大多数父母健在的人们领会不到的。我的父母都只有四十多来岁就过早离开了人世，从湖边"搬"到了离城20多公里的乡下老家龙湾河边，那是一条真正的河，河边山头上的墓碑永远朝着河的方向。

父母在世和不在世的岁月，令我难以释怀的还有那些作为长辈和平辈的左邻右舍。我们家的邻居大都是抗战时在外逃难，光复后才陆续回到岳阳城的。当时的羊叉街被侵华日军炸成一片废墟，除教会福音堂和慈氏塔巷口的普济医院以外，几乎没有一栋完整的房屋。因羊叉街既临街又靠湖边，生活比较方便，大家扒开瓦砾先后建起了房屋。由于受经济条件的限制，除"陈树记"等极少数几栋徽式砖墙楼房外，我们家和大多数邻居的房屋都是砖木混合结构，而且大都是前面做生意，后面住人。

1956年公私合营前，有做百货的、做南货的、做杂货的、做缝纫的，也有开米店的、开油漆店的，开香铺的、开文具店的。由于房屋都很狭窄，卫生设施落后，居民们都没有独立的厕所，除家家自备木制马桶以外，几十户邻居长期共用一个不到4平方米的厕所，厕所就建在邻居们可以互通的后院。低头不见抬头见的居住环境、彼此相差无几的社会地位拉近了普通人家的距离，我从小就感受到邻居之间的和睦友好。我们一群年龄相仿的孩子经常邀到一起下湖挑水，比谁跑得快，比谁先把家里的水缸挑满，久而久之，养成了邻里间不比吃穿只比谁家的孩子勤快的习惯，这习惯使我终生受用。

在我的邻居中，也有发愤读书的榜样，左邻开过米店的易家有位女儿考上湖南大学，右邻开过油漆店的张家有位女儿考上湖南医学院，她们暑假回家都对爱读书且作文成绩优秀的我有过鼓励，有过鞭策。羊叉街居民中还有一位清末秀才，作过湖滨大学教授的彭德基先生，精通古文诗词，我也曾将自己的习作呈给老秀才指教。不过使我更难忘的还是父母去世后，邻居们对我和弟妹们发自内心的同情与关照。尤其是妻子从乡下嫁来我家后，面临弟妹众多、经济万分拮据的困境，左邻右舍相慰以言，相助于行，凡是能补贴一点家用的活计总是千方百计推荐妻子去做。隔壁何家有个女儿在一家生产衣扣的街道厂子工作，她介绍我妻子到厂里批发了一批扣子，然后带着弟妹去乡下亲友家推销，好歹挣了10多元钱。隔壁周家80多岁的老娭毑还帮我妻子照料出生几个月的孩子，让她安心出门上班。

我是大约1976年初离开羊叉街，搬到当时的工作单位环卫所去的。其后一直为改变命运奋力前行，也就很少回到湖边的老家。弹指四十余年，虽然老城区的羊叉街受当时历史文化老街不能拆建的限制，面貌少有改变，但也早已物是人非。昔日的邻居不是搬迁他处，就是相继去世，而且以后者居多，几十户老邻居只剩下两三户原地居住。而我自己和老三、老四、老五早已另起炉灶，羊叉街的老家仅老二仍在支撑父母留下旳门户。

徜徉湖边，历历往事宛若眼前汩汩流淌的湖水。我蓦然感悟，人生最大的遗憾莫过于不能让时光倒流。如果能让时光倒流，我最想做的是能为我的父母多分一份忧，多尽一份孝，让辛苦一辈子的父母享受天伦之乐。我也想重温"行要好伴，住要好邻"的古训，与湖边的邻居们相处得更好一些。我还想与儿时挑水的伙伴们比试，看谁跑得最快，看谁先把家里的水缸挑满……还有，我们毋需承载太多的牵挂，太多的劳碌。应该去湖边多看几眼西天瑰美的晚霞，多听几声洗衣姑娘们梆梆的棒捶声和纯情的嬉笑声，那份惬意应该归湖边人家所有。然而，这只不过是我一个一厢情愿的梦。人生大约像洞庭湖的波涛只能向前，没有回头。如果我们能在自己的生活中，多一点亲情，多一点执着，多一点追求，回首往事时我们就会少一些遗憾。

老街澡堂那些事儿

刘衍清

二十世纪五六十年代，每到冬天刮西北风，紧靠洞庭湖边的岳阳老城便异常寒冷，那时的房屋密封度不高，"针大的眼，碗大的风"，冷空气趁隙而入，房里温度比室外高不了多少，居民全靠烧煤取暖。那时煮饭炒菜烧开水的煤要凭煤票计划供应，用煤得有控制，不能多烧。而五十年代城里还没有自来水，吃水用水要从湖里挑，很不方便。因此每到冬天，城里的澡堂便成了居民们冬天洗澡的去处。

据史料记载，岳阳城区最早的澡堂建于民国六年（1917），名"玉兴澡堂"，老板叫王玉红。澡堂位于慈氏塔南边与红船厂之间的马家巷（20世纪50年代初建港务局办公楼时拆除）。1930年王玉红作古，王瑞卿子承父业，1938年11月11日，日寇侵占岳阳，老板逃难，"玉兴澡堂"被迫歇业。1945年光复后，玉兴澡堂复业，同时又有街河口的"金谷"，天岳山的"天岳"，茶巷子的"兴兴"，柴家岭的"花圃园"4家澡堂相继开业。澡堂洗浴分为池浴和盆浴，玉兴澡堂的池浴九尺见方，两尺多深，服务项目有擦背、修脚、剃头等。澡堂内烧有大壁炉，烟囱自浴盆下面穿越而过，从而使水温得以保持。澡堂经营季节性强，以冬季最旺，春季次之。澡堂用工也是季节性雇用，用水从洞庭湖挑。洗澡收费标准为池浴一毛二分，盆浴两毛；剃头两毛，修脚一毛。民国时代十毛钱等于一圆"袁大头"，因此一般穷人难去澡堂泡次澡。

20世纪50年代初，私家澡堂先后歇业，市饮食服务公司于下鱼巷子（水上公安派出所南侧）建了一座公共澡堂。澡堂进门处很窄，进去后才知别有洞天，厚厚的棉布裹着棉絮缝成门帘，阻挡着门外的冷风，门内的浴池热气腾腾，一个池子可以同时容纳10多个人。我十四五岁时去这家澡堂泡过几次池浴，一般是过年前夕。记得澡堂有个叫李子雄的浴池管理员，脚有些跛。还有一个挑水工，已忘记名姓，只记得脑袋比较大。这两人后来都与我有过几次交集，一是1968年夏天我在南正街冰厂拉板车给各家冷饮店送冰棒，李子雄当冰厂车间主任，"大脑壳"也和我一样当了三个月拉板车送冰棒的临时工。后来我到环卫所当清洁工，"大脑壳"也干了几个星期，可能嫌脏嫌累，打了退堂鼓。而李子雄则在新开的"洞庭春澡堂"与我有过接触。

"洞庭春澡堂"位于洞庭路，右边不远是岳阳楼，路对面正对桃花井，出后门就是柴家岭的木器社。澡堂1964年下半年动工兴建，1965年春节前开业，是岳阳专署李兴尧专员提议为解决城关居民洗澡难而修建的，由时任城关镇委书记彭汉炎主抓。洞庭春澡堂楼上是旅社，澡堂侧边一楼开餐饮。门头在当时算修得很气派，有两根水泥柱子撑在门头歇台两边。我在环卫所当清洁工时负责过洞庭路一带的垃圾清运，"洞庭春"旅社澡堂也在范围内。一次快过年了，调到"洞庭春"负责的李子雄在大门口见到拉扳车的我，连忙招呼我进店。原来是"无牛找到马耕田"，叫我帮洞庭春旅社澡堂大门柱子上写副春联。尽管不会写毛笔字，我还是勉为其难，在裁好的纸上按他指定的内容，龙飞凤舞地"划"了一副时兴的领袖诗句"春风杨柳万千条，六亿神州尽舜尧"。他们把字剪下来然后烫上金粉贴在门柱两旁，这是我记忆中唯一在公共场所当"书法家"的经历。

在洞庭春澡堂一带清运垃圾时，正值父母双双病故，我和四个弟妹相依为命的艰难岁月。为了节省买煤的钱，我每天在澡堂锅炉的出灰口铲垃圾时，总是把燃烧得不彻底还有些烫的煤渣捡起来一点一点装到袋子里，下班后拿回家掺到好煤一起做成煤球。因囊中羞涩，即使天天从澡堂过，尽管身上脏兮兮也舍不得花钱泡个澡。1971年与妻子结婚不久，快要过年了，妻子剪掉一对长辫，卖给专门收头发的货郎担，卖了两角钱，两人在洞庭春澡堂买了两张一角钱一张的池浴票，泡了个澡。后来舅子当了3517工厂职工，妻子要洗澡便去3517工厂职工澡堂，用五分钱一张的家属票。

那时候，一般职工人数较多而又工作繁重的企业陆续建立了职工澡堂，连饮食服务公司也在南正街冰厂建了职工澡堂，偏偏干活又脏又累的环卫工人没有职工澡堂洗浴。直到1980年我已从环卫处调到市城建局办公室工作时，环卫工的洗澡问题还是没有得到很好的解决。我便在《工人日报》捅了一篇呼吁解决清洁工人洗澡难的读者来信，不久，岳阳市委办公室以《接受群众意见，解决洗澡问题》为题给报社作了回复。

时光荏苒，如今已进入当年连做梦也想不到的现代化社会，洗澡早已不是令人头疼的问题了，更遑论为呼吁解决群众难的问题使自己碰得鼻青脸肿。20世纪80年代以来，城里各种各样的洗浴中心相率兴起，洗浴项目五花八门，有桑拿浴、温泉浴和各种各样的特色浴。然而当年那热气腾腾老老少少挤在一起喧闹的小澡堂一直留在我的脑海里，它承载着我对逝去的时光无穷的怀念，也勉励我珍惜来之不易的好时光，珍惜共沐风霜雨雪的家人……

也说巴陵全鱼席

张峥嵘

　　巴陵全鱼席，名气大，传闻多，花样百出，做工精巧，不是凡人可见，也不可能一次能全见。

　　我最早听"全鱼席"三个字，江湖中听闻其传奇，脑海里还是挺跳跃起的，马上想，难不成，咱岳阳还有"满汉全席"一样响彻古今的名席？记者这个职业，最大的好处就是没一个行业你不会接触。后来，岳阳的几届大型美食节有幸现场采访，真正见识了"全鱼席"中的几道名菜。再后来，有幸亲眼所见大厨精心制作的过程，发自内心地感叹：岳阳饮食历史文化深厚。

　　巴陵全鱼席，岳阳特色传统名菜。说一千道一万，追根溯源不算岳阳纯土生土长的"崽"，这点我们必须承认。岳阳人水灵灵的聪明，无论什么东西一学来，就会大改革。你看最著名的绿豆皮，当年南正街冰厂就是从武汉学来的。人家武汉是面粉皮，岳阳人学到后，改成了绿豆皮，同样是皮，那真是不可同日而论，味道大不同。最后，武汉的原味丢到了九霄云外，岳阳真正的绿豆皮包的绿豆皮，抢得了众食客之嘴。"全鱼席"呢，同样"逃"不过岳阳人的聪明，经过一段岁月，不断被大师们改良打磨，当然就成了最具岳阳特色的大排场了。尤其全鱼席均是以洞庭湖丰富的淡水鱼、水生植物为主要原料，按照一桌筵席菜规制烹饪，酸辣鲜美、精细大气，现在，成为湘菜一个重要地方支系，也是头把交椅。

　　算起来，我自小长于湖边，吃鱼长大，现在几乎绝种的小银鱼，当年新鲜的下面吃，干的煮汤，那个鲜，不可言传。自古，洞庭湖物产丰富，天赐好物，银鱼、鳜鱼、鳊鱼、草鱼、青鱼、鲫鱼、水鱼、金鱼、鳝鱼、泥鳅、河鲜等都是湖湘美食的上等主料。天时、地利、人和，岳阳人民的智慧发展出一个"巴陵全鱼席"，那是必然的趋势。

　　扯事必有人，扯人必有事，这是谁都绕不开谁的一个定理。一个品牌的形成就肯定与当地历史文化与人文相关，何况一个离不开人制作的"席"，肯定是有着一定的渊源的。

　　我听闻，早在5000年以前的新石器时代，生活于洞庭湖区的岳阳远古人类就以渔猎为食，食鱼成为他们赖以生存的主要生存方式。夏、商以后，随着炊具的变化，人类逐步讲究烹饪方法和熟食的味道，烹饪技术发展到周代后便形成湖湘独特的风格。有时想想，岳阳的烧烤这般出名，看来也是有着新石器时代遗风的。不只是民众爱鱼，连忧国忧民的战国时期楚大夫屈原被放逐到洞庭湖区，他品尝到湖区的湖鲜后一时也忘了国家之大事，念念不忘鱼的鲜美，在《楚辞》中写下了"胹鳖炮羔，有柘浆些"的诗句。"胹鳖"就是利用洞庭湖的水产鳖烹制的一道菜。不得不说，人类的进步，"吃"，功不可没。

　　到了秦国时期，国相吕不韦还专门组织门客编写了《吕氏春秋》，也提到"鱼之美者，洞庭之鲋"，即洞庭湖中的鲫鱼。自此，岳阳和鱼一跃成为各朝代书中的珍品。唐宋以来岳州境内不但讲究烹调的技术，连鱼肴的名称都很是讲究。如唐开元年间岳州刺史张说就在《岳州九日宴道观西阁》一诗中称："鱼以嘉名采，木以美材侵"，即给鱼看取一个好名更能使它美名远扬。宋代岳阳地方官范致明在《岳阳风土记》中提到："湖湘间宾客燕集，供鱼清羹"。宋岳州知州李曾伯诗称："午食河豚晚食鲈，两鱼风味绝悬殊"，表明宋代岳阳一带无论官吏还是一般百姓都以食鱼为时尚，洞庭湖区请客，有"无鱼不成席""桌桌（绰绰）有鱼（余）"的谚语。

小时候，听村中一位有传奇色彩的老人说过，历史上大凡有点学问的人，高处对世事不屑一顾，小处就是一枚吃货。你看一代又一代以来，对洞庭湖趋之若鹜的名士骚客，络绎不绝，从前以为是冲着一湖波光而来，这样看来，不过是冲着一湖好味而来。唐代诗人李商隐见识过后，牛吹得比岳阳人有水平："洞庭鱼可拾，不假更垂罾。闹若雨前蚁，多于秋后蝇。"可见自古至今，岳阳不但美景吸此人，其鱼是久负盛名："洞庭天下水，巴陵天下鱼"，成为名士前往的原因。时间久了，从单品，从小打小闹，从家常小菜，一步步发展就有了全鱼席。

那这名字从何而来呢？据传清代乾隆皇帝游江南的时候，路经巴陵，品尝了民间厨师用洞庭湖各色鱼为原料烹制的全鱼筵席，赞不绝口，当即赐名"巴陵全鱼席"，就留传了下来。这个没现场所见，不敢肯定。我倒是宁信其有不信其无的。

这一赐名，引来产业大发展，清以来，岳阳沿湖的酒楼饭店开始承办以湖鲜为主的"洞庭鱼筵"。

真正考究"巴陵全鱼席"的特别，还有一重要原因，"混血儿"的优质。

它最早源于淮扬菜烹调技艺和风格。民国时期，战乱频频，"民以食为天"，岳阳鱼筵仍是家家餐桌上的宠品。1936年，岳阳古城繁华老街南正街的"味腴酒家"有位淮扬师傅博采古法众家鱼筵之长，又用新法改良，设计了整套"巴陵全鱼席"的菜谱，一旦上桌，受到南来北往顾客赞誉。不知是店成全了席，还是席成全了店。日寇侵华，"味腴酒家"业主辗转常德、沅陵等地，无鱼难成席，"巴陵全鱼席"一度消失。1945年，光复后岳阳恢复营业，名师李春桂、张志宏、张克亮等第一件事就是重操旧业，传承"巴陵全鱼席"烹调技艺。

民国三十七年（1948）五月，国民党总参白崇禧前来岳阳，县长吴昶在

"味腴酒家"摆酒接风，全席除熊掌、鹿筋外，全是洞庭鱼类制品，菜肴色艳、形美、味佳，白崇禧赞美不绝。次日白崇禧游君山，余味缠人。吴昶又命"味腴酒家"送去两桌鱼筵，供白崇禧一行食用。说是做鱼，其复杂，不比《红楼梦》里刘姥姥吃的那道茄子简单。"叉烧鳜鱼"，选用洞庭湖活鳜鱼，引用常州"叫化鸡"制作方法于鱼类制品。它是将活鳜鱼用各种精制佐料抹遍鱼身，腌制半小时，再将排冬菜、猪板油、冬笋、火腿，切成颗粒，加味精拌匀灌入鱼腹内，并将鱼腹封好，再用鸡蛋糊均匀地糊在鱼身，然后用猪板油将整个鱼抹　遍。吃时浓香扑鼻，色、味、形俱佳，实为难得之美味。

前几年，长沙有一家餐馆请向化武老师去做几道菜，见识了全鱼席其中的"蝴蝶过海"。那刀功，不可形容，穷词。只见他，三下五除二，横刀法将才鱼就切成蝴蝶状，预备高汤煮沸，迅速投入汤内飞快捞起，一片片鱼，真像是双双蝴蝶漂洋过海一般，嫩滑清脆，爽口不腻，鲜香可口。

岳阳人的翻怪，是变化快的原因。中华人民共和国成立后，"巴陵全鱼席"又改良，不管是岳阳国有或集体餐饮行业传承菜品，万变没离其宗，鱼是必须有的。酒店也一样，无论属谁，都是鱼当道。味腴酒家从私家到公私合营更名为"岳阳饭店"，更是以名厨张克亮为首主推"巴陵全鱼席"。20世纪80年代以后，为适应日益增多的国内外游客需要，"岳阳饭店"又回归"味腴酒家"之名，并在"巴陵全鱼席"原有的基础上进一步完善和创新，突出了洞庭湖的鱼文化特色，形成了最能代表洞庭湖湖鲜的"巴陵全鱼席"菜系。先后招待过美国、日本、西德、加拿大、挪威、荷兰等10多个国家和港、澳、台地区的数以万计的贵宾。一路同行，岳阳每发展一家大宾馆，就会引进"巴陵全鱼席"，作为洞庭湖鲜的一道名席在"云梦宾馆""岳阳宾馆""君山洞庭山庄""晓朝宾馆""南湖宾馆"等宾馆酒店，先后款待了多批党和国家领导人以及外国政要和各界社会名流。

一经出名，身价百倍，随后，各种荣誉不断。

1988年，巴陵全鱼席有16个菜品入选《中国名菜谱》；

1989年，巴陵全鱼席被评定为湖南省的"金牌菜"；

1991年，巴陵全鱼席编入《湖南名菜名点》；1993年，巴陵全鱼席被纳入《世界旅游菜谱》；

1999年，香港著名实业家邵逸夫先生来岳阳品尝"巴陵全鱼席"后欣然赞叹："条条鱼好吃，道道菜有味。"

这个以野生鱼（鮰鱼、鳜鱼、鳊鱼、银鱼、青鱼、草鱼、水鱼、鲫鱼、才鱼、金鱼、泥鳅、鳝鱼）及其它河鲜，配以洞庭湖区的野藜蒿、菱、藕、莲子、荷叶、芦苇笋等，加工刀法各有变化，烹调方法有几十种，口味多样，色彩红、绿、蓝、白、青和谐统一的2000多个菜品，就真正成为了岳阳乃至湖南美食的重要品牌。

2000多种菜品，眼花缭乱，一般的人哪能记得住，更别提做了。岳阳人讲究，不但上桌的人分个位上位下，年老年少，上桌的菜同样有先后。全鱼席一桌一般由一花拼、八围碟、四热炒、八大菜、一座汤、四点心、四随菜等30个菜点组成，特殊宴席更是多一些。一菜一格，多菜多法，加工精细，讲究滋味，注重营养，使人食鱼不见鱼，知其味不见其形，一鱼一形，一形一味。不说吃的是一种身份，见过的也是增加了见识。再者，菜有先后，就像酒桌礼仪，还得分宾与主，不得贵宾配个贵陪吗？巴陵全鱼席有代表性的菜肴有翠竹粉蒸鳜鱼、竹筒鮰鱼、五彩松鱼、银针鸡汁鱼片、水晶鱼冻、金鱼戏莲（象形拼盘）、葱酥鲫鱼、青豆虾仁、鸡茸鮰鱼肚、鱼脂湘莲甜泥、冬笋鱼夹、荷花鲜鱼唇、蝴蝶飘海、鱼面银丝卷等。因制作复杂，故每道菜都有其不同的工艺，也来自不同的师傅。同样的师傅，不同的客人，也会桌桌有讲究，搭配不是技巧，是文化，蕴含民间诸多的讲究。搭配是麻香鱼脆（凉菜）、红油刨花鱼（凉菜）、水晶鱼冻（凉菜）、色鮰头鱼（大菜）、怀胎水鱼（大菜）、龙女一斛珠（大菜）、乾隆鳜鱼卷（大菜）、芙蓉银鱼（大菜）、君山银针鱼片（大菜）、什锦鱼肚（大菜）、鱼脂湘莲（大菜）、五彩鱼糕（大菜）、菊花白鳝（大菜）、伊府面（点心）、四喜鱼饺（点心）。

城里不大讲这些"规矩"了，这十几年，乡下也没有这些讲究了，不知是好还是不好。干脆利索，当然好，可这样就没个长幼之分，也是不好的吧。保留餐桌传统文化的，现在恐怕只有平江还有几分在。老人不上桌，不准上桌坐，老人不动筷，不准动筷，上座没安排好，下座最好等会坐。有次在平江，吃了他们最有名的十大碗，有老人在桌深有益处，只见老人话不高声，其余人也不敢造次，每吃一筷子，都会谦让。听他们介绍，才知十大碗并不是只是菜，其菜的内容，搭配时，都是有名堂的，个个菜有彩头。

"巴陵全鱼席"一样，每样菜都有名有姓有来头有喻意，其材也不是随便之物。

其中的三色鮰头鱼，就是只能用专产于洞庭湖一带野生鮰头鱼（鮰鱼），又名长江回鱼、江团的品种为主料制作的。

传说远古时期湖南发大水，洞庭湖的水不停地涨啊涨，这些野鱼就不停地漂呀漂，漂到了太平洋。由于野鱼习惯了洞庭湖的水，不太适应太平洋的海水，就千回百转，成群结队，又回到了洞庭湖，这就是传说中回（鮰）头鱼的由来。实际上，鮰头鱼的活动范围仅限洞庭湖，下游不过长江，上游不过湘江。每年产卵期游至湘江入湖口产籽后，即再次回到洞庭湖中，长期生活在洞庭湖中央。

鮰头鱼肉质鲜嫩爽滑，营养丰富。体扁而长，色白如银，肉质鲜嫩，是名贵的淡水鱼之一。苏东坡曾写诗赞它曰："粉红石首仍无骨，雪白河豚不药人。"诗中道出了鮰鱼的特别之处：肉质白嫩，鱼皮肥美，兼有河豚、鲫鱼之鲜美，而无河豚之毒素和鲫鱼之刺多。由于鮰头鱼具有肉厚刺少，质地肥腴，肉白如脂，鲜、嫩、滑、爽、糯等特色，烹饪技法多以蒸、煮为主。全鱼席中的三色蒸鮰头鱼从以前的名菜"洞庭翠竹粉蒸鮰鱼"演变而来，以蒜蓉、红白剁椒佐料蒸制，既有咸香，又得鱼味的自然鲜美。

说到回头鱼，当然绕不过乾隆鳜鱼卷。

相传清朝的乾隆皇帝下江南时到这家鱼馆吃过桂鱼卷。

那一天，乾隆皇帝扮成一位北方来的商人路过鱼馆。时近傍晚，天又下雨，并伴有湖风。正愁没生意的店老板见这位商人带着两位随从，衣着打扮像个富商，便急忙招呼他们进店就餐。乾隆微微一笑，对老板道，我爱好对对子，给你出个上联，对得好，我们进店吃你的鱼席，好不好？说完出口吟道："龙王夜宴，星灯月地，山肴海酒地为盘。"此上联意度恢宏，气势磅礴。岂不知店老板读过几年书，人又聪明，今日见来者气宇不凡，对其身份似有所察。沉思一下，即出口对出下联："玉帝巡游，雷鼓云旗，雨剑风刀天作阵。"乾隆一听，满心欢喜，连连夸奖店老板文思敏捷，当即步入鱼馆品尝全鱼席。店老板亲自端上一盘用桂花鱼做成的鱼卷，乾隆问为何第一道菜上桂鱼，店老板接口便说："君为贵，自然先上桂鱼。"乾隆见其受宠不惊，应答如流，是个人才，于是询问他为何不去赴考求官。店老板答道：我爱洞庭山水之美，惟愿朝夕与鱼相伴，做好鱼馆全鱼席足矣。乾隆连说好好好，朕就赐你一个"巴陵全鱼席"之名。店老板一听，扑通一声跪倒在地，连呼谢主隆恩。后来店老板把为乾隆上的第一道菜桂鱼卷取名"乾隆桂鱼卷"，并将其作为巴陵全鱼席的招牌菜。

洞庭湖野生鳜鱼多，但不是什么样的鳜鱼都能做成这道菜。这几道菜重在鱼的讲究，"翠竹粉蒸鳜鱼"则不同，重在器皿的讲究，着力于原料和器皿以味、器突出取胜。鱼味带有竹香，浓醇甘美，鲜嫩适口，回味绵绵。"清蒸全水鱼"着重于"形"，以"形"见精。菜品外形完整，色泽青黑，头部显露，四肢舒展，趴在盛满清汤的白花大瓷碗里，仍似活的一般。想想，2000多种菜，全部讲完，那就是一本书的长短了，所以，说到全鱼席之名菜，当然得说到历史上的名厨名店，他们是扬名功臣。

巴陵全鱼席从诞生至今，经过了无数代名厨的传承发扬。

"八百里洞庭特产聚一桌，三千里湖湘风味乐其中"的美誉，"不食巴陵全鱼席，枉到巴陵胜状游"的民谚都说明了巴陵全鱼席的名气。这也是历史上不少厨人为巴陵全鱼席的制作技艺作出了默默奉献的成果。只是一直以来，大都是口传手授，缺乏史料记载，其人其事传之寥寥，故能叙及的名店名厨不过二三。

名厨张克亮称为"全鱼席"首席，那个说"不"？

1924年出生的张克亮先生，从小学习厨艺，1948年年纪轻轻受聘味腴酒家，1991年退休，直到故去，心中念念不忘的还是"全鱼席"。张克亮作为岳阳市餐饮行业首名特一级厨师、湖南省烹协首任常务理事，称得上是"巴陵全鱼席"第一代掌门人。青年时代即勤奋好学，刻苦钻研"巴陵全鱼席"烹调技巧。步入中年后，烹调技艺更加精湛，在他主导下"巴陵全鱼席"被列入湘菜经典名肴。他最大的技术就是能就地取材，利用洞庭湖鲜烹制出近百种以鱼为主料的鱼肴，而且一鱼一味，一鱼一形。晚年后，张克亮致力系统研制"巴陵全鱼席"鱼肴制作格式，整理了一套鱼品佳肴教材和全鱼席菜谱，为"巴陵全鱼席"留下了一手珍贵的资料。

"巴陵全鱼席"第二代传人之一的傅建楚，就是张克亮先生的弟子。聪慧好学，后进入味腴酒家（岳阳饭店）当厨师，在张克亮众弟子中脱颖而出，曾受国家派遣出国任大使馆餐饮主厨，其高超的烹饪技巧受到外国政要赞赏。1987年傅建楚因病逝世后，味腴酒家、云梦宾馆、岳阳宾馆等酒店一批曾受到张克亮、傅建楚影响的中青年厨师，接过"巴陵全鱼席"传承的大旗，为完善全鱼席烹调技艺继续发扬光大而坚守着。

是的，"全鱼席"，不能不提到这位湖南省餐饮行业终身成就获得者大名鼎鼎的姚亚生先生。1974年，曾随同湘菜大师石萌祥赴韶山为毛主席提供过餐饮服务，足见其功力。姚亚生先生曾先后担任云梦宾馆、岳阳宾馆总经理，由他创建的竹筒粉蒸鮰鱼曾赴北京作为国宴上的一道名菜。1991年湘菜大师彭长贵（蒋介石私人厨师）品尝姚亚生主理的"巴陵全鱼席"后，欣然写下"青胜于蓝"的题词以资褒奖。值得欣悦的是，这些大师的后代，都一直在从事着餐饮业，这也是"巴陵全鱼席"一直能传承下去的原因。

道生一，一生二，二生三，三生万物，"巴陵全鱼席"走到今天，靠的也是"三"足的融合，"三"的延伸。说不清，道不尽名菜、名师，哪能忘了当年那些响当当的名店，正是这样的硬件，撑起了名师的世界，撑起了名菜的舞台。

说到岳阳著名的酒家，如果不先说味腴酒家，只怕出门挨打。味腴酒家，当年有多红，我只有吃过两次面的经历，不足以说明其气韵，

巴陵全鱼席

只是现在每每与岳阳餐饮业大佬们吃饭喝酒，他们口中念念不忘的还是味腴酒家，媒体可夸大，水平可作假，记忆这个东西是最不能做假的，能够记得这么深，那就是当年的"名"在流传。说起来，味腴酒家算百年名店了，始建于1936年，名厨周权姐弟从江苏省江都县一起来岳阳州，以艺起本，创办了这家酒家。初始菜大都分为洞庭水产、山禽野味、家禽家畜、海味、甜菜、小菜等六大类。后来，觉得洞庭湖水产资源丰盛，就主攻以洞庭水产为主的鱼筵。根据岳阳洞庭湖区民间餐馆常流传的鱼肴烹制方法，做些红烧鱼、清蒸鱼、粉蒸鱼、油炸鱼之类的地方鱼肴，没有形成独特的风格。后生意逐渐红火，往来客人逐渐增多，味腴酒家决定重拾乾隆命名的"巴陵全鱼席"招牌，精心打造了以湘菜菜系为主体兼及淮扬菜系以及京、川、粤等菜系消费者口味的全鱼席。当然，刚开始，并且没有这么多品种。1949年曾款待民国政府要员白崇禧。进入20世纪70年代末、80年代初，味腴酒家的全鱼席正式定名为"巴陵全鱼席"，作为款待中外嘉宾的主打菜品。1985年，味腴酒家的巴陵全鱼席曾作为全国八大菜系之一的湘菜代表，由央视"华夏菜系"电视系列片采播。20世纪90年代初被命名为岳阳市餐饮行业中唯一的"中华老字号"。

于是，大家也争相效仿，等到20世纪80年代初创建了岳阳市首家对外接待的涉外云梦宾馆，第一件事就是入巴陵全鱼席，在这个过程创新了部分菜品。其中"竹筒粉蒸鱼"曾赴北京，列入人民大会堂国宴，受到党和国家领导人好评。日本国烹饪协会和"银座亚寿多大酒楼"先后三次到岳阳云梦宾馆考察全鱼席制作工艺，认为巴陵全鱼席是中国烹饪文化的新发展。最后将"巴陵全鱼席"推上辉煌当属20世纪80年代末创建的著名岳阳宾馆。宾馆建之初的定位就是岳阳市首家高等级涉外接待宾馆，高规格、高配置的接待，为在"巴陵全鱼席"走出岳阳，走出湖南，甚至走向国际作了较大贡献。这里不得不提味腴酒家的贡献，岳阳宾馆烹饪全鱼席的厨师罗壬冬、王罗生、刘秋宾等大都来自原味腴酒家，传承了巴陵全鱼席的竹筒粉蒸鮰鱼、红烧金龟等名肴。据统计，20世纪80年代末90年代初，岳阳宾馆年餐饮收入中鱼味菜肴的收入占到总营收的三分之一。

地地道道吃得鲜的，吃起来最有感觉，又湖水煮湖鱼最真实的当属君山洞庭山庄。

20世纪80年代中期创建的岳阳首家位于君山风景园林胜地的酒店。地处洞庭湖中的独特位置，以"君山全鱼席"的名义推广"巴陵全鱼席"。湖南日报曾以《君山归来不食鱼》加以报道。最牛是，这里的接待更高一级，胡耀邦、宋任穷、王首道等中央领导都在此住过，品尝过"巴陵全鱼席"的美妙。

时光荏苒，随着国有企业体制改制和市场变化，主推"巴陵全鱼席"的"昧腴酒家"不复存在，曾经扛鼎"巴陵全鱼席"的当代名老厨师张克亮及其二传手傅建楚、姚亚先等先后谢世。而主导全市餐饮行业管理的饮食服务公司一并消失，"巴陵全鱼席"的传承与弘扬一时陷入群龙无首的窘境。加之有些餐饮企业在制作"巴陵全鱼席"的过程中急功近利，粗制滥造导致"巴陵全鱼席"生存和发展的空间越来越小。

山重水复疑无路，花明柳暗又一村。

2009年，岳阳著名民营餐饮企业、岳阳市餐饮行业协会副会长、井水餐饮文化管理有限公司董事长曾琳华果断决策，从"巴陵全鱼席"商标持有人手中取得所有权转让资格，2010年9月29日，井水餐饮公司旗下的"井水巴陵"在与洞庭湖、岳阳楼近在咫尺的"翰林街"开业。"巴陵全鱼席"的商标醒目地标注在酒店的招牌上，从而重树"巴陵全鱼席"的大旗。井水巴陵经过对全鱼席文化的挖掘，复制还原了一块乾隆御题"巴陵全鱼席"招牌，清皇室后裔爱新觉罗·恒钺到访井水巴陵后也欣然为"巴陵全鱼席"题词，湖南省老领导、全国政协前副主席毛致用同志对巴陵全鱼席的发展十分关心，谆谆嘱托之余也留下墨宝。

近十年，曾经三大名厨的后代及弟子，都在为"巴陵全鱼席"的推广普及不断努力。在千亩湖污水站对面向氏兄弟曾开了一家"巴陵全鱼席"餐馆，现在，传承人傅鹏又在南湖边开了一家以"巴陵全鱼席"为主打菜品的酒家。很多人没见过全鱼席，但很多人都期待"巴陵全鱼席"再次成为促进岳阳餐饮旅游文化发展的一道靓丽的风景。

我的图书摊

刘衍清

1959年我9岁那年，岳阳县城关镇早已改成了岳州人民公社，城市居民也和农村人民公社一样吃公社食堂了。我们城南塔前街、羊叉街、天岳山一带居民的公社食堂设在羊叉街白铁社内，左边是厨房，居民们排队领到钵子饭后就到右边的四方桌上用餐。

那天，我和父亲到公社食堂吃饭，排队时父亲轻轻对我说："家里困难，买了50几本图书给你摆图书摊。"我记得当时父亲说话时忧郁的神情，但记不起是怎样回答父亲的了。那年刚进入"三年困难"时期，生活很紧张，我家已有父母和我三兄弟，下面两个弟妹还未出生，但也"当家怕五口"，父亲想让我摆个图书摊，挣点钱补贴家用。我是长子，尽管只有9岁，但也感觉到为父母分忧的责任。父亲发话后的第一个星期天，我就开始摆图书摊了。那天，我在羊叉街隔壁彭家靠"陈树记"墙壁的台阶上摆了一块又窄又长的门板，门板上摆着父亲给我买的图书，数了一下，59本。那时人们习惯把连环画叫图书，又因画面小，读者又大都是小孩，因此又称小人书。我把图书一本叠一本斜着摆在门板上，只把书名露在外面。59本图书大概都是从本城的新华书店买来的。记得最贵的一本是三国演义中的《诸葛亮渡泸水》，一本2角多钱。最便宜是一本红军上井冈山的故事，印象很深，9分钱一本，纸的质量很差，又黄又薄，稻草杆都露了出来。

20世纪50年代我家住的羊叉街是岳阳老城的主要街道，是城南老火车站通往岳阳楼的必经之路，人流也不少。但我初次摆图书，没有熟客，摊子小书又少，摆了一阵没人光顾。我很着急，想把图书摊移到吕仙亭与先锋路交叉的路段，那里有菜市场，有医院，有药店，又靠近火车站，比羊叉街人多些，生意也许会好点。于是我一手夹着门板，一手夹着图书箱，再叫二弟武松帮我搬顾客看书坐的小竹床。只有4岁的弟弟恐怕力气不够，站着有点迟疑。我吼了几句，吓得二弟跑开了。我只好一个人拽着东西去吕仙亭。谁知生意还是很冷清，于是打道回府。回到家发现二弟武松不见了，我急了四处寻找，去了铁路边的姑妈家，去了附近几条街巷，也记不得是怎样找回弟弟的了，为此我内疚了好几天。

既然摆到人多的地方也没有生意，不如就地坚持，顾客也是一回生二回熟。此后，根据太阳照射的变化，上午摆在东边福音堂的围墙边，太阳被高高的围墙挡住了，围墙边还有一棵大树，顾客能坐在遮阴的地方看图书。下午太阳移到西边，自家的房屋遮住阳光，我的图书摊又横过街道移到自家门口。最麻烦的是中午，街道东西两边都有火辣辣的太阳，我就把图书摊摆到隔壁过去几家的君山巷，巷口对着洞庭湖，自然凉快一点。但有时巷子窄乘凉的人多，挤得顾客不好看书，影响生意，我便把图书摊搬到远一点的乾明寺口子上，这里路宽一点，靠南边的墙比较高，从中午到下午都晒不到太阳。因此中午以后在这里摆图书摊的时间比较多。而上午一般摆在福音堂围墙边，1960年后，父母因家庭负担重，工资少，先后退出单位当修理钢笔电筒缝纫机和配钥匙之类的个体户，我的图书摊就摆在父母的修理摊旁边，一来有个照应，二来有时找父母修东西的顾客要开发票条据，我便帮着开发票条据，有时还帮父亲给汉口、信阳、长沙的厂家写联系购买零配件的信。晚上，我也不休息，经常把图书摊摆到乾明寺里面的建设电影院（后改名天岳山电影院）进门的台阶上，直到看电影的人全部进场门口关灯，才疲倦地收摊回家。

从小学二年级到初中三年级，我的每个星期天、每个寒暑假都是图书摊上度过的，作业也是伏在图书摊上完成的，钱也是一分一分地挣。当时看图书按定价收费，定价1角钱以上2角钱以下的1分钱看1本，定价2角钱以上3角钱以下的2分钱看1本。那时3角钱以上1本的图书很少。有的读者喜欢看神话故事，有的喜欢看古典故事，有的喜欢看打仗的、反特的。图书好不好看决定生意的好与差，因此我千方百计让自己摊子上好看的图书多一些。那时岳阳城里大约有近20家图书摊，其中仅城南羊叉街到天岳山2、3百米地段就有三、四家，除我以外，有住在游击巷姓马的回族老头和他儿子，天岳山有一位姓朱的老人家，还有一位叫孟珠的年轻人。另外，三教坊、竹荫街、吊桥、岳阳楼依园巷、一中校门口等处都有摆图书的，有的条件较好，摆在自家门面，风雨无阻。当时城里只有一家新华书店，连环画进得很少，每次10多个品种，你有他也有。于是我经常去人家图书摊上溜达，发现我认为好看的图书，我总是出高价买到手。不过要装作爱看图书的样子，不能让人家发现我是他们的同行。凭着这点小小的"心计"，我的图书摊好看的书总要比人家多一些，图书也从几十本扩大到二、三百本，一块门板不够，又加成两块。我总是把几本当家的连环画摆在图书摊上最醒目的位置，让人"一见钟情"。好看的连环画：封面往往容易被人翻烂，于是我从红船厂口子上的百货店买来白纸和12支的水彩颜料，自己动手画封面，大都是人物故事，因此我曾经被人叫了个"假壳面"的绰号。

　　我的小人书摊从1959年一直摆到1966年上半年，这些年摆图书挣自己的学杂费，从来不能像其他孩子一样休过一天假日，更谈不上出外旅游。只有一次，我想去金鹗山看着吴三桂打仗时留下的炮台，那天没有出摊，我一人独自上山，在山上玩时就扯些野藠头，想拿回家给母亲做菜，弥补点没有出摊的损失。但我眼睛近视，野藠头扯得不多，心里很懊悔。那些年因眼睛近视又无钱配眼镜，我没少吃苦头，好看的图书经常被人在眼皮底下捎走，每次发现图书被偷后，我心里总要难受好几天，有时憋得心里像堵了一块大石头，哭又哭不出，闷在心里。

　　1966年上半年，社会上开始反封资修，有人通知摊主要把所有的连环画送到新华书店过筛，属于封资修的打折没收，我将200多本连环画送到吊桥口上的新华书店甄别，结果退回的不到五分之一，连《岳飞传》《红楼梦》《三国演义》《水浒传》《西游记》《聊斋》一类的图书都被消化了，更别提一些《西厢记》《柳毅传书》《梁山伯祝英台》一类的爱情神话连环画了。退回的仅《渡江侦察记》《红日》《红岩》《铁道游击队》一类的连环画，我也就向我经营了六七年的小人书摊告别了。

随着岁月的流逝和社会的变化，岳阳街头巷尾早已不见小人书摊的踪影，也许只有上了年纪的老人还记得人们坐在街边看小人书的情景，或许也有人记得我这个在图书摊上写作业做作文的小摊主。但谁能知道我那段时光心中的苦涩呢，遇到下雨、落雪天，我把图书摆到自己家里，自然没多少顾客进门，人清闲，心着急，生怕挣不到钱，不能为父母分忧。到1963年后，我家就是七口之家了，我下面有4个弟妹，父母都无正式单位，全靠摆修理摊，又身体不好，日子自然越来越难过。1969年我离开图书摊3年到环卫所拉板车时，父母就在100天内相继病故了。

图书摊成了永远消逝的风景，但摆图书摊的少年生涯使我终生难忘。穷人的孩子早当家，图书摊使我比一般同龄人成熟得更早一点，一本本图文并茂的连环画也使我"近水楼台先得月"，从中吸收了不少文学营养，我对写作的爱好以及对历史兴趣较浓大抵受益于图书摊上的那些小人书。然而最使我难忘的还是那几年与父母在一起摆摊的日子，父母亲那种起早贪黑、带病劳作、为家计甘作任何牺牲的形象一直感染着我，激励着我，陪伴着我从逆境中崛起。

啊，图书摊，我人生旅途上取之不尽用之不竭的精神源泉。

岳州开埠始末

邓建龙

1899年岳州开埠，开了我国"自开商埠"的先河。这是当时中国近代史上的一件大事，为以后我国各自开商埠口岸提供了宝贵的经验与借鉴，意义深远，影响重大。现将岳州开埠的前因后果作一综述，进行探讨。

时代背景

1840年鸦片战争后，英帝国主义用坚船利炮打开了中国的大门，强迫清政府签订了不平等的中英《南京条约》，开放广州、福州、厦门、宁波、上海等五处港口为通商口岸。两年后，又在南京条约的补充条约《虎门条约》中对在五口租地建屋、永久居住、关税税率、领事裁判权、传教等作了规定。以后，其他帝国主义列强又强迫清政府签订了一系列不平等条约，开放更多的通商口岸。到1895年，中日《马关条约》签订时，中国对外开放的口岸已多达40处。因为这些口岸是帝国主义列强用武力迫使清政府签订一系列条约而开放的，因此被称为"约开口岸"或"条约口岸"。

"约开口岸"设立后，列强在通商时，不愿缴纳双重关税，连"值百抽五"减半后的子口税也不愿缴纳，欲借条约规定强迫中国持极低的一次性关税。并在口岸设立租界，设立"工部局"，摆脱中国政府的行政管辖，严重地侵犯了中国的主权。同时，这种不对等的通商贸易，也沉重地打击了中国的民族经济。清末著名思想家郑观应有感于此，曾痛心疾首地写道："今中国虽与欧洲各国立约通商，开埠互市，然只见彼邦商船源源而来。今日开海上某埠头，明天开内地某口岸。一国争，诸国蜂从。演七省，浸成洋商世界；沿江五省，又任洋舶纵横。独惜中国政附未能惠工恤商，而商民鲜有能自置轮船，广运货物，驶赴外洋，与之交易者。或转托洋商寄贩货物，而路隔数万里，易受欺蒙，难期获利。"

就是在此种情况下，帝国主义列强还不断地强迫清政府开放更多的口岸。面对帝国主义列强的威逼利诱，眼见洋商洋货不断涌入，民族经济倍受冲击，列强船舰横冲直撞，租界地面为列强控制，主权丧失，许多具有爱国心的人无不痛心疾首，纷纷谋思富国强兵之策。经过近二十多年的反复辩论，一批具有先进思想的爱国知识分子提出了"自开商埠"的主张。著名思想家陈炽写了《大兴商埠说》一文，明确提出了开埠主张："凡轮舟铁路电报所通之地及中国地产矿金工艺所萃之区，一律由官提款，购买民田，自辟市埠。"他认为，自开商埠可以有效抵御外国列强的入侵，起到护商惠民的作用，"使皆由中国自辟商埠，则此疆彼界虽欲尺寸侵越而不能。今通商之地日益多，占地之谋日益甚，非自辟市以清其限制，则官司隔膜无可稽查。……大兴商埠，则商贾通而民不为病，厘捐撤而国不患民贫。"

1894年，中日甲午战争的失败，更强烈刺激了国人的民族主义情绪，清政府中的一些士大夫也开始不断地反省思考。日本之所以强盛，乃自明治维新后，自主开放全国所有口岸，积极学习欧洲各国先进经验。中国要富强，应远学欧洲，近学日本。同时，面对中日《马关条约》规定的中国赔偿日本军费2.5亿白银的巨额赔款，年财政收入才7500万两的清政府一筹莫展。似此，也只有"自开商埠"，增加税收，才能解燃眉之急。

1898年4月，总理衙门奏请开岳州、三都澳、秦皇岛为通商口岸。当时，正值"戊戌变法"的百日维新阶段，"自开商埠"作为一种变法维新的措施获得批准。8月10日，清廷颁布上谕，宣布"广开口岸"，谕旨曰："谕军机大臣等：欧洲通例，凡通商口岸，各国均不得侵占。现当海禁洞开，强邻环伺，欲图商务流通，隐杜觊觎，惟有广开口岸之一法。三月间，业经准如总理各国事务衙门王大臣奏，将湖南岳州、福建三都澳、直隶秦皇岛开作口岸。嗣据该衙门议复中允黄思永条陈，谓各省察看地方情形，广设口岸，现在尚无成议。著沿江沿边各将军督抚迅速就各省地方悉心筹度，如有形势扼要商贾辐辏之区，可以推广口岸拓展商埠者，即行咨商总理衙门办理。惟须详定节目，不准划作租界，以均利益而保事权。该将军督抚等筹定办法，即著迅速具奏。"由此，岳州作为"自开商埠"的首批口岸之一，获得朝廷批准。

何谓"自开商埠"？1899年4月，总理衙门"自开商埠办法"咨文曰："自开商埠，与约开通商口岸不同，其自主权仍存未分。"现代学者杨天宏对"自开商埠"下了三个基本要素：必须是从事商业贸易活动的口岸或市镇；必须是中国政府宣布主动开放的，所有中外商贾，均可在此做生意；包括课税在内的一切行政权，概归中国政府行使。

开放原因

岳州，位于湖南省北部，滨洞庭，临长江。在古代尚无铁路、公路等现代交通的状况下，成为三湘四水货物通衢集散之地，是湖南省唯一通江达海的贸易口岸，也是长江中游的重要转口口岸，交通地位与战略地位十分重要，因此受到西方列强的觊觎。最早觊觎岳州的是日本。1873年日本人就曾到岳州和长沙考察，并拟订了开发湖南的报告书，但日本在甲午战争后提出的湖南开放口岸是湘潭而不是岳州。真正最早提出将岳州作为"贸易居留地"设想的是德国。1877年德国在与清政府进行修约谈判时提出此要求，遭清政府"拒绝"。

1899年底，清政府为向日本支付赔款，向英国借款。英国同意贷款1200万英镑，但提出附加条件要求中国开放湘潭、大连、南宁三埠为通商口岸。清政府明知英国人此要求包藏祸心，欲将湖南纳入英国在长江流域的势力范围。此前，英国也强迫清政府将长江上游的重庆、宜昌、沙市开为通商口岸，中游的汉口、九江也开放为通商口岸。而湖南，作为一个内陆大省，也是中国较为富庶的粮棉之仓，一直未被染指。在近代中国，湖南人素以排外出名，一名美国传教士曾这样写道："湖南之对于中国，正如拉萨之对于西藏一样，多年以来，它是大陆腹地中一座紧闭的城堡。……所以在中国其他省份向传教士和商人开放很久以后，湖南人继续吹嘘没有一个外国人进入他们的省境。"

而列强们欲将湘潭辟为通商口岸的理由：一是湘潭位于湖南腹地，清初就是湖南省商业最发达的城市。容闳曾在《西学东渐记》中提到："湘潭亦中国内地商埠之巨者，见外国运来货物，至广东上岸后，必先集湘潭，由湘潭分运至内地，又非独进口货为然；中国丝茶之运往外国者，必先在湘潭装箱，然后再运广东放洋，以故湘潭及广州间，商务异常繁盛。"二是以当时湖南城市比较，省会长沙"城内居民不下六万家"，湘潭"相传烟村十万家"，常德"城厢居民约有三四万家"，而岳阳"居民不过万八千口"，可见，湘潭当时无论在人口与商业贸易上均超过长沙成为湖南最大的城市。因其距广州通商口岸近，人口多商业市场也大，故湘潭成为英国要求湖南开放通商口岸的首选之地。

但英国人的这一要求遭到湘省官商绅民的一致反对，尤以湘潭硕儒王先谦、王闿运等坚执不允。加上湖南当时正发生周汉等人反洋教事件，湖南地方当局更怕再因通商事由，激起更大民变。湖南巡抚陈宝箴便借口湘绅意见，上书总理衙门，不同意开放湘潭口岸。清政府左右为难，不开湘潭，可能导致借款之事节外生枝；而置湘省民意于不顾，强开湘潭，如引发事变，不好收场。权衡利弊，只能好言劝湘省以大局为重。

经反复权衡，在湖广总督张之洞授意下，陈宝箴致电总督衙门，请以岳州交换湘潭，作为变通，以舍岳州，保湘潭。总署派代表与英人相商，英使以"请总署重申赫德留任总税务司，以后仍用英人，并须正式照复长江不让他国开岳州口岸"。中英两国政府出于政治需要，以岳州开埠代替湘潭，英国也未极力反对，因为岳州贸易地位虽不及湘潭，但却有一定的地理优势。为此曾任岳州关第一任海关税务司的马士说："岳州是湖南的门户，该埠商业不甚发达，但是湖南十分之九的贸易商品都要经由该埠出入。湘潭位于湖南心脏地带，是一个大的商业中心，但在冬季却每因水道干涸而难以进出。以岳代湘的折衷办法，尽管并没有让双方真正满意，但双方均能接受：对于外国人来说，它因提供了一个理想的水上通道而被认可；对于中国人来说，至少在一段时间内，它扼制了近在咫尺的外国入侵者，因而也可以接受。"

1898年3月24日，总理衙门正式上奏朝廷，请将岳州开为商埠。奏称："查湖南岳州府地方，滨临大江，兵商各船往来甚便，将来粤汉铁路既通，广东香港百货皆可由此口运出，实为湘鄂交界第一要埠。此来湖南风气渐开，该处又与湖北毗连，洋人为所习见，若作通商口岸，揆之地势人情，均称便利。"

5月，沙市湘川旅客滋事，焚烧海关、招商局趸船及日领事馆邮局。英、日借机要求早开岳州，作为解决"沙案"条件之一。尤其是日本，借口沙市日领事馆失火事件，要求在岳州等几个口岸设立日本"专管租界"，遭中国政府拒绝。这在客观上又促使清政府加快了开放岳州的决心。

开埠的经过

清政府决定岳州作为"自开商埠"口岸后，具体事宜便由新任湖南巡抚俞廉三操办。因是首次"自开商埠"，且无经验与实例可循，俞与湖广总督张之洞反复磋商后，决定派人赴江、浙咨询访问两省通商章程。后又委派湖南候补道张鸿顺、大挑知县胡扬祖等赴上海、宁波考察访问。同时又命岳州知府英文率同巴陵知县周至德查勘基地。

当时，岳州地方官提出将商埠设在岳州府北门外旧漕仓一带，即今九华山3517工厂区内外。但因此处湖岸有礁石，不宜停靠大型船舶，且北门外系坟地，不便行舟设关。张之洞也嫌北门外地域狭窄，不利发展，遂改至距府城15里外之城陵矶。张之洞把自己将商埠设城陵矶的想法透露给俞廉三："从来设埠通商之地，必须离城较远，城陵矶设埠，其利有三；一距城远则不能扰我政治，地方事免彼干预，盗匪痞徒不致借洋场为捕逃薮，致难缉拿。二通商后城外必立营垒，修炮台，埠远则可自主防御攻击，一切惟我欲为。近则华洋杂糅，多所牵制，不变设施，如武昌汉口即受此弊，无可救药。岳州为湖南门户，岂可不守。三距城远，地宽价贱，将来商埠繁盛，地价大涨，或官购民购商购，均有利益可图。"可见，张之洞在岳州埠址的选择上主要考虑的是政治因素，这在当时来讲是减少了麻烦，但以后产生的负作用却是他始料未及的。岳州地方官按张之洞、俞廉三之令，选择城陵矶作为商埠基址，并绘制详图咨送北京总理衙门。接着，又"按照时值，参稽原契，酌定价值，公平收买"商埠所占民间田园庐舍，并计划逐次修建石堤，铺筑马路，营造楼房，建立货栈，设立关署，添募巡捕等，计算约需银三十万两，奏请朝廷"饬部先行拨款二十五万两，迅速解湘，以济急需"。

朝廷研究决定由户部指拨湖北铁路官款十万两，臬幕任麟存典五万两，合计十五万两，以作开办之用。但因湖北方面抵制，且任麟款也多有纠葛，实际并未到账。因此，岳州商埠之建设，只好因陋就简，其驳岸工程等零星建设，时越五年尚未完全竣工。

经一年半的紧张筹划，基本准备就绪。1899年11月1日，地方官豫章、蔡乃煌、张鸿顺、翟秉枢以及税务司美国人马士举行会议，提出开埠章程二十五条，对开埠事宜作出明确规定，决定于11月13日正式开关。

海关设城陵矶靠近三江口处。经朝廷批准，海关一切文移单照等件，仍暂用"湖南分守岳常澧道"关防，兼管岳州关务。商埠则紧靠海关，分为三段："自红山头起，到刘公庙止，为北段；自刘公庙起，至华民保障区止，为中段；以月蟾洲为南段。"由岳州海关监督与税务司共同拟定的《岳州城陵矶租地章程》亦于同日公布。共10款，内容包括确定商埠界址、划分地基等级及地价、洋商租地手续、租地数量限制、租契年限、商埠管理权等。其中规定，租地年限"续租之后三十年，连前三十年，合共六十年，限满将租契注销，产业归中国"。

关房建设则由税务司负责承造，具体建筑物有洋关公事房、税务司公馆、理船厅公馆、验货人及扦子手住所、洋关验货码头及验货座船等。关房设计由英国在上海的一家打样间设计。施工时由英国工程师指挥，水泥等建筑材料都由国外运来，砖则采用当地传统的火砖。所需建造经费共计四万两，由湖南地方当局分四次拨付。但考虑到关房修建将耗时数年，故决定暂以原厘金卡官房略加修葺，临时充作办公地点。关房最后完工约在1902年初，分上、中、下三座关房，岳阳人俗称上、中、下洋关，分别建在三座小山包上。其中，上洋关为税务司住所，中洋关为办公场所，下洋关为验货缴税场所，以中洋关离江最近。建筑立面为英国新文艺复兴时期的风格，外廊和窗饰为拱券造型，外廊内的墙面设有罗马式落地窗，属于中国中晚期外廊样式，是中国近代建筑多所采用的样式。因各种原因，中洋关与下洋关在20世纪末被拆除，现仅余上洋关。当年1月，代理岳州关税务司三等帮办韩森在呈报关务时写道："查本关房建造完成，奂轮奂美，舟楫一新，四方乡民来观者，络绎不绝。虽其规模宏敞，不逮申江，幸喜坐落高阜，滨临大江，进出口船了如指掌，诚一绝妙码头也。"

岳州关决定设立后，选择谁来担任第一任税务司却让身在北京的总税务司赫德犯难。如选择一位英国人，可能会遭到排外反英的湖南绅民反对，遂决定选择一位非英国籍人士担任。原拟选调沙市关税务司法国人聂务满充任，但因沙市发生烧客轮、砸海关、毁邮局的排外事件，聂务满不愿到排外更甚的湖南来。故赫德只好选调正准备去汉口任税务司，毕业于哈佛大学的美国人马士来充任岳州关首任税务司。

一切就绪，按照朝廷规定的日期，1899年11月13日正式开埠。关于开关仪式有关文献曾作了记述：当天是个晴朗的日子，冬日的暖阳，照得大地暖融融的。在修葺一新的城陵矶原厘金卡官房（今城陵矶卫生院）前的大坪上，举行了隆重的开关仪式。因是中国政府自主开放的口岸，因此仪式按中式程序举行。上午九时左右，当马士的坐椅被安置到关署大院时，岳常澧道道台张鸿顺匍伏在祭坛面前，焚香烧纸，祷告神明。此时，海关的旗帜冉冉升起，并用铳鸣放了三响礼炮。接着，张鸿顺站在关署大门前宣布开关。一位传话人随即吆喝将海关之门打开，象征着岳州关正式开放。同时，由六位姓奇、陶、曹、柴、金、包恰好凑成一句六字韵语的人出场表演，祈祷招财进宝。随后，马士的海关税务司大印拆封，其就职仪式完毕。当时，参加仪式的还有岳州府、巴陵县地方官员。因当时城陵矶一半地方属临湘县管辖，该县地方官也出席了仪式。围观的百姓更是人山人海。

开关之后，"所有验货征税，均按照关章办理，并由关道照会驻汉口各国领事，转饬商民知照"。并先后在城陵矶、岳州城西门、观音洲三处设置分卡，征收税款。海关巡江事务处还配有蒸汽巡艇三艘，负责上至宜昌、下至汉口航线之勘测以及航标的设置。原驻常德的岳常澧道也正式移驻岳州，兼领岳州关监督。

城陵矶镇原属巴陵、临湘两县分界管辖，为适应开埠和设关需要，清政府将临湘县界划至城陵矶以北。并在城陵矶设立华民保障区，修建分界围墙，建造一城门，门前竖立"海关界碑"。张鸿顺还在城墙上书写了一副对联："城陵踞全楚上游，来百工，柔远人，互市通商开重镇；洞庭为三湘巨浸，东长江，南衡岳，关阑锁钥束中流。"

意义与影响

岳州、三都澳、秦皇岛三埠的开放，是晚清中国自开商埠的先例。尤其是岳州开埠，具有重大的历史意义，影响深远。

一是维护了国家的主权。岳州开埠前，帝国主义列强用武力强迫清政府开放了40处通商口岸，他们在这些口岸上设租界，建码头、仓库、街道，享有领事裁判权。这些口岸由帝国主义自行管理，俨然国中之国，中国政府无权过问，严重侵犯了中国的主权。为杜绝列强以通商为名，强迫中国以条约形式开放口岸，设立租界，中国政府毅然推行自主开放政策，依"欧洲通例，凡通商口岸，各国均不得侵占"，从而避免了列强的威逼利诱与巧取豪夺。岳州等三埠开放以后，至民国期间，中国又先后开放了36处通商口岸，全部是"自开商埠"，主权在我，并取代条约口岸，成为中国对外开放，从事通商贸易的主要形式。

二是为以后其他"自开商埠"提供了借鉴。岳州开埠前，中国还没有管理商埠海关的经验，为此湖南地方政府曾派官员前往宁波、上海等条约口岸咨询有关海关章程。自订了以自主为准则的各项章程，出笼较早，也较为完备，且更具灵活性与操作性，为以后开放的各"自开商埠"所效法。全国各"自开商埠"口岸与我省以后开放的长沙、常德、湘潭等口岸都借鉴了岳州海关章程制订的经验与内容。

三是促进了岳阳近代城市功能的转变。开埠之前，岳州一直是以政治军事为主要功能的城市。开埠后，随着近代商业经济的发展，城市经济功能突出，开始了以向经济功能为主的近代城市转型。首先是对外贸易的发展，使岳阳成为湖南对外贸易的主要口岸。开埠后，岳阳的对外贸易迅速发展扩大。民国初年，湖南省公署曾对岳州进出口货物种类、数量及价值作了一次详尽的调查。当时岳州的进口商品种类多达177种，品种之多，几乎当时岳州社会所需的各种物品及材料，都成了进口的商品。其中不仅有生活资料，而且有生产资料；不仅有用于生产的原材料，而且有从事生产加工用的机器设备及其他仪器。这些都表明，岳州的近代化生产事业已经起步，居民的生活也开始出现"西化"特征。其次，加强了岳州与长江沿线各城市的联系，使岳州真正成为长江沿线的重要中转口岸。再次，开埠之前，岳州的商业主要是传统农业社会以自然为主的商品交换。商业经营形式也是传统的前店后坊，自产自销，工商兼营的传统工商业。开埠之后，岳州开始出现近代商业资本家和新式商业经营方式，以从洋行进货，采用经销、代销、包销形式为主。同时，先后有24家外国洋行进驻岳州。收购土货，推销洋货，使传统的带有封建小生产性质的商业与资本主义的生产方式相联系，逐渐被纳入资本主义与世界性的商业与市场网络。

四是为国家增收了巨额税收。岳州开埠后，各国商船接踵而来，出入商埠的有英、美、日、俄、法、意、荷兰、丹麦、挪威等国及我国沪、汉各埠的轮船。每年少则千艘，多则万艘。从1900年至1933年，进出岳州商埠的大小轮船总计184796只，5524万余吨位。同时，帆船贸易也相当兴旺，每年也在万艘以上。航运贸易的发展，繁荣了岳州市场。从1900年至1939年，经过岳州海关的贸易总值为44629亿元，其中进口10981.8亿多元，出口33647.4亿多元，占全省海关贸易总值的25.41%。课税项目十种，税收总额532万多关平两。

五是促进了岳阳城市社会结构的转变。开埠前，岳州一直是个传统的农业社会城市，居民以商人与小生产者为主。城市基础设施的建设也是沿袭了千年的传统结构。开埠后，随着轮船的通航，码头的设立，及随后粤汉铁路的建成，近代工业逐渐形成，无产阶级的工人逐渐诞生，并逐渐向近代工业城市过渡，城市基础设施也逐渐向近代转变。一些新的交通工具、道路乃至西式建筑，及近代科学文明，如教会学校、医院、邮局、电报局、电灯、电话逐渐出现，人们的生活方式也发生转变。

岳州开埠作为近代中国自开商埠的典型范例，虽然具有一定的历史意义，但由于政治经济及社会各方面的原因，并未像设计者所预想的那样，发挥出它应有的功能。也就是说并未给岳州带来本应像其他口岸那样的巨大变化。其原因是：

受地理环境影响。本来商埠的选址应靠近城区，因城区人口多，商贸活动多，故发展的空间大。但岳州城因四面环水，呈狭长的扁担形，地域有限。加之洞庭湖每年仅四个月水大，其余时间水小河道易涸，大轮船无法停靠。张之洞因嫌北门地域狭窄，不利发展，将商埠地址选择于离城15里之城陵矶。而城陵矶仅是来往船舶经过停靠加煤加水的码头，且人口少，商场少，并非理想的商埠口岸。正如后来的湖南巡抚端方在奏陈岳州开埠情形时曾分析的那样：岳州"地处下游，于湘省全境，仍隔重湖，土货贸迁，无甚关系；又夙为经过孔道，并非商货聚集之场。故开办多年来，洋商不乐侨居，关税亦从未畅旺。"且长沙、常德开埠后，湘东、湘中、湘南、湘西的所有货物，都汇集于此两处。而下游的汉口，又垄断了大部分湘省的对外贸易。岳州关仅为报关通过的场所与转运口岸，成为汉口海关的附属口岸，而不是必要的商品集散地，因此发展也就受到限制。

受国内政治军事环境的影响。由于岳州地处南北要冲，为湘省门户，自古为兵家必争之地。民国初期，自1913年至1926年，南北军阀先后七次争夺岳州，战火的蹂躏，严重影响了岳州的商业贸易与城市建设。1920年，粤汉铁路通车后，大批货物改由铁路南北运输，仅有少量仍经水路。如此，也使岳州关的地位下降。岳州关设城陵矶，原是出于政治的考虑。张之洞认为，远离府城，可以避免华洋杂处所带来的政治纠纷与麻烦。而城陵矶与岳州城相隔15里，且当时尚未有大堤相连，来往全靠舟楫，诸多不便。因此，"洋商不乐侨居"。而像武昌、汉口等沿江商埠，因靠近城区、洋商乐于在此侨居，建港口码头仓库、公馆、医院、学校、街道，进而带动了当地的城市建设。而城陵矶则由于洋商不来，因此，几十年后依然只是一弹丸小镇，连带岳阳城市建设也发展缓慢，错过了本应有所发展的大好机会。

厘金裁撤造成的影响。岳州开关前，进出口货物入湘，须多经一重厘卡。岳州厘金仅征半数，而运费较省，故能支撑岳州的商务活动。20世纪20年代末，厘金裁撤后，代以产销税，岳州"半税"之例因此取消。于是商人大都转向湖北，经济重心逐渐转移。加之岳州本地物产不丰，外贸出口商品不过70余种，主要出口商品仅为28种，且多为土产，全靠转运外来商贸。铁路开通，航运渐废，因此失去了商埠机能，今非昔比。这种状况一直持续至今，也是城陵矶港外贸交易一直不能畅旺的原因之一。

综上所述，岳州开埠，是我国近代史上的一件大事，其开埠经过，以及其对中国对外贸易、对岳阳近代城市的转变都有重大的历史意义与影响，值得我们去认真研究。

岳阳城区环卫旧事琐忆

刘衍清

"抡五尺扫帚，

十里长街抒豪情。

摇一串铜铃，

小巷深处飞笑声"……

半个世纪来，很多人把这首歌颂清洁工人的诗歌作者冠在我的头上，其实这是以《辣妹子》歌词享誉歌坛的常德籍著名诗人佘致迪（1942—2019）所作，大约发表于20世纪70年代初的《湘江文艺》。之所以张冠李戴，大抵是因为从20世纪60年代底到70年代底，我在环卫部门与扫帚和铜铃打过整整十年交道，业余时间又喜欢为清洁工人立言，写过不少与扫帚铜铃相关的诗歌，而且登过《人民日报》，还被央视名嘴赵忠祥用他浑厚的声音在电视文艺晚会念过一首《别了，扫帚》的抒情诗。因此佘致迪的那首"响一串铜铃，小巷深处飞笑声"的诗作就被误以为我的作品了。

其实，当时虽然我写清洁工的诗歌数量很多，但没有一首达到佘致迪那样高的水平，不然早就提前好几年把我这位"扫帚诗人"前面的"扫帚"两字拿掉，变为专业文化人了。

我是1968年11月到岳阳县城关镇环境卫生管理所上班的，那时岳阳还未建市，岳阳县城关镇基本就是现在的老城区。铁路以东的东茅岭五里牌尚属郊外，环卫所负责垃圾清运和街道清扫的范围北到岳阳一中大门外，东到上观音阁（现三角大楼上坡处），西到洞庭湖边，南到小港粮库家属区。我所在的垃圾清运队以南正街为界，分为城南和城北两个班，全城按垃圾处理量划分为6个路段，责任到人。每个路段安排一个人一部人力板车。城南城北各有一名年龄较大的老工人当班长。城北班长叫张运生，沅江人。城南班长叫陈春生，原籍湘潭，住乾明寺印山巷。两个班长不脱产，专门负责顶班。队长（那时也叫排）脱产，名叫胡紫昌，岳阳县龙湾兰桥胡家人，人称紫爹。清扫队（排）专门管大街清扫，有三四十号人，队长叫方月英，原是韩家湾居委会主任。

当时岳阳城的垃圾全靠十几部人力板车清运，按每人每天清运垃圾2吨计算，12人每天承担全城24吨生活垃圾的清运。刚参加工作那年我应该是最年轻的清洁工，18岁，"老三届"初中毕业生。第一天上班经验不足，下坡时没有及时放车刹（伸在板车下面的木条），板车失去平衡，直往下冲，幸亏坡度不长，板车慢慢刹住，才避免了事故。由于负责清运的地段有时要调整，因而逐渐熟悉了老城区的大多数大街小巷。我先后在岳阳楼、洞庭路、桃花井、翰林街、鱼巷子、茶巷子、观音阁、竹荫街、先锋路、吕仙亭、鄢家冲、梅溪桥、芋头田一带清运垃圾。那时没有垃圾处理场，又没有机械车辆，收集的垃圾一般就近倾倒，如城北的垃圾大都由街河口拉到南岳坡河坡填码头，也有由翰林街拉到城北办事处侧边的汴河园供菜农沤肥料。城南班的垃圾也有就近拉到南岳坡的，但大部分经梅溪桥洞口拉到太子庙南井村的堆场，菜农用筛子把煤灰一类的细渣滓筛出来作肥料。那时物资匮乏，人们的生活普遍贫穷，因此每辆垃圾车一到，便有三三两两捡破烂的男孩女孩提着篮子围了上来，扒的扒没有燃烧干净的煤渣，捡的捡破布巾废纸壳，使人想到《红灯记》中"提篮小孩拾煤渣……穷人的孩子早当家"的歌词。

清洁工中也有搞废物回收的，如我在洞庭路"洞庭春"餐馆的灶坑扒煤灰时也把没有燃尽的煤粒捡回家。班里的同事任少煌更是物尽其用，多多益善了。任师傅住乾明寺玉清观巷，父亲早亡，与寡母相依为命，他迟我几年到环卫所，工作积极，也很节俭，倒在车内的垃圾总是先由他过目，凡是有丁点儿价值的破烂便捡出来放在袋子里，一点一滴积累。那段时间，把与出工以外的劳务称为"资本主义尾巴"，他挂在车上的袋子作为"尾巴"割过几次。但"尾巴"割了又长，我行我素。好在任师傅很受居民欢迎，表扬信不断，后来当上了省劳模，市政协委员，但年过三十，就是相不好对象。我离开环卫所后曾经在《工人日报》发表了《谁为清洁工当红娘》的文章，全国各地的求爱信雪片飞来，但老实巴交的任劳模还是在本地找对象成了家。后来了解到，任师傅年仅54岁就因脑溢血猝然去世。还有一位同事周应加，也是一位勤勤恳恳工作的老先进，不幸的是正在壮年的他在学坡垃圾站转运垃圾时，被一辆倒车的汽车不慎挤到墙壁上身亡，已在报社工作的我闻讯后写了一篇《心祭》怀念这位在工作岗位上殉职的老环卫工。

那些年，我的清洁工同事大多任劳任怨，踏实苦干，吃不了苦又爱面子的大都半途当了"逃兵"。如一位家是上海的青年，姓张，不知为何当了环卫工，摇铃挨家挨户收垃圾时总是把草帽压得很低，生怕熟人认出，不久就离开了环卫所。我最钦佩的是老班长张运生、陈春生，当时均已年近半百，但每次为休息的工人顶班，总是把每个人责任地段的垃圾运得干干净净，不留一点尾巴。如我有时下班早一点，垃圾箱还剩些"陈货"，第二天发现老班长把"老底子"掏空了，我又是愧疚又心存感激。还有李开、陈良弼、康四维、徐平泉、何秋生、何梅生、何应求、曹保清、徐荣耀、李德秋等一批20世纪50年代以后陆续从事城市环卫工作的老同事。当时就是我们这些清洁工用肩膀和板车担负着全城的垃圾清运任务，用一身脏换来万人洁。

在环卫所，除了垃圾清运还有街道清扫和粪肥清运。街道清扫是老城区环卫工作中最早的工种，清代到民国时期即有扫街的"清道夫"，但无专门机构和专职人员，大都临时指派。直到20世纪50年代初，即1953年才正式成立了以扫街为专业的岳阳县城关镇环卫所，最初只有7人，清扫范围仅为南正街、竹荫街、塔前街、梅溪桥、先锋路一带主要街道。1960年增至15人，清扫范围增加了街河口、上下鱼巷子、吊桥、洞庭路、油榨岭、乾明寺等大小20多条街巷。由于当时还没有板车，也就没有专门的清运工，一般由清扫工用笭筐撮箕把扫拢来的垃圾就地焚烧，烧不掉的就挑到低洼处填埋。1962年环卫所正式组建清扫队，发展到40多人，实行分组作业，划片包干，实行一扫一保洁，即每天凌晨清扫一次，下午保洁一次。到1968年我加入环卫工人队伍时基本维持这样的格局和作业方式。我的妻子也是一名清扫工,为了帮助身体虚弱的妻子完成清扫任务,我也曾在"残星未落晓风凉,万户沉沉入梦乡"的时节肩扛扫帚上街,帮助妻子打扫路面。而每逢雨雪,无法清扫,妻子所在的清扫班便按所里的统一安排,帮我们清运班推板车。在桃花井上坡地段,我就经常拉着清洁车与妻子一道一前一后爬坡。

　　粪管队专门负责全城的粪肥清运和管理,那时岳阳城区无论是公厕还是私厕都是"旱厕",由掏粪工人把粪便分头集中到太子庙、千亩湖、茅草街、老印山和北门湖边等几处封闭式蓄粪池。那时人粪是主要的肥料来源,农村种田种菜都很需要。为了收取运输和管理成本,环卫所在全城主要出城口设卡,进城挑粪的农民先需到在环卫所开票,然后凭票运粪出城。由于掏粪活又脏又累,城里人不愿干,1974年环卫所一次从乡下和城郊招了40多个"亦工亦农"的合同工,其中既有下乡知青,也有当地农民,我的好几位二中同学居然也由下放的农村"殊途同归",而且是与同为知青的伴侣一同回城当上了清洁工。后来这批合同工当中,有的返乡务农了,有的转为正式工,有的则"人往高处走"了。

　　随着岳阳县改市、地市分设到撤地并市,新城区扩容速度加快,环卫部门的名称也不断变化,由岳阳县城关镇环卫所改为岳阳市环卫处,后又升为岳阳市环卫局。人员则由不足百人发展到2、3千人(其中有部分合同制工人和民办清扫员)。机械设备更是与时俱进,多功能清运清扫机械车辆及各种用途的环卫先进设备数以百计。20世纪60年代中期为配合街道降尘清扫,环卫所曾自制木质洒水车,用于南正街、竹荫街和洞庭路洒水除尘,因劳动强度大,功效低,后停止使用。1975年又用铁皮做成水箱装在板车上洒水,我与冯新发(曾选为共青团湖南省委委员)两人合拉过几个月铁皮洒水车。这种车也因设计缺陷,车杠一提起来水箱就前轻后重,板车往后翘,费力不讨好,也只得作罢。直到1979年我已调离环卫部门后,公安局消防大队才将一台退役消防车卖给环卫处改制为洒水车在城区洒水除尘,以后的洒水车就更先进了。

　　环卫设施的改善使岳阳市市容面貌今非昔比。清扫清运的范围扩大到几百、几千倍了,市容环境卫生的质量不知上了多少级台阶。早在20世纪80年代初，岳阳老城区先锋路居委会有不少居民爱养花爱卫生，我曾以"鲜花盛开的街道"为题在《湖南日报》作了报道。1987年岳老城区南正街首次评为"全省最美一条街"，我又与省市媒体记者一道参与了报道。这些还仅仅发生在老城区。进入20世纪90年代后，岳阳市发展了一大片新城区，街道修到哪里，清洁工的扫帚就扫到了哪里，洒水车、垃圾密封运载车就开到了哪里，全天候保洁工作也做到了哪里。30多年来，岳阳市一举由全国地级市"十佳卫生城市"提升到"国家卫生城市""国家文明城市"……这一顶顶桂冠离不开各级各部门和全市人民的共同努力，也离不开环卫工人洒下的辛勤汗水。

　　环卫所是我走上社会的第一站，在这里我与扫帚与铜铃整整打了十年交道。虽然40多年前我已离开了环卫所，但我常在梦中回到铃声清脆的小巷，眼前浮现居民们熟悉的面孔，耳边也常常响起和同事们一道坐在车杠上休息时开心的笑声。因此我乐意代不怎么玩微信的妻子加入了环卫退休工人的微信群。2020年年底，我到乾明寺街一处老宅看望了99岁的环卫退休工人潘淑华，她是1958年加入环卫队伍的，称得上环卫所的"开山鼻祖"了。那天，进屋就发现卧床不起的潘淑华老人已进入弥留之际，由她曾在环卫所扫大街的二女儿侍候。我曾想等到潘老百岁寿诞时与她的儿女和老街坊们一道为这位百年环卫老人庆贺一番。想不到仅过一旬潘老就仙逝了。2021年元旦到来的前夕，当我顶着冰冷的寒霜，前往青年堤环卫小区送别这位年龄最长的环卫前辈时，思绪又掠过那个"响一串铜铃，小巷深处飞笑声"的年代……

湖滨教会学校创办经过

邓建龙

清末民初，美国基督教复初会牧师海维礼博士来岳阳传教布道，在城区购置地皮，先后创办了福音堂、普济医院、贞信女校、湖滨大学、护士学校、岭南小学和岭东小学，并在临湘县创办了桃湖等5所教会小学，将当时西方先进的科学文化传入岳阳，丰富了岳阳的历史文化内涵，对近现代岳阳科学文化及医疗卫生与教育事业的发展作出了有力的贡献。湖滨学校就是当年他创办的一所集小学、中学、大学、职教于一体的教会学校，为近现代岳阳培育出大批卓有成效的优秀人才。

学校沿革

清光绪二十七年（1901）4月1日，美国基督教牧师海维礼在塔前街创办一小学性质的补习班，按当时中国对学校的称呼，称"求新学堂"。9月，其夫人海光中在乾明寺街创办了贞信女子初级小学。1902年，海维礼将补习班性质的"求新学堂"正式改为小学，并改名叫"盘湖书院"，与当时的金鹗书院、慎修书院等齐名，以尊重岳阳地方习俗。

后因书院所处城区地域狭小，不利发展，1906年，海维礼以廉价购得湖滨黄沙湾一片荒山田地，乃决定将盘湖书院迁往该地，是年即开始紧张的校舍建设工作。1907年，盘湖书院正式迁往湖滨黄沙湾新校址，学校也升级为中学，曰湖滨中学。是年4月15日，海维礼又在黄沙湾创设基督教湖滨支会，又称黄沙湾支会，建有礼拜堂1栋，供教徒与学生做礼拜祈祷。此后数年，校舍陆续修建完毕，至1951年人民政府接管湖滨教会学校时，全校共有大寝室1栋、大教室1栋、理化馆1栋、大礼堂1栋、食堂1栋、电机房1栋、教职员住宅12栋、教堂1栋，共19栋西式建筑。

　　1910年，又在湖滨中学的基础上设立大学，学校也改称"湖滨大学"，学制四年，为岳阳近现代史上设立的第一所正规大学，留美物理学和心理学硕士薛世和教授应聘为第一任校长。20年代初，时任校长郭发潜又在湖滨大学增办附属完全中学、完全小学各一班，使学校成为一所集小学、中学、大学于一体的教会学校。

　　1926年8月，受轰轰烈烈的大革命运动冲击，湖滨大学停办，国民党岳阳县党部为培养革命人才，乃在其校址上创办"双十学校"，设高中、初中部。大革命失败后，1928年"双十学校"停办，教会重新恢复办学。此时，美国基督教复初会考虑到原湖滨大学规模不大，且受1926年大革命冲击，原有教师早已星散，乃决定将湘鄂两省几座类似的教会大学合并成立华中大学，校址设武昌。由此，原湖滨大学便只保留了中学部，并改名为湖南私立湖滨学校，仍属美国复初会所有。1930年8月，学校正式向南京国民政府教育部呈请备案，10月教育部正式批准立案。翌年，学校停办高中部，保留初中部，改办高级农业职业专科，又称"湖滨高级农业职业学校"。

　　1938年10月，岳阳沦陷前，学校迁往湘西沅陵，仍设普通初中部、高中农业专科。抗战胜利后，1945年12月，学校从沅陵迁回黄沙湾原址。1948年停办农业专科，恢复高中部，仍改称"湖南私立湖滨中学"。1950年6月，人民政府调查教会学校情况，学校时有教员10人，学生182人，共编办6个班，其中高中部3个班、初中部3个班。抗战前学生人数最多时达345人。1952年学校并入长沙农业学校，至此创办51年的湖滨教会学校正式结束了其历史使命。

办学经过

　　学校创办后直到合并撤销止，一直设有董事会，监督学校的办学及经费的划拨使用。董事会一般由五人组成，且五人必须都是基督教徒，遇有重大决策事项须经董事会研究解决。1950年6月登记的最后一任董事会五名董事分别是：王育，时任湖光农场场长；李指南，时任临湘教会牧师；孟心全，时任中华基督教湖南大会干事；韦卓民，英国伦敦大学法学博士，时任武昌华中大学校长；惠施霖，美国人，美国耶鲁大学毕业生，时任美国复初会会计。

学校创办时设有教导、训育、体育、童军、总务等处机构；新中国成立后仅设教导、总务二处机构，为适应新形势，成立了校务管理委员会，学生、工友均有代表参加。

学校特别注重师资力量的培养与选拔，初期校长一般都由留美学生聘任，后期只要是教会大学毕业即可聘任。如第一任校长为留美物理学和心理学硕士薛世和教授应聘充任。第三任校长即为本校第二届毕业，后留学美国的郭发潜。此外，第一届毕业的张世秀、熊锶玉、熊庆云，第二届毕业的卢惠霖、温远清、郭发潜；第三届毕业的汤湘雨等毕业后都回国在湖滨大学任教，其中的卢惠霖、郭发潜、熊锶玉、汤湘雨均曾留学美国。大学停办后，在湖滨中学任校长时间最长的是刘进先。刘是湖北人，美国教会创办的南京东南大学毕业，自1934年至1952年历任校长达18年之久。

学生来源于当时教会在岳阳、临湘、平江、华容四县设立的教会小学毕业生。每年暑假，由各教会小学校长或老师带到湖滨集中会试，每次大约百余人会试。按考试成绩，挑选其中获第一、二、三名者，免费进入湖滨初中，直至高中毕业为止，助学金则由湖滨大学开创的"会试助学金"拨付，目的是为了激励学生上进，培养人才。次之，则免费一半，或准其学余时间加入学校校办的农村部做些养猪、牧羊、饲养鸡鸭、培植果园、耕种农田、培植良种等工作，获得经济补助，也就是现在的勤工俭学。

第一届会试考取获得免费者是雷震轶、詹先甲，获得助学金的是李康复；第二届会试考取获得免费者是孟心全、李惠谦、吴沉生，获得助学金的是余尚志、李国器；第三届会试考取获得免费者是姚利康、李奇生，获得助学金者是孟来苏、谢康明。每届考生落第者发给毕业证书，下届可以再考。学校讲究教学质量，对老师素质要求很高；就学者则奋发图强，力争品学前茅,学风为之一振,以至各县教会学校学生人数也为之大增。至1950年6月调查统计,学校助学金分为四类:1、奖学金,2、贫寒奖金,3、工读奖金,4、基督徒助学金。

当时,学生家庭的经济状况也可分为四类:地富成分占3.2%、中农成分占71%、贫农成分5.3%、小资产者占20.5%。1950年6月调查统计,学生升学就业状况为:农业职业科学生就业的60%、升学的40%;高中普通科学生就业的30%、升学的70%。

学校的资金来源主要分为两种;一种是美国复初会的拨款,为主要经济来源,新中国成立前每年拨款为13000美元或12000美元;新中国成立后,每年为7200美元。第二种是学生的学杂费、膳宿费,均用熟米计算。如1950年上学期收学杂费熟米145.6石(担),膳宿费382.2石;其中学生每人学杂费为0.8石,膳宿费为每人2.1石。一石按当时计算为120斤。此外,学校还办有附属事业,如果园(设校内)、农民服务处第一处(湖滨冷铺子)、第二处(白鹤垅)。

抗日战争爆发后,1938年10月,湖滨高级农业职业学校迁往湘西沅陵县,学校设县城塘巷8号,宿舍则设在马路巷1号,两地相距约一公里。当时,学校开设了农艺、园艺、畜牧、农家副业等项目。而岳阳湖滨黄沙湾校址,普济医院部分器材等存放校内,岭南小学也短暂迁入办学,一些教会学校、医院的职工、教会信徒、城区商人等数十家共百余人也进入校内避难。1941年12月太平洋战争爆发后,留守学校的四位美国人被日军逮捕送往集中营,避难的中国人也纷纷逃离湖滨学校。驻岳日军则天天乘汽艇、木船前来抢掠,将学校所有的可动产洗劫一空。以后,湖滨学校又成为日军进攻长沙,聚集兵力,贮存给养,诊治伤员的兵站基地。抗战胜利后,当刘进先校长率全校师生乘船从沅陵返回学校时,昔日风景优美的校园,已是满园杂草丛生,满目萧条的断壁残垣。

人才辈出

建校50多年,湖滨教会学校为国家与民族培养了大批出类拔萃的人才,他们之中的许多人曾在各条战线、各个领域成为栋梁之材。

李渠，1892年生，岳阳县毛田乡平嘉墩人。早年毕业于湖滨大学，后入湖南铁路专门学校学习，经同乡彭一湖介绍加入中国同盟会。辛亥革命后，赴武昌徐家棚车站任职员、站长、车务段长等职。1938年，奉国民政府军事委员会国际问题研究所派遣，留汉担任敌后情报工作。多次侦察日军军事运输情报，报送重庆。1941年8月，第二次湘北会战时，赴鄂南、湘北侦察日军集结情况。准备由岳阳赴华容国统区发电报至重庆，不幸在洞庭湖边被驻防伪军拘捕，押送日军宪兵队，自知生还无望，为保守机密，将所着衣被撕成布条，在狱中自缢而死，时年49岁。1946年被国民政府追赠为革命烈士，建坊立碑。

卢惠霖，1900年生，湖北省天门市人。1918年入湖滨大学中学部学习，随后入大学部学习。1925年毕业后赴美国俄亥俄州海德堡大学学习。1927年夏取得哥伦比亚大学硕士学位，第二年获得该校博士学位。1929年回湖滨中学母校任教。1931年再返湖滨中学担任生物学和化学教学。1935年秋入长沙雅礼中学与湘雅医学院任副教授。后在湘雅长期从事生物学、寄生虫学、胚胎学、遗传学等课程教学，先后任生物教研室教授、主任。1956年加入中国民主同盟，后当选为民盟湖南省主委；湖南省人民代表大会代表；第三届、第五届和第六届全国人大代表；1979年当选为湖南省政协副主席。1980年1月80岁时加入中国共产党。

袁浚，1901年生，岳阳县潼溪乡沙南村人。1916年入湖滨中学学习，1922年升入湖滨大学。1924年入南京东吴大学体育科学习。1926年毕业后回湖滨大学任教。1930年赴德国国立体育大学学习。1933年回国后应聘为武汉大学体育系主任，曾辅导陆海空军副总司令兼国民政府武汉行辕主任张学良学习游泳。1937年任湖南大学体育系主任，1944年晋升教授。此后，任四川体育专科学校校长、武汉大学体育系主任、中山大学体育系主任、华南师范学院体育系主任。1965年应邀参加第二届全国运动会与国庆十六周年庆祝大会，并登上天安门城楼受到毛主席与中央领导接见。1966年退休回岳阳定居。1979年当选为政协湖南省第四届委员会委员，政协岳阳市第一届委员会副主席。1989年因病逝世，享年88岁。

桃爹是个有故事的人

沈保玲

父亲从广州军区转业到岳阳后，因工作需要搬过多次家，20世纪70年代中期到八十年代中期，我们一家在东茅岭曾住过十年。

那时我还很小，只记得我家附近有一个粮店，一个煤店，一个肉食水产公司，门前还有一口水塘，一到夏天，哥哥就在水里钻上钻下，不时捞一个大蚌壳或一条小鱼出来。后来，不记得什么时候，那块水塘被填成了平地。

我家在日杂公司里，离得胜大队不远，生产队员们来往经过我家门口时，或者在水塘边洗鞋子洗农具时，经常会跟坐在门边的父亲闲聊几句，而母亲则一天到晚忙个不停，很少有空跟人聊天。

母亲极忙，要带四个孩子，要上班，还要收拾家务，有一点点空闲时间，她还喜欢绣花，她最大的爱好便是打扮我们三姐妹。她买来白棉布，染成五颜六色，精心搭配，给我们做各种式样的带花边的衣服和裙子，还每天换着在我们头上戴上各色绸布花朵。周围有很多孩子，但所有人都能一眼分辨出我们，用他们的话，就是：几个公主站在一群叫花子中间。

生产队的人来来往往，慢慢地，我们就跟一个被喊作桃爹的人熟悉了。

在我们的眼里，60多岁的桃爹是个很老很老的老爷爷，他个子高高的，听说不是本地人，年轻时长得健壮英俊，是个手艺不错的裁缝，有个很漂亮的老婆，给他留下六个儿女后死了，此后桃爹没再做裁缝，也没再娶，只在家种菜，辛苦地将儿女们拉扯大，而且极为溺爱他们。

那时，桃爹的儿女们都已是成年人，也不太管他，有邻居在背后说他活该，"娇子不孝"。他在家里种菜，自己吃，也卖出去一些，他常常给我们家送菜，我们都很感谢他，父母让我们喊他做爷爷，他每次都大声答应着，笑眯眯地。

桃爹来我家很勤，每次总要带些小菜或者野菜，偶尔还提着一些猪肉或者河边捡的鱼，每当这时，我们几兄妹就欢呼雀跃地围着他，他也露出特别满足而骄傲的神情。

桃爹有文化，爱看些历史小说，特别喜欢看才子佳人的故事，我家有不少古代小说和图书，桃爹每次来都要看上个把小时，戴着老花眼镜，对着亮光，念念有词，然后就跟我们说话，絮絮叨叨的。他的眼神很温和，说话也慢条斯理地，他似乎对我们三姐妹格外喜欢。父亲有次对母亲说，桃爹的风度，真不像个农民。现在想起，他像个文艺青年。

一年年过去，哥哥姐姐们长大了，能做事了，我家境况比以前大有改善。周围环境也发生着变化，不记得什么时候，粮店没有了，煤店也没有了，路也比以前好走了。桃爹更老了，仍然经常送菜来。父母多次劝他不要再送东西，但他简直是手上没提东西就不进我家的门。

一次桃爹送来一篮苋菜，因我们才吃了两餐，不想再吃，他一走，母亲就送给楼上的邻居，谁知一转身，桃爹又回来了，原来他的眼镜没拿，他顿了顿，没吭声走了。

从此后，桃爹不太送菜给我们，有时候提些刚上市的新鲜水果，或者他儿子偶尔给他送的一些肉食品。有一天，父亲一个多年不见的老战友来了，家里盛情款待，请桃爹来一起吃饭。熟知父亲情况的老战友听我们叫桃爹"爷爷"，便问母亲："这是你父亲？"母亲没吭声，桃爹看母亲尴尬的样子，忙说："熟人而已，熟人而已。"吃饭时，桃爷情绪不太好，只喝了一小杯酒就走了。

桃爹后来就很少来我家，基本都是我们去邀请才来。他仍然爱看故事书，却不太唠叨了，因为我们都不耐烦听他颠来倒去说的我们早就熟悉的历史传说或者才子佳人故事。于是他看完书就呆坐。有时微笑地看着我们，有时眼睛直直地看着窗外。

桃爹越来越老了，背也驼了，眼睛也没有那么亮了，但他依然很温和，每天种着菜。

不久，我们搬离了东茅岭，离桃爹远了，不方便也没时间经常去找他，他也只应邀来坐过两次。我们住过的东茅岭的房子被拆掉，原址上矗立起了九龙商厦。过去熟悉的单位也都已搬迁。几年过去，我们与桃爹渐渐少了联系。

一次吃饭时，聊到桃爹，父母要我去了解下他的近况。第二天，我带了点鱼肉水果去桃爹家，他的门上一把锁，等了半天不见人。生产队已经大变样，很多地方已经拆迁，很多大楼正在兴建。桃爹的邻居说他出门散步去了。桃爹依旧住着以前的土房，房子后面是一片菜地，菜地后面是无垠的天空，灿烂红云一片。

桃爹的邻居们说，他的儿女都发了大财，成了拆迁的暴发户，也很少管他，他一个人种着点菜，基本是自己养活自己。

又等一会，仍然不见桃爹回来，我便沿着来时的路往回寻，这条马路比我们住在这里的时候已是不能同日而语，又宽阔又平整，旁边几个大商厦，热闹而繁华。在十字路口，忽然见到一个熟悉的身影蹒跚而行，仔细看着，果然是桃爹，他更老更瘦了，背也更驼了，却依然很高大。我忙上前喊了一声爷爷，他认出我来，眼睛一瞬间发亮，极为高兴，抓着我的手不放，眼眶都湿了。我心中难过，陪他回家，帮他做了一餐饭，陪他喝了一杯酒。桃爹似乎醉了，脸色红红的，又开始唠叨起来，讲着杨家将、关羽、程咬金，不知怎的就讲到了他的老婆，居然哭出声来，老泪纵横。他说着老婆的美丽，说着老婆的贤惠，不比图画书上那些小姐们差；说着当年的富家小姐是如何义无反顾地跟着他受苦，自己无以为报，知道她最爱美丽，最爱漂亮衣裳，于是学会做裁缝，尽最大所能地为她多做些漂亮衣服。没想到，她会在生第六个孩子时难产而死。从此，他再也不想为任何人做衣裳。他说当年周围孩子基本都是衣衫不整脏兮兮的，唯有我们三姐妹，是那么的漂亮，打扮得像个富家小姐，让他格外感到亲切。

回家后，我将桃爹的话说给父母听，他们都非常惊讶，唏嘘不已。

过了几天，父母约齐我们三姐妹后，带着礼品，一起去看望桃爹，桃爹那天喝了不少酒，咧着嘴，又哭又笑地，极为兴奋，一反过去温文尔雅的形象。

　　过了两个月，我又陪着母亲专程去看桃爹，却不见了那间简陋的小土屋，几个工人正在地上划线，说是要建楼房，原来这里已经拆迁，桃爹的几个儿子做主签了协议。桃爹，他已经去世一个多月了。

　　伫立良久，我和母亲缓缓转身回家，搬离这里多年，一路都是陌生的面孔，人们行色匆匆，处处高楼林立，一切都不是原来的样子了。

东风广场

梅　实

　　听这个名字，就知道这是"文化大革命"时期的产物。毛主席有一条著名的语录：不是东风压倒西风，就是西风压倒东风。那时候，我们自豪地相信，全世界一定是东风压倒西风的。东风广场也是这个时代留下的杰作。

　　在70年代，东风广场可是非常热闹的地方，经常人山人海。毛主席的最新指示传下来，人们敲锣打鼓，一路高呼着响亮的口号，从市区的弯里角脑拥向东风广场；每年的五一、十一、元旦、春节前夕，为震慑阶级敌人、犯罪分子，总要嘣掉他三两个，而每一次都是在东风广场召开万人大会，公开宣判，然后大卡车拖去毙了。有段时间，岳阳有人发妖风，说岳阳会发大地震，许多市民晚上怕睡家里，就在东风广场搭棚子，摆地铺，这也让东风广场热闹了好一阵子。

　　我第一次到东风广场开大会，是1976年9月18日。毛主席于9月9日逝世，18日在北京天安门广场召开追悼大会，全国各地都设立了分会场，收听中央电台的广播，然后各自举行悼念活动。

　　9月17日，我们接到学校通知，每班挑选3–5名会扎花的女同学到校办公室去，学校要为毛主席扎个大花圈，参加18日的追悼会。我是班里的班长，我们班里共有13位女同学，听到这个消息，她们都争着要去，我按照学校的通知精神，挑了5位，结果，13位女同学都哭了。被挑中的5位，激动得哭，

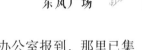

没被挑中的8位，难过得哭。我领着被选中的5位去校办公室报到，那里已集结100多名女同学了，统一听从赵训科老师的指挥。后来听说，因花圈太大，她们一直忙到晚上两点多钟才扎完。

18日一大早，我们就排着队从奇家岭出发，花圈则用卡车装着，在体育班挑了几位精壮小伙子护送。人们从四面八方赶来，一齐拥向东风广场。我们的队伍走到五里牌，前行的速度便越来越慢了，有时候不得不停下来，让别的队伍先过。上午9点钟，我们终于进了广场，这里已是人山人海了，后来官方公布的数字是10万人。广场四周，一个挨一个摆满了花圈，花圈有多少，没人统计，也无法统计，只知道一个比一个高大，一个比一个精致。其中最大的来自三五一七工厂，那花圈的支架，不是用的竹木，而是钢管，整个花圈比两层楼房还高，由20多名小伙子抬着，然后摆在主席台右边最当人眼的地方。

上午10点钟，追悼会开始，我们岳阳主持追悼大会的是时任地委书记的董志文同志，他只说了几句话，就已泣不成声了。台下10来万人中，许多人在抹眼泪，一时间，强忍后的哭声仍然响成一片。那天的太阳又大，温度很高，没多久，"咚"的一声，有人倒下了，"咚咚"，又倒下两个，马上有人抬了，抱上急救车，就往医院送。后来听人说，有几百号人中暑晕倒，汽车拉了一趟又一趟。

还有一件事，现在回想起来，记忆犹新。1985年的元宵节那天，岳阳市政府为了活跃市民文化生活，市直各单位的玩龙舞狮比赛在东风广场举行。上午8点多钟开始，一条条龙狮就争先恐后舞进了广场，看热闹的市民也一个个邀朋结友拖伢带仔地赶了过来。那时，岳阳城里还未禁止燃放烟花爆竹，许多人手里提了鞭炮，你在这里玩龙舞狮，他们就在旁边放鞭喝彩，鞭炮一响，女人们和细伢仔卟得就往一边躲，一时间，激越的锣鼓声、鞭炮的炸裂声，还有妇女儿童的尖叫声此起彼伏，广场里的人越聚越多，岳东路上，黑压压的一路尽是往广场里涌动的人流。广场的主席台上，朗爹和市里几大家的领导看到这种情形，开始焦急起来。这样下去怎么行？弄不好会出人命的。朗爹口中不住地叨念着。他与在场的其他几位领导商量通气后，当即果断决定，取消比赛。并叫来市公安局局长张大尧，集中现场所有警力，做好市民的疏散工作。事后，许多人谈及这件事都有些后怕，一致认为朗爹的决策是英明的。

　　历史进入20世纪的90年代以后，那些动不动就浩浩荡荡的万人大会再也见不到了。东风广场渐渐地被人疏远、抛弃甚至遗忘，广场里长满了杂草。

　　再后来，市政府拨了一笔钱，将东风广场来了一次彻底的改头换面，如今，广场里绿草如茵，佳木葱茏，百花争艳，曲径通幽，成了市民们茶余饭后散步休闲的理想公园。也不完全是公园，每年的春秋两季，这里要分别举办一次农博会，全国各地的土特产，集中到广场，每天要吸引成百上千的人前来看热闹和购物。尤其是最后那一天，许多婆婆老倌就等着这一天，外地商人在撤走前一般都会降价，他们就抢购那便宜货。

　　谁说便宜冒好货呢？这货跟昨天前天的不一样吗！

岳阳城隍庙记事

朱先泽

岳阳城隍庙位于下观音阁与梅溪桥相衔接地段，城隍庙隔壁是王福盛门面。竹荫街恰好止于王福盛门面之前，与下观音阁街、梅溪桥街构成一个丁字形。

我的少年时代，家住岳阳城隍庙隔壁的王福盛老店后院破旧的小平房里，与邻居家是用芦席子隔开的。住房窗户很小，白天都很暗淡。我家租住的这个阴暗潮湿的房子是由一家豆腐作坊改造的，一共住了三户人。抗日战争刚胜利，络绎不绝的难民争先恐后回归岳阳城里，住房很紧张。父亲费了不少工夫才托人租到这间住房。

小学发蒙是在城隍庙前的二保校，一二年级都是在城隍庙的这个简陋的小学度过的，三年级才统一转到岳阳师范附小去，我读小学是在乾明寺街的岳阳师范附小毕业的。

城隍庙前有一块地坪，本是信徒们聚会的地方，正好让我们上体育课，风雨无阻。地坪的右边是一个二十平方米左右的长方形放生池，里面有不少大小乌龟在静静地酣睡或慢慢爬动。再近街上就是学校的两间一左一右的大教室，班里有几个年级的学生混坐在一起，纷杂上课很不容易，但大家都笑眯眯的，因为小朋友多，很热闹很好玩。二保校有四个老师，汪老师教数学课，贾老师教语文课，张老师教音乐美术课，还有一个老师教体育课并组织全校学生做集体操。

阎王殿阴森恐怖，特别是阎王和无常鬼，凶相毕露，张牙舞爪，要生吞活剥人的样子。我不敢多看一眼。无常鬼一手举木牌，一手举大刀，眼睛睁得很大，舌头伸到了下嘴唇外。阎王殿边悬挂一张白布，白布上画得是十八层地狱图，刀劈斧砍剥皮下油锅等各种酷刑，看得我胆战心惊肉跳。我们小孩子怕鬼又好奇想看鬼，三五成群，蹑手蹑脚，互相拉扯进城隍庙里看稀奇古怪，转身就逃跑，心里吓得蹦蹦跳。有一天，住在庙里的中年更夫，突然把他的儿子五花大绑在放生池的木栅栏上，让儿子双脚跪地，没头没脑地用竹棍子一顿乱打。孩子的哭声惊心动魄，场面令人窒息。更夫说儿子偷了他藏在枕头里的一块光洋，是袁大头的。还说儿子偷了一个乌龟，杀死后煮了吃了。"小偷针，大偷金！"庙里主持狠狠地教训了更夫，甚至要更夫滚，不许他在庙里安身了。这个更夫是岳阳东乡老洞洞里走投无路飘泊到此混口饭吃的雇农，又气又急，这才把十二岁的精瘦矮小的儿子当出气筒，一个劲地往死里打，竹棍子像雨点噼里啪啦，劈头盖脑地落在了他儿子的身上。更夫两眼布满了血丝丝，一身酒气冲人，老远就可以闻到。快深秋了，可怜的孩子只穿了一条短裤，身上青红紫绿，在哭喊叫骂，浑身发抖。更夫的儿子只承认偷吃了一个乌龟，死人发火也不承认偷了银元，赌咒发誓，孩子嘶哑地吼叫：打死老子也不承认！这引发了我们围观者的同情，我们齐声吼道：不许打人！不许打人！这孩子的右眉骨上边，有一道伤疤，据说也是更夫发酒疯打的。后来，反倒是庙主持向更夫赔罪，求更夫松绑放孩子，留更夫打更住庙。更夫这才罢休。一身被打得青红紫绿的更夫的孩子，当晚就出走逃跑了，据说是爬火车躲在火车厢里到了汉口，最后被杂技团的人收留了。这个更夫，早年失去了妻子，后来又失去了孩子，在一个雷雨交加的夜晚，喝酒醉死在庙里了。

有一天，师生们发现庙堂里有个大麻袋在动，说是抓了一头猪，统在麻袋里来祭拜菩萨后再拖回去宰杀的。大家好奇，胆大的两个男生解开麻袋上的麻绳，惊吓不小，以为是活鬼。只见披头散发的一个中年妇女被绳捆索绑，口里塞了一头毛巾。后来弄清楚，她也是一个疯子，因为丈夫把残疾女儿偷偷沉塘淹死了。她悲愤过度，一夜就疯了。她拿刀要杀死自己的丈夫。

婆家人这才把她用竹床抬来，道士做法，求神赶走附体鬼魂。三天三夜后，婆家人又用竹床把女疯子抬去了。这让儿时的我好奇。这个女人的命运，我至今惦念着，特别是在我看过电影《白毛女》之后。我常常油然记起这个疯女人无处申诉满腹的冤屈的痛苦与愤怒。特别恨旧社会的神权族权夫权。旧社会缺医少药文盲多，才会这么无知愚昧，闹出荒唐的悲剧。和平解放岳阳的解放军，有一连战士，就住在我们城隍庙前的这两间教室里。他们开地铺，垫的是稻草啊！我们放了假。解放军不拿群众一针一线，特别喜欢孩子，这是我亲眼看到的。特别是指导员让我终生不忘。他两次登门让我父母同意他带我去火车站前坪看歌剧《刘胡兰》；另一次是看《白毛女》黑白影片，这都是部队文工团来慰问军队官兵们的。他几次把我抱起来观看，他身上斜背着驳壳枪，像亲人一样对我关怀备至。

也许我心存特别的感激，很快我就能唱几首《白毛女》中的插曲。

老师还让我上讲台把歌剧《刘胡兰》和《白毛女》的两首歌唱给同学们听，这使我特别自豪。一首是："想要谋害我，瞎了你眼窝。我是淘不尽的水，扑不灭的火。我要报仇我要活！我要报仇我要活！"一首是："数九那个寒天下大雪，天气寒冷心里热。我从那前线转回来，胜利的喜报要传开。鬼子兵来了一个团，被咱包围得牢又牢。四面八方往里打，管教他插翅也难逃。"后来，这些解放军不声不响地，在深夜里转移开走了，据说是打海南岛去了，又说是去湘西剿匪去了。

一想起那个特别喜欢我的指导员，我热泪盈眶，不知他究竟去了哪里？

老街痕迹—茶巷子

袁　渊

　　岳阳有一对双胞胎的老街，一条叫做鱼巷子，另一条则叫做茶巷子。茶巷子位于鱼巷子对面，原属于汴河园和观音阁一带，巴陵人喜欢饮茶，因地理及气候所致，夏季暑热需饮茶，冬季寒冷也饮茶，还有巴陵人喜欢吃辣椒，饭后亦需饮茶，茶叶的需求量日趋增多。各地的茶商均来此地交易，因贩茶叶得名的茶巷子，成于明朝以前，至今已有几百年的历史。

　　茶巷子原叫猪市巷，西通上正街，东通观音阁，长二百六十步，街道铺有青石板路面，两边均为平房。民国的时期，一些经商的人将平房改为两层楼房，用以经商与居住之用。

　　明洪武初期，岳州南门外商业经济逐步兴盛。一些新的街巷逐渐的形成，猪市巷便是其中之一，当时牲猪交易在巷东和汴河园交汇处进行，猪市巷由此而得名。随着城区不断的向南扩展，按功能布局的规划，如北京有一个东四是羊市，与之相对应的西四就建有牛市。岳阳有一个鱼巷子，与之相对应的则是猪市巷。

　　当时，洞庭湖区及湖北运来大批牲猪在猪市巷交易，牲猪运输的方式很有特色。近郊的农民在猪耳上扎个洞用绳索牵来，东乡的农民将猪捆绑用独轮车推来，湖区的篾篓装猪用小船运来。运猪的人往往弄得汗流浃背，口干舌燥，需要喝茶饮水，以解饥渴，当地居民见此商机，便开起了茶馆。

茶馆的兴起，带动了茶叶铺的兴旺，猪市巷出现了许多贩茶叶的店铺。一个开猪市的交易场所，本身就是污垢的地方，猪市为猪屎的谐音，与清香的茶叶不搭配，人们便将猪市巷改名为茶巷子。

最初的茶馆，摆上几张八仙桌子，放上几条长凳子，泡上几壶凉热茶水。送牲猪的人，一口气能喝掉半壶凉茶，喝完给钱走人。

后来，茶馆摆设了躺椅，来茶馆的人大多是本地闲客，来了可坐可躺，可整天泡在茶馆里。为了留住茶客，茶馆请人说书唱曲，最受喜欢的是说书，那一些说书的人口才极好，往往茶客们听得聚精会神之际，说书人的惊堂木猛然一拍，双手一拱曰：今日到此结束，欲知分晓，下回再说。

茶客们兴犹未尽，只好下回又下回再来品茶听书，茶馆的生意也因说书者一路看好。茶馆成为茶客们休闲消遣的最好去处，吞云吐雾地尽情交谈，调侃人生艰难、世态炎凉、时局变幻、男女风情、趣闻异事。

新中国成立初期，有人把茶巷子的一新茶园改为戏院，作为巴陵戏的演出场所，巴陵戏原来在金家岭的岳舞台演出，一直没有固定的演出场所，自此才有了落脚之地。巴陵戏作为岳阳地方戏，具有浓郁的地方特色深受岳阳人喜爱，来茶巷子看戏的人络绎不绝，周围茶铺和茶馆也越开越多，这条巷子也就成为名符其实的茶巷子。

人的命运与社会兴衰同步，是风景中看不厌的风景。20世纪70年代初，洞庭诗社会员但旭昉结束了中医院的劳动回到茶巷子，说起来十分好笑，他下放到中药房里劳动有两个原因，他在诗中写有"望洋兴叹"而受到批判，被扣上一顶"崇洋媚外"的帽子，其次，说他走埋头拉车不抬头看路的白专道路，从而剥夺了他给病人看病的权利，贬到药房里研磨药材。回忆这段往事的时候，老中医感慨地说：读小学的二孙女乖巧懂事，用零花钱买了包香烟，送到中药房给他，他很感动。

但旭昉老先生是一位有名的老中医，为人谦和、医术精湛，原湖南省陈邦柱省长在岳阳工作的时候，慕名老先生的医术，他专程来茶巷子，找老中医看病。

茶巷子十一号是一个制作豆腐的小作坊，堂屋中放一个石磨，一头叫驴子罩上眼睛，天天绕着石磨打转转，老板站在石磨旁，用勺子向磨子口放入浸泡过的黄豆，用磨成粘稠的白浆液制成豆腐，茶巷子的人都吃过这家小作坊的豆腐。

李泽民的家住十三号，他的父亲李阳和是一个泥瓦匠，凭借自己的手艺，他在房前的空地上砌了几间小屋，出租给他人。徐克勤就是他家的一个租客，租住房子的面积大约八个平方米，徐克勤当时在湖南省血吸虫防治所工作，他是广州美术学院的学生，后调入湖南省博物馆当画师，长沙火车站候车大厅挂有一幅《岳麓山之爱晚亭》大型油画，就是出自他之手。这个房子还出租过给戴绪恭一家五口人，他靠摆地摊烤红薯养活一家人，"文革"前，戴绪恭是中国人民大学历史专业的硕士生，改革开放后，他回到了母校华中师范学院工作，1986年，他担任华中师范大学党委书记。

十五号住着雪梅一家，记不清她姓什么，只记得她个子不高，能说会道人勤快，经常把门前的小巷子打扫得干干净净。她的丈夫原来做雁毛的生意，公私合营后，政府不允许私人再做雁毛的生意，她的丈夫改行修藤椅，她病死之后，丈夫搬到上观音阁去了。

朱先泽一家是从梅溪桥王福盛后院搬到十七号来的，一间三十五平方米的房子，他家十二个人全部住在里面，朱家细嗲是一个性格豁达的人，她种了不少花草，很受孩子们喜欢。朱先泽在茶巷子生活了三十多年的时间，他家与表叔余乾初同住在一个屋檐下，表叔的娘是一个小脚女人，小时候，他看过表叔的娘洗过脚，给他留下了深刻的印象。朱先泽现是岳阳市一中的退休教师，八十高龄的他，仍然关心国家大事，经常写点小文章。

还是回到老中医但旭昉的家里来，他和弟弟一家住在一起，老中医一家人住正房，弟弟一家人住偏房。但旭昉老先生微胖怕热，他穿着一件香云纱短袖的衬衫，剃着一个光头，戴着一副眼镜，像一个智者。老中医到了古稀之年，上午还到中医院看门诊，可找他看病的人太多，他只得午休片刻在家给人看病，在家坐诊不收一分钱。细嗲是一个心善的人，她既关心胡嗲又同情看病的人，午休的时候，她怕远道而来的农村人，看病晚了回家不方便，她会恰时地喊：胡嗲，乡里宁作孽，恩难噶看病哦。如果病人没吃午饭，细嗲还会到巴陵面馆端一碗面来。

但旭昉不仅医术高超，而且诗词也写得好，市气象台有一个小伙子乐意帮他打字出书，不知是什么原因，《但旭昉诗词》油印集一直没有印出来。到了八十年代初，岳阳商业大厦的群楼扩建，他家祖辈行医的老房子被征收，相邻的巴陵面馆也殊途同归。遗憾的是，他家搬到学坡后，那块"国医但旭昉诊所"的老匾不知到何处去了。

茶巷子这一条泡在茶水缸里的老街，曾经洋溢着茶馆文化的芬芳魅力，不停闪烁着茶馆文化的人生哲学，早已烟消云散。细细地咀嚼茶巷子，难以下咽的是它满溢着神情和风雅的面容，步入瘦瘦的茶巷子，我们再也看不到那一刻永恒的美丽，找不到茶巷子的市井休闲生活文化。可是，那么多的回忆，那么多的故事，那么多的风貌，那么多的风土人情，都是茶巷子最为珍贵的记忆，我们更应小心翼翼地珍藏才对。

茶街子曲径至此，鱼巷子通幽至此，沧桑至此，古老至此，现在至此，一砖一瓦，一门一窗，一屋一墙，无不令人深思和惆怅。或许我们该试着去记着它们，去想着它们，去亲近它们。

有时间的话，大家去茶巷子走走，对面的鱼巷子已拆掉了，也许茶巷子也会被拆掉，拆掉了就再也看不到了。

难忘的"喂子"声

邓建龙

最近读耿飚回忆录，他童年在常宁水口山铅锌矿当童工时，上下班就靠矿上锅炉房的"喊子"掌握时间，不禁勾起了我的回忆。

二十世纪五六十年代，岳阳钟表还很少，只有南正街上几个较大的商店才有座钟或挂钟，其中百货商店的钟最大，是座高两米的大型座钟，记得我常站在这座钟旁与他比高低。其他小商店与私人店铺根本就没有钟表，至于手表则更是稀罕物，恐怕连当时的县委书记、县长都没有手表。只有少数老板有只挂在胸前的怀表，时不时地掏出来看下时间，然后又塞回口袋。手表是1964年后才逐步时兴起来，但当时最便宜的上海牌手表也要一百多元，以当时人们的低工资要想买块表，至少得攒一两年工资才买得起。因此，当时其他商店掌握时间，一是看这几家大商店，他们开门也跟着开门，他们关门也跟着关门。另一个办法就是根据门前太阳的影子来判断时间，或是用根竹杆插在门前地坪里，根据影子移动来判断时间，完全就是古代"午时三刻"的记时方法。这两种简易的记时方法，晴天出太阳还行，阴雨雪天则根本不行。尤其是对那些远离商店的普通市民与上班族来说，更是行不通。这时来自岳阳火车站（机务段）锅炉房的"喊子"声，便成了这些普通百姓们掌握时间最好最省钱最及时的钟表。

我家住在老印山，离火车站直线距离也就两百多米，对火车站的这种

"喊子"声听得格外清晰。那时父母亲因长期上下班，体内仿佛生成了一种对时间非常敏感的生物钟。每当早晨他们便自然醒来，赶在上班的"喊子"声响之前，生火做饭，当然主要还是吃头天晚上的剩饭，同时喊我起床，他们则去上班。当他们走到工地后，火车站上班的"喊子"也响了，他们便开始一天的工作了，而此时的我则也坐在了教室里。

火车站的"喊子"一般每天响三次，上午8时为上班"喊子"，中午11时半与下午5时半（夏天为6时）为下班"喊子"，天天如此，年年月月如此。直到20世纪60年代末，手表已普及，各厂矿企业都设立了广播站，居民家也大部分安了有线广播，可以收听中央人民广播电台播送的北京时间，这"喊子"声才停止。

有人问我"喊子"是什么？其实就是锅炉房的汽笛声。1784年，英国人瓦特发明了蒸汽机，先后应用到工业交通运输上。工厂则是锅炉房的锅炉烧热后产生的动力传送到车间与矿山的各种机械上，而作为交通运输工具的火车轮船也靠自身的蒸汽机产生动力推动前进。19世纪末，蒸汽机及火车轮船传入中国，传入岳阳应是1920年。是年1月，粤汉铁路武（昌）长（沙）段正式通车运行。当时的岳州车站为二等站，有工作人员及工人200多人。交通部门是特别讲求时效性的，为统一工人们的上下班时间，站便以机务段锅炉房的蒸汽排泄时发出的鸣叫声为准，规定上下班时间。这锅炉房拉响的汽笛声与火车头小容量蒸汽的汽笛声不同，火车头拉响的汽笛声为短促尖锐仿佛撕裂空气般的鸣叫。而锅炉房的蒸汽鸣叫声，则悠扬舒缓轻柔，一般响

抗战胜利后，1947年重建的岳阳火车站

一至两分钟。至于是一长声还是中间停顿一下再叫，已记不清了。而这种汽笛的鸣叫声正如耿飚回忆录中所说，像是"喊——"的声音，故人们将这种"喊"的汽笛声形象地称为"喊子"。

因当时的火车站位于城市的东南方，故这种"喊子"声传播不是太远，仅限于城南这一片，洞庭路以北那一片则听不到。1951年军需工厂（今3517厂）建成后，其电厂锅炉房也开始拉响"喊子"呼唤人们上下班。从此这一南一北的"喊子"也就成为城区人们掌握时间的免费钟表。

耿飚的回忆录是其口述，工作人员整理的，将这种汽笛声形象地称为"喊子"。"喊"在汉语中是一种象声的语气词，表示打招呼的语气。但我认为这种汽笛声更像是"喂"字音。"喊"与"喂"都是打招呼的语气词，但"喊"字音显得生冷并带有命令的语气，如"喊，你快点走啦！"而"喂"字音则显得语气轻柔舒缓更富亲切感，如"喂，老人家塔前街怎么走呀！"所以，我认为这种汽笛声用"喂"字来作象声词更贴切更恰当。因此，每当上下班时间到时，这种"喂子"便适时地响起来，仿佛在招呼人们，"喂，上班了，开始工作了！""喂，下班了，回家吃饭了！"记得初二暑假时，母亲要我去建筑工地当小工挣学费钱。整天挑砖挑灰，一人应付三四个泥瓦工。当时人小体弱，难以胜任。因此特别盼望下班的"喂子"，只要这下班的"喂子"声响起，便两只铁钩一扣，背起扁担便往家或食堂跑，别提有多高兴了。

20世纪60年代末，随着广播喇叭的兴起，手表的逐步普及，人们掌握时间的工具多了，"喂子"也逐步退出了历史舞台。从1920年至1968年，在城区上空响了48年的"喂子"便再也听不到了。只是凡事也有例外，1976年9月18日，城区五万多军民在东风广场集会，隆重举行毛泽东主席的追悼大会。当会议主持领导宣布全场默哀三分钟时，全城各单位的锅炉房、火车站停靠的火车、洞庭湖中的轮船一齐拉响汽笛，向伟大领袖致哀，这时我再次听见火车站那久违的"喂子"声。此后，便再已听不到那种刻骨铭心，伴我们成长，催我们奋进的"喂子"了。但不管怎样，这"喂子"作为一个时代的声音，仍使我难以忘怀。

岳阳楼旁的百年小学

李　斌

　　我的母校岳阳楼小学，像一棵巍巍苍松挺立在洞庭湖畔岳阳楼旁。

　　我清晰地记得：巴陵古城约有一半家庭与这所百年老校有着发蒙启智的文脉关系。我亦如此！我家姐弟三人、父子（女）两代都授业解惑于此！

　　位于洞庭北路有着109年发展史的岳阳楼小学，占地面积1.8万平方米，校内教学楼、艺术楼、科教楼、学生游园和全塑胶田径场十分漂亮。因其文化底蕴深厚、师资力量雄厚，教学水平领先，受到教育部关注，多次派要员前来调研考察。特别是2003年10月2日，胡锦涛总书记在岳阳楼前接见岳阳楼小学师生代表，对该校师生礼仪素质高度赞赏，并佩戴红领巾与她们亲切合影，已成为该校广为流传的故事。

1955—1967年的洞庭路完小大门

今日之岳阳楼小学大门

岳阳楼小学诞生于1912年，最初为教会学校，1916年至1938年叫作第七国民学校，抗日战争中被日寇占为军事禁区，1945年至光复后为岳阳县城关镇中心小学，1949年人民政府接管后先后命名为岳阳县第一完全小学、岳阳县洞庭路完小，1967年"文革"中改名代代红小学，1983年改称岳阳市实验小学，从1998年到如今称为岳阳楼小学。根据档案统计，百年之间先后有20位校长头顶历史风云，胸怀人间忧乐，义无反顾为学校生存发展艰苦跋涉。

我是1960年9月1日发蒙于洞庭路完小一甲班的学生，在这里度过了6年难忘的小学时光。那时的洞庭路完小，远没有今天的校园气派，当年校内地形复杂，有山丘、低坑，操坪、草地，还有"中山公园"遗址。校园里混杂排列的几栋教室都是砖木结构的老平房，又黑又破的教室因年久失修，一遇下雨便到四处漏水，有位郊区来的同学穿蓑衣戴斗笠上课，令全班同学哈哈大笑。我同桌是一位营养不良十分瘦弱的小姑娘，学习很认真但沉默寡言。二年级的夏天，学校为了防止男同学中午私自下湖游泳，要求我们统一在教室里午睡。那天轮到她睡课桌，卧睡在条椅上的我突然感觉有液体流下，原来是她遗尿了。值班老师拿着毛巾赶过来，一边给我抹衣服，一边轻声安慰那位女同学，就像母亲对待自己的儿女一般，毫无怨言。

学校的田径场与3517工厂紧密相连，经常有胆大调皮的同学爬过铁丝网，登上鲁肃坟高地玩耍。在学校东南角还有一处高地，是一座被捣毁的陵墓，有好多花岗岩条石散落其间，据说是当年占领岳阳的日寇为一匹战马所修之墓，它是日本军国主义侵占岳阳的铁证，现在还有许多老岳阳人仍清晰地记得这一难忘的场景。

紧倚校园的北边有一道围墙将天主堂、准提庵与学校隔开，天主堂高大的哥德式尖顶教堂上有一个大铜钟，偶有钟声飘进校园。学校里草木茂盛，书声琅琅，每天中午放学时，近千名读书娃，排着整齐的路队，踏着此起彼伏的歌声各自归家，那是当年洞庭北路上一道独特的风景线。学校红领巾合唱团在岳阳城内非常著名，只有高年级品学兼优的同学才有资格进入这个百人合唱团。那时强调学生要德智体全面发展，尽管物质生活极度匮乏，但人人有理想，个个朝气蓬勃，校园内基本看不到戴近视眼镜的学生。

学校最大的建筑物要属于1958年修建的礼堂，它既是全校师生集会的场所，又是雨雪天的室内操场。紧靠礼堂有一根高高的木杆，上面悬挂着一颗小铜钟，准时拉绳敲钟指挥全校作息时间的是何振华老师，她总是随身带着一个小闹钟，不管风霜雨雪，春夏秋冬，准时站在木杆下拉绳打钟，从无间断，那清脆的钟声一直响到1965年才被电铃所替代。

1963年3月5日，《人民日报》发表了毛主席"向雷锋同志学习"的伟大号召。何老师的先生，那位在家养病的刘作楫教授依据《人民日报》发表的照片一夜之间便将雷锋叔叔的肖像与毛主席的题词采用大幅宣纸临摹下来，张挂在礼堂大门口，供全校师生瞻仰。毛主席那大气磅礴的行草手迹和雷锋叔叔英俊亲切的微笑从此深深地铭刻在我这个小学生的心中。

洞庭路完小的教师是一个由新老知识分子组成的集体，他们视学生为亲人，将讲坛当战场，想尽千方百计让我们学得进、听得懂，考得好，力争每一个学生都品行优秀。记得三年级时，我发现了母亲藏在枕头下的一本小说，书中的人物与故事顿时将我引入了一个全新的世界，于是我就经常偷书看，不论她藏在哪里我都有办法找到，正可谓如饥似渴、废寝忘食，严重影响到了家庭作业的完成。班主任陶贞媛老师及时发现了问题，告诫我要正确处理家庭作业与课外阅读的矛盾，并家访商量对策。开明的妈妈终于把借书证交给我使用，从此培养了我爱读书读好书的习惯。6年级时我又有幸遇上了韩华莹老师，这是一位教学经验丰富的好伯乐！她不但指派我主办班上的黑板报，而且将我的作文经常在全班宣读示范，此举激发了我的写作激情，激励我在车间工作十年后，凭着写作实力终于成为了一名新闻工作者。1966

年我们高小80班共有50多位同学，时至今日除班长等6位同学不幸逝世外，大家一直保持着密切的同窗之谊。年过九旬的韩老师也经常应邀参加我们的活动，老人家身体健朗、头脑清晰，至今都在惦记我们，还经常与我们在同学群里发微信，续写师生情、忘年交的新篇章，50多年一路走来其乐融融的师生情谊也令我们这批七旬弟子感到了人间真情的温暖与幸福。

岳阳楼小学是一块得天独厚的风水宝地，数年前我曾在学校操场上巧遇正在健身散步的何振华、徐惠三等四位老教师，一打听都是高寿之人，于是我在报上发了题为《四个老师三百三》的图文通讯，获得了校友的关注与赞扬。得悉学校将为何振华老师庆祝百岁华诞时，我再次前往母校采拍了这位当年为我们敲钟授课，毕生坚守三尺讲坛，如今桃李满天下的百岁老寿星祝寿活动。

离开母校55年了，经常忆起当年的刘文凤、彭寿华校长，何振华、韩华莹、陶贞媛、罗惠友、方焕民、徐惠三、周玉英、李松寒等这批名师恩师。此生有缘，能够聆听他们的教诲，感受他们的魅力，接受他们的熏陶，感恩母校给我们打好了文化基础，用雷锋精神和道德良知构成了人生价值观，引领我们进入了社会竞争拼搏并保持正确航向不入歧途，当年报名入学洞庭路完小是我终生不悔的人生开端！

2016年6月19日，我们原洞庭路完小1966届高小300多位毕业生在离开母校50年之后，自发地从天南海北聚集到了岳阳楼小学，经历了人生的激流险滩，穿越了时空的万水千山，终于回到了当年发蒙启智的校园。回首往事，感慨万端，在我们短暂平凡的一生中，由于历史的原因很多同学离校后再无机会接受教育，更没有师从专家教授深造的机会，而是生于斯、长于斯、老于斯，但我们可以自豪地说，岳阳楼小学就是我们此生所进过的最完美的校园，那些朴实无华默默无闻的老园丁，就是我们此生所遇到的心灵最善良最美丽的好老师！

百年风云弹指一挥间，岳阳城已经成为了一个近百万人口的现代化都市，每当我从岳阳楼小学经过，总要深情地回望昔日校园，因为那里布满了我的足迹和梦想，因为那里留下了恩师的踪影和期望，百年母校——我将你永铭于心！

螺丝港的变迁

刘衍清

旧传南湖四十八汊，螺丝港就是其中的一道湖汊。螺丝港的"丝"应该是"蛳"，有人说是港里的螺蛳多而得名。也有人认为这条湖汊的形状像个螺蛳，因此称为螺蛳港，只是"蛳"字笔划多，就像南湖三眼桥畔的"螺蛳岛"，也是简写成了螺丝的"丝"，一来笔划少些，二来港湾湖汊的螺蛳容易寄生血吸虫，听起来不怎么舒服。

20世纪50年代，螺丝港一带几乎没有什么人烟，港的东边就是金鹗山，洞庭湖涨水季节，螺丝港的湖水就环绕在金鹗山的西北面。后来南湖与洞庭湖之间建了调控水位的电闸，南湖水位受到控制，南湖渔场在螺丝港修了一道堤，方便人们前往金鹗山，那时城里的学生娃就是从螺丝港上金鹗山摘毛栗、玩游戏。1958年"大跃进"，城关地区大办工业，螺丝港建了一家钢铁厂，后因原材料、销路、技术有问题，钢铁厂下了马。1963年岳阳县月田机械厂迁来城关螺丝港，在钢铁厂基础上办起了铸锅社，后改为金星铸造厂，主要生产鼎锅、平锅、瓮缸，也曾生产农民耕田的犁铧。铸造厂鼎盛时达到300人。1970年巴陵戏剧团演员全都下放企业劳动，团长李筱凤和名角朱岳福被下到铸造厂做铁锅。据说当时有些年轻人瞧不起这两位唱戏的"黑鬼"，总是想挑衅几下。一天，年过半百的朱岳福用两个指头轻轻夹起一根10多米长的钢筋，举过头顶又轻轻放下，令旁观的青工佩服得五体投地，再不敢造次了。

1974年秋，螺丝港的铸造厂在岳阳历史上办了一件值得记载一笔的大事——办烟厂。在此之前的1959年5月，岳阳县工业局供销经理曾办过一个简易手工卷烟厂，生产"岳阳楼""慈氏塔"牌卷烟。1960年因烟草供应中断而关门。1974年秋，又由二轻系统的铸造厂抽调了50多名职工，用30多架自制手工卷烟木盒，组建了一个手工卷烟车间。开始日产卷烟60条，产品供不应求。1975年改手工卷烟为机制卷烟，日产"岳阳楼""君山""花灯""金鸡"等牌号卷烟50–70箱。1975年12月恢复岳阳市（县级市）建制后，铸造厂卷烟车间对外改称岳阳市卷烟厂，并在五里牌征地64亩，准备动工扩建新厂，但由于当时项目争取的力度不够而下马转产，在螺丝港持续4年的卷烟厂于1978年6月正式关门。这一有可能书写工业宏伟篇章的历史机遇与岳阳交臂而失。

继铸造厂之后，岳阳市瓷厂、岳阳市机电公司等市属工业、物资企业也先后落户螺丝港，使昔日偏处荒郊野外的螺丝港逐步有了生气。毗邻螺丝港的金鹗山也开始筹建电视转播台和公园。特别是原建在城内梅溪桥的岳阳拖拉机修配厂也开始利用原钢铁厂的一部分用地加上新征土地，逐步迁建于螺丝港东的金鹗山下，最初更名岳阳冷冻机厂。在德胜南路没有开通之前，螺丝港是人们前往冷冻机厂的必经之路，人气越来越旺。

从20世纪80年代初开始，我与螺丝港的接触逐渐增多，主要是瓷厂的吸引力。岳州窑青瓷是唐代六大名瓷之一，瓷厂在保留日用瓷生产的同时着手发展工艺美术瓷，同时也有意恢复岳州青瓷，并引进了老画家葛觉民和周国防、邓忠廉等一批工艺美术师，也试制了一批青瓷产品。这使"大头鞋踏遍岳阳城"、特别喜欢跑新闻的我也就经常去螺丝港采访。但想不到我还真的与螺丝港有缘，在这里一住就是6年。那是1986年初，我由市城建局办公室调南区（后为岳阳楼区）区委宣传部任新闻专干。当时区委区政府机关大楼刚建不久，我只知道建在螺丝港，但从未去过一次，只是在电话中与宣传部的童开国部长通过电话。上班的第一天我把年丰巷与螺丝港交接处的税务局当成了区委区政府大楼，一上楼才发现找错了门，当时的区机关大楼在螺丝港的东头，要走过一大片荒地。

不久，我搬进了螺丝港的机关宿舍，后来因一楼光线太暗，领导把我安排到螺丝港南头的南区国土局新楼住了一段时间，机关新楼建成后又搬了回来。那时的螺丝港已陆续建了不少房屋，南区法院、检察院、文体局都在螺丝港先后建了办公楼和宿舍，螺丝港只剩下一条狭窄的"龙须沟"。螺丝港的大片水面都退到瓷厂的背后，但仍是南湖渔场的养殖水面。我借住区国土局家属楼二楼时，水涨到楼下。1988年夏天，时任《岳阳晚报》总编梅实还和他的几位钓友来到我家，坐在地坪上钓过一次鱼。

　　20世纪90年代我调去新闻单位当专职记者，也就离开了螺丝港。不久，螺丝港发生了令人想不到的变化。原来坑坑洼洼的螺丝港变成了宽阔的德胜南路，并横跨青年路立交桥。我原来工作过的南区区委、区政府大楼整体拆除后，建起了青年路立交桥北甬道旁的高层住宅楼。铸造厂整体拆掉了，市机电公司也腾了地，成为立交桥的桥基和公共绿地。岳阳曾经的工业明星企业——市瓷厂除了留下职工宿舍，整个厂区成了房地产开发商的"金铸铸"，眨眼变成了"雅典新城"，唯剩下雕塑家周国防先生在厂门口塑的一对狮子。而铸造厂也剩下唯一的一株雪松伫立在美轮美奂的立交桥的绿地，成为螺丝港沧桑岁月的见证者。

夜宿半边街

李　斌

　　2021年初春的一天，常年在厦门定居的老同学李永生回岳后邀我到保利西街（即当年郭亮街、半边街）去帮他寻找当年他家的旧址，在残存的一堵古城墙遗址东边，他止步问我："还记得那年在我家借宿不？"顿时我脑海里出现了当年往事。

　　那是1967年早春二月的一个深夜，寒气逼人。岳阳城里灯光昏暗，两派文攻武卫终日争斗不休的人也进入了梦乡。

　　洞庭马路上，我和他缩紧身子，逆风而行。

　　"永婆，今天玩得太晚了，我娘肯定都睡了，喊不开门怎么搞啊？"永婆是他的小名，是我高小同学，也是我形影不离的好朋友。"莫慌莫慌！要不你就到我家睡去？"

　　说话间，我俩来到半边街口子上，这是一条全长200多米的老街，两米多宽的泥巴路中间铺了一线方便独轮车行走的麻石板，半边街一边是30多户紧靠古城墙搭建的老房子，一边紧临着十多米深的陡坑，坑下全是城郊公社汴河大队专门种植供各种瓜果蔬菜黑油油的菜土。此刻天寒地冻，万籁俱寂，如果从未来过这里的人，黑灯瞎火地真有"盲人骑瞎马，夜半临深池"的危险。没有办法，我只好跟着他，深一脚浅一脚，慢慢地踩着麻石板路，来到位于街中段的李永生家门口，看起来屋里人都睡着了。他不知拿了个什么东

半边街已无踪影，只留下了这一截古城墙的残迹在证实这里就是当年的半边街

西，轻轻地一拨，木门栓就打开了，他牵着我，蹑手蹑脚进了门，没开灯，更没洗脸洗脚，找了一个好像床的位置，反正看不清楚，把外衣一脱就挤了进去，随着身子暖和些了，慢慢地进入了梦乡。

天亮了，有光线从木板缝里透射了进来，使我能够有机会打量这间木板屋。他睡得很香很甜，身上盖的不知道是一些什么东西，天气很冷，石板路上偶尔有一两位行人的咳嗽和脚步声从外边传入。啊！这里是半边街，我顿时清醒过来。

木板屋看来很破旧了，没有天花板，一块亮瓦才是光源之处。

怎么到处都是一堆堆的衣物被絮毯子啊？怎么屋里不时从各个角落传来叽叽喳喳的打闹声啊？怎么这个屋里有这么多的人啊？

由于是第一次在人家屋里，又是三更半夜偷偷进屋的，所以我不敢声张，又伴着永生，把棉被拉拉，盖住了脸，不过我听出来了，这都是小孩睡醒了赖床打闹嬉戏的声响。此起彼伏，就像睡在一个拥挤嘈杂的鸟巢里一般，有人进来了："太阳晒屁股，你们这些懒虫，还不起来呀……"听声音，非常亲切悦耳动听，应当是他母亲殷娭毑，我不好意思打招呼，只得悄悄地推醒了他，并从被缝里偷偷瞅着殷娭毑的举动，不知该怎么办。

殷娭毑一边喊，一边在黑屋子里掀被窝，1、2、3、4、5、6、7，突然我身上一凉被子也掀翻了，殷娭毑一惊，马上松了手，极其亲切地说："我是说怎么这里多了一个人哟，来了稀客呀，你睡你睡！"

尴尬万分的我，顿时轻松了好多，顺势打了个招呼爬了起来。

　　永生他排行老二，他大姐与我姐姐同届，没有往来但互相认识。大姐与我打了一个招呼后起床就走了，其余几个弟弟妹妹都傻乎乎地望着我笑。最小的妹妹趴在一个破床上，惊奇地望着我，好像只有2-3岁左右。这些名叫大黑、小黑、四伢、瘌子、五毛的弟妹至今都还记得我这个深夜入巢的鸠鸟，他们如今都已是爷爷奶奶之辈的人了。

　　殷娭毑十分慈祥和蔼，这是我第一次和她说话，五百年前肯定与她老人家有缘，若干年后，在老人家因心梗突发之时，因为她的大黑在外出差无法赶到，是我守在床边为她老人家送的终……

　　"伢儿呀！我哩还是老街坊哟！你哩住在守备巷，隔我哩半边街冒好远，你是李和记的孙儿啊？你哩嗲嗲娭姆我都认得！以后你有空就来玩啊"……永生娘一口老岳阳街上话，既柔和又亲切。早就听我老娘讲过，老同学的父亲新中国成立前是岳阳夜街上挑着柴火挑子卖馄饨的大师傅，他做的包面非常好吃、长年累月不管春夏秋冬、严寒酷暑深夜都挑着担子在竹荫街、梅溪桥、南正街街头一带游动揽客养活一家人，那深夜街头缕缕炊烟阵阵飘香曾经是古城街头的一道景观！新中国成立后，李爹到饮食服务公司当了一名大师傅，每天都起早贪黑忙个不停，所以当时我没有见到这位巴陵老厨师。

　　永生娘好不容易把那几个小屁孩都打发开走了后，悄悄地端出两碗热乎乎、油汪汪的蛋炒饭，给我俩开早饭，真香啊！她一边看着我俩大口大口地吃饭，一边无比信任地对我说："伢崽呀，我哩大黑在外边要是撞了祸，你要早点告诉我呀！"我装着懂事地点点头……时间不早了，我也要归家去了，当时老爸正在干校受审查挨批斗，真怕他们为我一夜未归担心，离开半边街上这间又破又挤但充满了温馨与亲情的破木板屋时，我这才发现永婆原来有6个姐妹兄弟，他爹娘待人真好呀！

　　好多年过去了，半边街、洗马池、吊桥、翰林街都已经消失在时代的滚滚烟尘之中，我和他望着新建的瞻岳门仿古城门、望着后羿屠巴蛇的巨型城雕、望着薄雾茫茫的南岳坡码头，心中既惆怅，又兴奋，因为我们有幸经历了巴陵古城破茧成蝶的历史骤变，因为我们有幸进入了天翻地覆的新时代！

我所知道的螺蛳港

邓建龙

　　在德胜南路有条叫螺蛳港的小巷，由原南区政府门口弯弯曲曲自西向东直到四中巷口。真正的螺蛳港其实就是今天的德胜南路，是一条由南向北的港汊。五十年代至六十年代初，今天的金鹗山隧道以南及以西都是看不到边的南湖水面。每当涨水季节，南湖水便由南向北漫浸至今东茅岭岳东饭店处低洼地段。退水后此条港汊全部都是淤泥及部分残存的水洼，整条港汊布满了钉螺，且水洼上许多蚊子围着残存的腐物上下翻飞叮咬，是个血吸虫与蚊虫孳生之处。自南湖至东茅岭港汊两岸全都是荒山野岭，仅港汊西面有户人家。

　　这户人家姓毛，原住老印山。当时的老印山也仅三栋连三间式房屋，住着三户人家，其中就有这户毛姓人家，其他都是菜地。这户毛姓人家原是篛口人，新中国成立前便来此种菜为生。他们在老印山东北角建了一栋连三间的房屋，结构与东边乡下农民住屋一样，外墙用石灰粉成白色，人称白屋里。当时这栋屋里除毛姓户主及儿子儿媳外，还租住了另外三户人家。西厢房前屋住一姓任的两夫妇及一小男孩，后屋住毛姓两夫妇与儿子儿媳；东边厢房前屋住我们一家三口，后室住一杨姓单身女人。中间是一间足有上十米长，五米宽的堂屋，非常宽敞。北边神龛下是一大灶台，四家人经常利用这灶上的大锅炒菜，真是你方炒罢他再炒，不亦乐乎。至于煮饭，各家则在屋梁中吊个铁钩,下设火塘铁架,在铁钩上吊只铁锅煮饭。四家人每逢有好菜,互相请吃。我那时年仅5岁多,因生性腼腆,很得毛爹两夫妇喜欢。

1954年洞庭湖大水后,从宝塔巷搬来一舒姓人家,兄弟几人合伙在白屋前面做了栋三层楼的砖瓦房,这在当时只有有钱人家才做得起。其实舒家在新中国成立前便是大户人家,我手中就有一张1915年宝塔巷民国老照片,上面一栋白色大屋就是舒家,据说日本入侵岳阳期间此屋曾被日本人征用。此外,在白屋西边及舒家屋前,有条直通岳师附小的路,坡坎下一东一西也有两栋连三间屋。

1955年,这栋白屋与舒家三层楼,及东边一栋连三间屋的土地,被当时的是县机械厂(今恒立厂)征用。我们家买下西边那栋连三间北厢房,而毛爹及其他东边住户搬迁后都离开了老印山。毛老夫妇及儿子儿媳一家四口迁至螺蛳港西,今市物资局大门外绿化带处,在此建造了一栋坐北朝南的连三间土砖房。房西与房后都是菜地,房前三米处是口五六十平方米的大水塘。水塘南方是小山包,即是后来的铸锅厂所在地。毛爹一家搬走后,我时常想念他们两位老人,记得母亲曾带我去看过一次,受到毛爹一家热情的款待。

我从小就是个方向感特强的人,只要去过一次的地方,自己都能凭记忆走去。当时我还未读书,有次想念毛爹,便独自一人凭记忆前去。那时从老印山经芋头田街,再出铁路洞口便是城外了。当时周围都是荒山野岭,仅有一条小路通向前方。两边还不时地看见坍塌的坟茔与腐朽的棺木中露出的森森白骨。说不怕是假的,只好两眼直视前方,硬着头皮往前走。行至一转弯路口(今青年路立交桥西路),但见周围竹林被风吹得唰唰地响,东边是一座小山包。前(北)方远处是一片枯黄色连片的山岭坡丘,当时不知道这是什么地方,20世纪60年代后才知道是东茅岭。再往北看,远处是211工厂一片高大的厂房,两只高耸的烟囱冒着白色的烟,在蓝天白云与阳光的衬托下,格外醒目。

往前走上百米后,右边一个坡坎,一片洼地中,有栋连三间屋,便是毛爹他们的住屋。两位老人见我来了,非常高兴,一边叫着我的小名,一边拿花生瓜子菜瓜给我吃,一边杀鸡煮饭。冬叔叔两口子从菜地干活回来,也问我父母的情况。趁他们忙活的时候,我便溜出门,先去塘边玩耍,毛爹怕我掉下水，忙喊我赶快上来。于是我便来到屋东，但见一条充满淤泥的水沟，足有三米多宽，由南一直向北延伸。水沟里布满钉螺，残存的水洼里蚊虫孳生，水面发臭，玩了一会我便上来。当时不知这条由南向北来自南湖的港汊，就是螺丝港。更没想到的是1988年至1995年，我在螺丝港东面的南区政府工作生活了十多年。

吃过晚饭后，毛爹一家怕我一人回去不放心，留我歇宿一晚，第二天要冬叔叔将我送回家。此时父母正急得不得了，一天一晚不知我去了哪里？听说我独自一人去了毛爹那里，才忙不迭地向冬叔叔道谢。以后，只要想毛爹一家人了，我便一次又一次地去螺蛳港边毛爹家。记得有次头天是风和日丽的晴天，第二天早上开门一看，满山遍野都是雪，我不敢去塘边，就去东边港汊边玩雪。下坡时一不留神滑一跤，所幸未滑到淤泥中。

1958年，随着人民公社与大跃进运动的全面高涨。当时的中共岳阳县委在港汊西边的高地上，兴建了七座小高炉，作为全县大炼钢铁的生产基地。整天浓烟滚滚，炉火熊熊，铁水奔流。钢铁厂下马后，又在此处建了瓷厂，港汊周围的环境遭到污染破坏。三年自然灾害后的1962年，国家调整国民经济建设方针，号召进城从事工业生产的农村人口回返农村，加强农业生产。冬叔两口子响应号召回筻口老家务农去了，仅留毛爹两口子带一小孙子留在螺蛳港边生活。当时我父母以为他们老两口子也回了筻口。加上那时白天黑夜上班，我也上学，便逐渐断了来往。

20世纪60年代后，东茅岭一带变成新城区，原生活在这一带的菜农迁到炮台山以南、螺蛳港以东的荒地安家落户。20世纪60年代至70年代，随着南津港大堤的建成，南湖水已不再漫延到东茅岭了，这一带港汊也被改造成宽阔的街道，称为德胜南路，两边也修建了许多机关、学校。当年的大水塘已被填平，上面建了原郊区物资局与南区文化馆等单位。

20世纪80年代后期，我先调吕仙亭街道办事处工作，因经常到位于德胜南路的南区政府公干。来回不想走弯路，就从物资局大门东南面一条小巷抄近路下坡坎，再跨过一道残存的小水沟上到德胜南路上的区政府。每次来回，但见坡坎北边有栋红砖瓦房，一个老婆婆常独自一人坐在门口的椅子上，看着的门外来来往往的行人。有天我从区政府出来，照例下坡过沟上坎，抬头观看这位老婆婆，心中一阵怵动，莫不是毛娭毑啦！上前询问，并报上我父母的姓名及我的小名。回答正是毛娭毑。我问道，当年听说您也回了簹口，没想到您没有去。原来，他们一家人商量，总得为孙子着想，留住城镇户口长大好参加工作，总比在农村强。只是毛爹早已去世，冬叔叔两口子还在农村，只剩毛娭毑一人伴着孙子孙媳生活。后来我几次提着礼品专程去看望她老人家，并见过她已满三十岁的孙子孙媳。不记得是哪年了，我因公出差十几天，回来再去看她时，说她已去世，灵柩运回了簹口老家与毛爹合葬于一起。我闻言叹息不已，只能祝愿她们老两口在天堂安享幸福了。

2000年8月1日，规划了八年之久的青年路立交桥正式动工兴建，经大半年施工。翌年，一座长78.38米，宽5米的青年路立交桥正式建成通车。桥西南北两边修建了2万多平方米的绿化草坪及绿化带，而位于桥西北边的毛爹的那座建了44年的老屋也被拆除。世事沧桑，往事如烟，一晃六十多年过去了。昔日荒凉潮湿肮脏的螺蛳港汊，如今已变成了通衢大道。而旧时的螺蛳港与今天的德胜南路，一旧一新的时空画面，时时在我心中萦回。

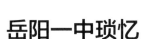

岳阳一中琐忆

赵　萍

上　篇

美国的白天夜晚都差不多，寂静无边，好山好水好无聊。尤其是星光寂寥的夜晚，透过窗户与天上的圆月遥遥相望之时，总让人有一种莫名的孤独感，对故乡的思念也会被无限放大，脑质层枝蔓也特别发达。这个夜晚，我的所思所想以及所记录的全是岳阳一中那些苍苔斑驳的旧日时光……

岳阳市一中坐落在洞庭湖畔高高的岭上，斜角邻居是岳阳楼，单凭"岳阳天下楼，洞庭天下水"金缕玉衣的芳邻，就不难想象它迎面而来开阔深厚的文化底蕴和血脉气质。

岳阳市一中的前身是岳郡联立中学、岳郡联立师范学校、国（省）立第十一中学。我们家三代人都是从岳阳市一中高中毕业的。舅舅、爸妈、继父，还有我和儿子，时代背景不同，所经历的高中各有各的故事。

从新中国成立初期开始，岳阳一中的教学质量就在全省名列前茅，国民政府大学刚毕业的大学生亦难争取到一中教师职位，教员的聘用都要经过严格筛选。当时，岳阳一中属于全省重点中学，面对全省招生。前一阵有个湖南醴陵的读者告诉我，那时候，如果有同学考取了岳阳一中，他们都会很羡慕。20世纪50年代，一中的学生多为男生，平凡普通人家很少有女孩子读高中。听妈妈说，她在岳阳一中读高中时，整个班上才两个女同学，除了妈妈赵显亚，还有一个叫文仙芝的女同学，在那个年代，算是稀罕中的稀罕了。

五十年代考取大学属于凤毛麟角，我的父亲考取了广州华南医学院，我的继父则考取了湖南大学土木建筑系，两个爸爸都是岳阳一中的高材生。我的爸爸有一双聪慧的大眼睛，斯文帅气，外婆很喜欢他，一直夸爸爸比继父小眼睛帅多了。不偏心比较，我爸爸确实比继父帅，但戴着眼镜的继父身上也有浓浓的书卷气，知识分子派头十足。但继父臭知识分子的面子观太强，一直藏着掖着我，很多年都不愿接纳我，他的单位、同事、朋友都不知道有我存在。

我一岁时爸妈离异，从小和外婆舅舅生活。外婆早年去世，如今爸爸和继父先后都去了天堂，妈妈于多年前患阿尔茨海默症。爸爸、继父和妈妈是岳阳一中同学，三角关系中究竟有怎样的爱恨情仇，不得而知。但我一直记得外婆对我说：你一辈子不要叫他（继父），就是他赶走了你的爸爸。我果真一辈子没叫过继父，小时候是外婆教的，长大了是我自己的主意。虽然后来我帮妈妈继父买了房子，但叫"爸爸"比买房子难多了，实在喊不出口、太假、也没必要了。

20世纪60年代，我舅舅赵锡寿从岳阳一中毕业去武汉读大学。舅舅在老岳阳一中除成绩拔尖外，还冠有杂家大名。手风琴拉得一级棒，吉他、二胡随便弹拉，绘画，演话剧等等样样拿得起，我从小就知道，岳阳一中胡约生、苏大年、陈朔老师都与舅舅的师生之情很深，算亦师亦友吧！我记得舅舅从大学每次放寒暑假回来，都要带我去胡约生老师

1983年的岳阳一中

家，胡老师高挑单瘦，温文尔雅，冬天喜欢戴一顶苏联哥萨克帽，身上散发着浓郁的艺术气息。我在胡老师家里第一次认识了断臂维纳斯、大卫、琴女的石膏头像。胡老师是教音乐的，但对绘画也有很深的造诣。而苏大年老师曾推荐舅舅去岳阳楼怀甫亭绘画；陈朔老师更是舅舅的大恩人，是陈老师的极力推荐，才让出身不好的舅舅顺利读上大学。

舅舅在岳阳一中高三那年，还演出了歌剧"三月三"。舅舅曾兴奋地说起过主演的名字：周文英（饰茶馆老板—地下工作者）、王锦汉（饰汉奸）、严克谐（饰国军司令）及舅舅（饰游击队队长），胡约生老师是这台歌剧的导演，那些舞台的大型布景都是胡老师与舅舅利用课余时间一起画的，这次演出更是在学校轰动一时。

我在岳阳一中的高中时代正值"文革"时期，课本内容简单，高中末期突然有了英语课，英语书的第一页是：long live Chairman Mao，我的高中时代英语底子大概就是这点基础。不过也有躲在家里发奋图强、自学英语的同学。有一次，一个住在银行的女同学邀我去岳阳二中的一个男同学家问题目，那个男同学住在桃花井，七弯八拐来到男同学家后，他俩在纸上用笔写英语交流，我两眼一抹黑，完全不知他们在写什么。那时，虽然我年龄小，但我已读过《红楼梦》《安娜·卡列尼娜》《三家巷》等一些书，只不过是囫囵吞枣、一知半解而已。喜欢看的就看，不喜欢或看不懂的章节一律跳过去，尤其喜欢看描写爱情的情节。因此，我能感受到他们像是地下工作者，在对暗号谈恋爱，因为他们看彼此的眼睛在发光。可惜那会儿我只是小沉迷文学作品，对英语不感兴趣，加之英语课文简单，皮毛都摸不着，只能让他们在我的眼皮底下"纸上谈兵"、为所欲为，我因大字不识，只能愣在一旁"猜谜语"。

那会儿与现在学生不同的还有，我们文化课学的东西有限，但上过不少"学工学农"课程。比如到工厂车间跟着工人师傅学开机床，车螺丝等等。这辈子我也总算是去工厂车间第一线参观过玩过。

一个夏末秋初时刻，学校组织我们去奇家岭学农，我和另外一个女同学住在奇家岭路边的一户农家，印象中他家的堂屋很大，那男的看上去有点老，但一串孩子都还不大。为了改善一下伙食，一天清晨，这位住户的农民伯伯去几步之远的三眼桥下用网兜捞鱼虾，不知为何不小心淹死了。后来我们也没继续学农，被吓回来了。剩下的事情也未知，但我一直想，那户农家的顶梁柱没了，那些大大小小的孩子怎么长大啊？也许是因为学农期间死了一个人，印象也变得特别深刻。

这些"学工学农"的经历多少让我长了一点社会小见识，第一次近距离感受劳动人民不容易，也体会了劳动的滋味，并学会了尊重工人农民。

高中时代还有一样大任务就是挖防空洞，它同样也占用了不少读书时间。印象中岳阳一中的防空洞很有规模，地下好像有一座城，纵横交错让人想起"地道战"的电影。这也是那些年我们在一中读书学生的立下的汗马功劳。一般来说，男同学挖泥巴，女同学两个人抬着筲箕倒土，我记得班上有个姓刘的"大力士"同学，挖防空洞时手上布满了血泡，仍然轻伤不下火线，不知从哪儿找来一节布条，缠上后继续挖，他拼命挖土的姿势，让我想起古文"愚公移山"中北山愚公挖山不止的精神，从心底十分敬佩"大力士"！

那时，学校政治风气浓厚，同学们都很懂事，小心翼翼说话，不然很容易上纲上线，捉住批判。学校里，男女同学也泾渭分明，相互之间不多说话。我算是年级里年龄最小的学生，永远坐第一排，那时我们班上同学最大和最小的年龄之差有达四五岁。我记得班上有一个成绩很好很帅的大男同学，写了一封情书给一位脸像红苹果的女同学，结果女生挺生气，后果挺严重。女同学把情书交给了老师，自从班上开了批斗会后，那个男同学变得很自卑，从此抬不起头。不过人家现在在深圳混得很不错哦！

高中时期我长得像是一根豆芽菜，又瘦又小，我楼下高六班的祁瑛，李玲她们比我大两岁，出落得亭亭玉立、水灵秀美。她们因为美丽，另外祁瑛的篮球打得漂亮而全校闻名。她俩都住在3517工厂，那时3517可是响当当的军工厂哦！每次从她们高六班教室路过时，我都会情不自禁多看她们两眼。

我一辈子与运动无缘，又笨又蠢，篮球皮没摸过，乒乓球两个回合就傻眼，上体育课跑步急一点远一点就会呕吐，一中的崔国静女老师上体育课跑步时，总会放我一马，让我一边呆着。只要上体育课，我就盼着下雨，这样就不用去操场跑步、或向左向右转，并可以自由活动。虽然我是一个体育"白痴"，但心里却十分佩服擅长体育，胳膊、腿脚协调，运动能力强的人。

祁英高挑白净，五官立体，白里透红，她身上洋溢的青春靓丽健康朝气的活力，尤其是篮球场上飒爽英姿、起跳投篮的动作，迷倒一大片男女同学。为打篮球，争取一个好的前程，祁瑛每天清早起来，在一中田径场上跑十个圈，开始也受不了，后来越跑越有力气。那时一中有一个上海籍的体育老师叫徐文良，长得很帅，女同学们甚至都觉得徐老师好像乒乓球世界冠军庄则栋。因为祁瑛聪明好学，勤奋努力，篮球打得好，学习成绩也没落下，徐老师特别赏识她。祁瑛在一中女子篮球队和岳阳市队打左前锋主力，人长得漂亮还会打篮球，高中时代的祁瑛像是早晨的一缕清风吹遍一中校园，风靡一时。有一次站在楼上远远看到她手里拿着篮球在教室前的大树下，眉清目秀之间藏着一股英气，让人眼睛移不开，应该说她是我们高中时代，老师同学中最受欢迎的女生。

如果说祁瑛给人是一种飘逸灵动、阳光明媚之美；李玲的身上则有一种安静柔和，细雨温软的美丽。

当年在一中读高中时，有一天我下楼时，刚好李玲从楼下教室门口出来，那一瞬，我的眼睛被震到了，心也随之怦然一动。后来我在财政局工作时，单位有个叫菁的同事第一天来上班，我看她第一眼又重复了这种感觉。李玲和菁都是17岁豆蔻年华触碰我的心的感应，那种怦然心动至今还让人记忆犹新。那天我和李玲不约而同相视一笑，从此成了一生的朋友。

这些年，因李玲和我都在市直机关工作，又是老同学，所以两人走得较近。她性格温柔宽厚，不争不抢，善良谦让，却一生命运多舛，典型的"红颜女子多薄命"。我虽然自己的婚姻也不好，但从心底十分怜惜她的身世不幸不易！李玲的妈妈长得洋气美丽，父亲李世贤是工业局干部。李玲回忆，那时她住在鱼巷子工业局机关，1962年8月的一天傍晚，她爸爸下班后，拿着一个脸盆放了毛巾换洗的衣服，去洞庭湖洗澡，结果爸爸去了再也没有回来。那天洞庭湖的夕阳很悲壮，她爸爸在洞庭湖因救一名男子而牺牲，年仅29岁。

李玲妈妈在3517厂工作，时年也是29岁，李玲才7岁、弟弟3岁。她妈妈为了李玲姐弟俩，从此未再婚。李玲爸爸牺牲后，由政府每月给他们姐弟俩各发8元的抚恤金直至18岁。因为李玲父亲是救人牺牲的，所以她没有下放农村，刚开始在南正街的南货商场当营业员。当时有一部朝鲜电影《看不见的战线》里面有一个女特务，长得很漂亮，与李玲十分相像，很多人都慕名假装逛商场，一般从北门进去，再从南门出来，其实都是为了一睹芳容，参观李玲的美貌。后来，一个机会，李玲被选调到县公安局工作。

我一岁时就离开父母，依偎外婆生活。李玲七岁时刚要张开双翅飞的年龄失去了父亲，从此孤儿寡母相依为命。李玲很年轻就一个人带着孩子过，幸而儿子争气也很孝顺。儿子如今在广东省直机关工作，每天都会给李玲一个电话问候。如今李玲的妈妈和我妈妈一样都患老年痴呆症住养老院。我和李玲在出生、婚姻上有一些共同悲怆之处，算是一根藤上两个苦瓜，所以彼此都很理解，一年几年不见面也一如既往，没有半点生分。

人生如鱼，浮生若梦，辗转东西，祁瑛从深圳市体育局退休后，现移民澳洲跟随儿子生活。前年我来美国之前，祁瑛刚好回故乡，她和李玲来我南湖的家玩、吃饭，一起回忆一中往事。从去年全球疫情肆虐开始，她被困在澳洲，我被禁足在硅谷，我俩相互打气鼓励，我们终于活过来了，并且要争取活下去。如今她在大风吹拂、洁净如洗的墨尔本生活，享天伦之乐、绘画、收拾庭院，岁月静好，一片祥和温馨。

高中时代，我隔壁高四班还有个女同学叫李莎莎，瓜子脸，眼睛大大圆圆的，算是高四班班花吧，最初因为人打眼所以记住了她。上课下课时，我们在走廊上经常会碰面。有一次我穿一件胸前绣花的白色短袖，她拉着我的衣服看了又看，一连说了几声：真好看！高中毕业后，我们那个年代除了下放农村别无选择，我与李莎莎先后下放到岳阳县新墙区当知青，那时李莎莎还不满18岁，她下放的地方大约离我有20多里路。盛夏的一个傍晚，李莎莎还有三个女知青"双抢"收工后，来到后山坡的水塘游泳冲凉，结果她还有两个女知青全淹死了，剩下一个吓得找不到回家的路。那晚的月亮又圆又大，月光下的水塘还有周边的杉树一片惨白，凄凉无声。

几十年过去了，李莎莎瘦瘦高高的身影、炯炯有神的大眼睛，夸我的绣花衣服好看笑笑的面容还是那么清晰可寻。

在这个娑婆世界，有些人有些事，会让我们不断怀想。有的已经谢世，有的流浪天涯，有的已不知去向，蓦然回首，在我的手指尖下，我们少年时代都在一中一教学楼的长廊里与之相遇了。

下 篇

上篇高中时代三位美丽如花的女同学，一个远走天涯，一个留在故乡，还有一个变成了天堂鸟。

高中时代我还经历了三位语文老师。我从小热爱阅读，作文也一直被老师们作为范文，我心里一直盼着作文课快点到来，这也是我热爱语文最大的理由。我的第一位语文老师是邬国勋，他的形象有点像鲁迅先生，头发蓬松，讲课的气质、声音极具魅力，颇具学者风度。印象中上课铃一响，邬老师总是掐准时间准点走进教室，然后一个箭步迈上讲台前的木制台阶。邬老师讲课几乎不用讲稿，妙语连珠、滔滔不绝，还时而穿插一些历史小故事，同学们一个个听得有滋有味，因为听得入神，我常常忘了作笔记，45分钟一堂课刷的一下就过去了。最神奇的是，当他讲完最后一句话的时刻，不多不少，正是下课铃声响起。

高中记忆中，上秦振铎老师的语文课是最欢乐的。秦老师讲一口长沙普通话，花白平头，圆圆的肚子，一脸笑眯眯的，上我们语文课时已临近退休。我最喜欢听秦老师朗读课文，像唱歌，跌宕起伏，抑扬顿挫，神气活现，让人忍俊不禁。初夏一个早晨的第一节课，我们正在上毛主席《七律二首·送瘟神》，秦老师穿一件白色短袖，在教室前面，从左边门口边吟唱边走到右边窗前：绿水青山——杜—自—多，华佗无奈— 小 —虫—何。秦老师每一句最后三个字拉得很长，并随声花白平头旋转360度、右手顺时针摸一圈圆肚子，特别好笑。到一节课快要结束、全班齐声朗诵时，同学们也学着秦老师腔调，最后三个字也整齐划一、转一圈脑壳、手摸一圈肚子，然后师生一起"咯咯咯"大笑起来，最后在欢乐的气氛中下课了。几十年过去了，秦老师吟唱课文时摇头晃脑，摸肚子的举止神态，还历历如在眼前，想着都喜感十足！

最后一位语文老师是我的高中班主任秦忠藩老师。秦老师个子不高，戴一副黑色的方框眼镜，微微小胖，头发厚实浓密得像一顶帽子，冬天的北风也掀不开，属于温良敦厚儒雅之士。秦老师讲一口武汉话，风趣幽默，板书整洁，字迹隽秀，从左至右，错落有致，干干净净，乍一看，像排兵布阵的一盘围棋，又像一幅黑白书法艺术作品。秦老师偏爱成绩好的同学，尤其是作文写得好的。有一次作文课秦老师又讲评、念了我的作文，并表扬我的作文开头新颖。下课后，我悄悄告诉秦老师我喜欢《安娜·卡列尼娜》的开头：幸福的家庭都是相似的，不幸的家庭各有各的不幸。因为那个年代看名著都是偷偷摸摸像做贼一样，秦老师先是一惊，后又接着说：一个吸引人的开头对任何一个故事一篇文章一本书都太重要了，多读名句对你作文有帮助。秦老师的话深深地刻在我心里，后来我断断续续又读了一些中外名著。在那个封闭的年代，这些愉快神秘的阅读，丰润了我少年寂寞的心田，自然也成为我日后热爱文学、一辈子受用不尽的精神性依恋。

秦老师当班主任时，我印象比较深刻的还有一件事，班上有一个女同学，胖乎乎的，常常上课躲着吃东西。有一次秦老师从他的黑提包里拿出一个一中食堂的小馒头放到她面前说：不够，您接着吃！同学们哄堂大笑，从此那个女同学再也没有上课吃东西了。

高中毕业时，我才15岁，只有一条路下放农村，秦老师见我人小体弱，又瘦又矮，也许有点于心不忍，将我推荐给一中刚开办的幼儿园当老师，月薪25元。尽管是临时工，但是我人生第一份工作，高中结束最后一天，走在一中校园的林荫道上，风儿轻轻，心里有一种小鸟飞翔感的快乐！

进岳阳一中大门后，右侧边有一个小门，下几十级青砖砌的台阶，就来到了生物园。从上往下看，生物园像是一个椭圆形，南北朝向，凭我当知青的眼光估摸约二十几亩地吧！春夏之时，生物园葱葱郁郁一片，有桃树李树葡萄架，结的果实多是小小巧巧、歪歪裂裂，酸酸涩涩。朝南那边有一大片菜地，地上常常横七竖八躺着冬瓜南瓜西瓜。还有竹棍搭的架子上长着长豆角、黄瓜。再就是辣椒、茄子、空心菜，小白菜、娃娃菜等等。靠围墙边上还有一个绿色浑浊的小鱼塘，下雨后，周围长满了青苔，也不知有没有鱼。过来过去，偶尔也会看见一、两个工人在生物园菜地忙碌，这里的菜主要是供应补充一中食堂。

那个年代，一中食堂算是顶好的。我记得从一中大门右手边一条路下去，紧挨着礼堂不远就是一中大小食堂。读高中时偶尔午餐会去大食堂吃饭，吃得最多的是卤蛋/6分，蛋汤/3分，蓑衣萝卜/2分，基本上都是以小菜豆腐为主。小食堂主要是服务于教职员工，饭是用黑色的小陶瓷缸子蒸的，菜也很好吃，最贵的菜是粉蒸肉和炒香肠，0.15元/份，芝麻酱2分/份，好吃又下饭。我是在一中幼儿园当临时工时，才有资格进小食堂吃饭的，觉得那儿的味道、品种比大食堂丰富、也好吃多了。我一个月生活费9元左右，属于中等水平吧。

我有两个同学苏家保、徐小雄，他们的父亲都在一中做后勤工作。一中那时的后勤保障出色，主要是得益于大办农场的结果。比如君山小农场收获蚕豆、黄豆、油菜；奇家岭小农场收获水稻、芝麻、小菜；生物园、剪刀池除提供大小食堂蔬菜外，养猪场每周为大食堂提供4头猪，为小食堂提供1头猪。除此之外，生物园还专门有一个100多平方米的酱菜房，分别有四个2米深长宽各5米的浆菜池。另还有一个专门房间，里面有8口直径1.5米大缸存放菜油，装不下的菜油则寄放岳阳楼街粮店。食堂和开水房烧的是谷壳。学校后勤中心专门有一批种菜、管理农场的正式职工，大小农场收获的主副食产品全部用来补贴教工、学生食堂。一中困难学生只需交米免菜钱，及时帮助了一些寒门子弟维持、完成学业，以争取宝贵的前程！

在生物园的北边有一栋两层楼的红砖房子，像一栋小洋楼，立在一片翠绿之中，格外醒目。底下一层是两间大教室，上面有几间房子可住人。读高一时，化学实验室在一楼，我曾参加过一个学期实验室的墨水制作小组。后来楼下面有一间教室改为幼儿园，我和一中子弟李八一在幼儿园当老师。八一比我大3岁，我们俩都有两条长长的辫子。八一顾名思义建军节出生，名字虽刚，却生得皮肤白嫩，性情温顺，像个大姐姐，心底特别善良，很会关心照顾人。我们在一起当幼师时，她经常把我叫到家里吃饭。

我们住在楼上的一间长方形屋子，里面摆了两张单人床，我经常会在生物园采摘一些叫不出名的野花绿叶插在花瓶里，摆在靠窗的桌子上。早上推开窗，一股淡淡的泥土草木清香扑鼻而来，窗外绿植茂盛，果实累累，十分养眼。不过热天时，生物园蚊子特别多，八一不知从哪儿找来敌敌畏喷剂。傍晚来临时，我们就把床下四周墙角喷一层厚厚的敌敌畏，气味浓烈呛人，蚊子赶跑了，人差点中大毒。有一次我头晕得哇哇呕吐，像吃了老鼠药"三步倒"，一二三就倒在床上昏昏睡去。开始还以为是感冒了，后来八一把门窗全部打开，让风从房间穿过，我才慢慢醒过来。那会儿年少无知，光知道敌敌畏能毒死害虫、蚊子，现在想起来没把我毒死毒成白血病，真是幸大运了。

到了冬天，夜静灯昏，月华朗照，生物园脱尽叶片的树冠料峭影子，像飘忽的"鬼"荡来荡去，小时候一直信"鬼"，常常自己吓自己，蒙着被子半天睡不着，脚冰冰凉凉。八一见我胆小，也不回近在咫尺的家里睡，整个冬天都陪着我睡在生物园。

一中幼儿园当然只收一中老师的孩子，起初只有12个小朋友，到后来最多时有23个，从2岁多到5、6岁不等。现在想起来印象较深的有李玲湘老师，每次李玲湘老师送孙敖来上幼儿园，我老想多看李老师几眼。李老师眉眼弯弯，尤其是眉毛漆黑，明明是素颜却像化了妆一样的好看。1990年初我去香港妹妹家，正值李玲湘老师跟随公派到香港的先生孙南生在香港工作居住。我在香港跟李玲湘老师通过两次电话。前几年回故乡，听别人说孙敖也在美国，却无从知晓具体在哪儿。还有刘力蓓老师的两个孩子红战、红芳，红战小时候特别听话，又聪明又懂事，是老师的小帮手，小能干，特别逗人喜欢。我和八一都料定红战启蒙读书后，一定是当班长的料。再就是陈白楼校长的两个孩子，冬冬和兰兰兄妹俩，在幼儿园谁欺负妹妹兰兰，哥哥冬冬肯定会挺身而出，听说冬冬现在在加拿大，算起来冬冬也差不多快50岁了，我们当然也老了。

文革期间，从北京、上海分配了一批大学生来一中教书。教我们数学的是上海人徐彩球老师，她的孩子叶子也在幼儿园，叶子圆溜溜的眼睛跟徐彩球老师如出一辙。徐老师上课时，目光一扫，有一种凉飕飕的触目感，不怒自威！徐老师一口上海普通话又脆又急骤，我们经常背着学她的"叽里呱啦"上海普通话，同学们都说我学得蛮像的。徐老师给我印象最深的是她可以不用教学圆规，随手在黑板上一笔下来就是一个圆，闪睸眼睛，同学们都有点怕她但又服她。那时分来一中的北京上海大学生老师中，有一道十分引人注目亮丽的色彩，就是北外毕业的胡涛涛老师。她虽然没有教过我，但她文艺飘逸美丽的身影照亮了整个校园。我记得她剪着齐耳的短发，五官精致，鼻梁挺直，走路头微微上扬，冬天脖子上前胸后背搭着米白色的围巾，浓浓的书卷气质有点像《青春之歌》里的林道静，美丽而知性。我在幼儿园当老师时，有一次在小食堂排队买饭菜，她对我说：小姑娘，你可以去考考话剧团。虽然我从来没动过这样的念头，但我一直没有忘记过胡涛涛老师这句话，可惜那时我什么都不懂。另有上海的刘维维老师不到3岁的小侄子也上过幼儿园，刘维维老师剪的是男女青年头，里面穿着灰色的高领毛衫，外面穿一件黑色的粗呢宽松短大衣，皮肤白得发亮，骨子里都是海派洋味。她的小侄儿在幼儿园虽然只呆了小半学期，但小不点用上海腔唱"小汽叉（车）呀真漂亮，真呀真漂亮额！"可爱的样儿，简直把我和八一的心都萌化了。这些北京、上海老师，几年后都离开了岳阳，回到了她们原来所在大城市。她们像一阵春风吹来，给一中带来了明媚、新鲜，又像一阵秋风拂去，没了踪影。

八一的爸爸是岳阳一中的李子衍老师，妈妈是岳阳一中校长吴晓霞的妹妹，住在一中街对面河坡底下的家属房子。一中家属楼印象中是三排红砖平房，房子前门直通后门，大小三间，南北风对穿过，大热天，湖风吹拂，堪比电风扇。家属房出门转弯就是洞庭湖，是真正"出门一笑大江横"的湖景房，隔壁邻居是长年人来人往，汽笛长鸣热闹的轮船码头。八一家的二哥铁楼对"湖景房"描述有诗：千帆过尽彩霞落，江豚逐波渔船梭。

傍晚时分，等放学了，老师们把幼儿园的孩子接走，我经常会跟着八一来到河坡脚下她家。八一的爸爸李子衍老师和吴妈妈都很喜欢我，通常李老师会坐在一把小靠背木椅子上拉京胡，我和八一一左一右站在李老师侧边唱革命样板戏的各种选段。听八一说，她爸爸自小学梅派京剧，能唱会拉，属于京剧的高级票友，甚至还有不少京剧行头。吴妈妈则面容清秀、性格温柔，说话轻声细语，任劳任怨，好像耳朵有点背，一天到晚都是静静的。我不敢问八一，吴晓霞校长是岳阳的大学问家，为何亲妹妹吴妈妈却好像没读什么书？跟着李老师的京胡唱完了京剧，自然留下来吃晚饭。然后跟着八一踩着洞庭湖岸边的鹅卵石从岳阳楼西城墙下走过，上一个坡来到一个叫秀秀的女同学家里，听她们说一些女同学之间的悄悄话，那时，八一和她的丈夫、男同学刘会秋正处在一种感情朦胧期，我在一边听她们说着细细碎碎的事儿，从不插话。

　　一年过去，又是暑假来临。我告别了一中幼儿园临时工，去了重庆舅舅家逃避下放农村。从此，我就像一片飘零的树叶，忽嘉陵江忽洞庭湖忽新墙河，三十年河东 三十年河西，如今横过太平洋，青叶已变成了黄叶。这几天写岳阳一中，把与一中有关的亲朋全梦了个遍。似乎坐在教室，又似乎在生物园的红砖小楼里，同月光一起入睡，第二天又同太阳一起醒来。世事浮沉，如光如影，往事已矣，我之所以远离故土后，此时此刻那份孤独感在上万字的回忆中得到了稀释，并能在这个夜晚比较清晰地记得、写下，是因为这些人和事已构成了我生命长河里一部分，不思量，自难忘。

　　一个时代远去了。但远山如黛，清流依旧。你好，岳阳一中！